Eugen Drewermann

Geschichten gelebter Menschlichkeit

Eugen Drewermann

Geschichten gelebter Menschlichkeit

oder: Wie Gott durch
Grimm´sche Märchen geht

Patmos Verlag

VERLAGSGRUPPE PATMOS

PATMOS
ESCHBACH
GRÜNEWALD
THORBECKE
SCHWABEN

Die Verlagsgruppe
mit Sinn für das Leben

Für die Schwabenverlag AG ist Nachhaltigkeit ein wichtiger Maßstab ihres Handelns. Wir achten daher auf den Einsatz umweltschonender Ressourcen und Materialien. Dieses Buch wurde auf FSC®-zertifiziertem Papier gedruckt. FSC (Forest Stewardship Council®) ist eine nicht staatliche, gemeinnützige Organisation, die sich für eine ökologische und sozial verantwortliche Nutzung der Wälder unserer Erde einsetzt.

Bibliografische Information der Deutschen Nationalbibliothek Die Deutsche Nationalbibliothek verzeichnet diese Publikation in der Deutschen Nationalbibliografie; detaillierte bibliografische Daten sind im Internet über http://dnb.d-nb.de abrufbar.

1. Auflage 2012

www.patmos.de

Umschlaggestaltung: Finken & Bumiller
Umschlagabbildung: © Rickli Thomas, murphy73@bluewin.ch
Druck: GGP Media GmbH, Pößneck
Hergestellt in Deutschland
ISBN 978-3-8436-0236-5 (Print)
ISBN 978-3-8436-0278-5 (eBook)

Inhalt

Einleitung

Es ist in Märchen wie auch sonst im Leben: Da geht von Gott die Rede, doch oft genug in »ungöttlichem« Sinne, – das Wort bezeichnet nicht, was es besagen sollte, ja, es meint offenbar das Gegenteil von dem, was einem Menschen Gott sein müßte.

Das Märchen vom *Marienkind* (KHM 3) zum Beispiel[1] erzählt davon, daß die Madonna selber ein Arme-Leute-Kind bei sich im Himmel aufzieht, es köstlich hält und mit den Engeln spielen läßt; allein, man braucht nicht viel Psychologie dazu, um in dieser Beschreibung einer scheinbar äußerst wünschenswerten Kindheit den Anfang einer unvermeidbaren Tragödie zu erkennen, geformt aus dem Ideal »kindlicher Unschuld« und jungfräulicher Unberührtheit, – nicht zufällig war es die katholische Kirche, welche im 16. Jh. in Böhmen gerade diese Geschichte in Umlauf brachte, um ihre Art von Marienfrömmigkeit in der Andacht des Volkes gegen die Lehre der Reformatoren von der Rechtfertigung des Menschen allein aus Gnade durchzusetzen. Sie ahnte nicht und will bis heut nicht wissen, was sie dabei als »göttlich« zu verteidigen und zu verwalten unternahm: die Unterdrückung der (weiblichen) Sexualität in rigoroser Form! Denn: Kaum wird jenes »Marienkind« zwölf Jahre alt – kaum möchte es vom Mädchen aufreifen zur Frau –, als die »Gottesmutter« ihm die Schlüssel zu den zwölf Kammern des Himmels anvertraut, unter dem strengen Verbot, die dreizehnte sich zu erschließen. Hinter jeder Türe, die es öffnet, entdeckt es im Fortschritt der Zeit einen Apostel – die Gestalt eines Mannes, die aller Aufmerksamkeit und Verehrung wert wäre, wenn sie sich dem heranwachsenden Mädchen nicht nur als betrachtbar, sondern auch als betastbar erzeigen wollte. Das, freilich, muß im Beisein der Englein für ganz undenkbar gelten. Alles Heilige überhöht und überwölbt hier überdeutlich die Sehnsucht nach einem Leben, das in seiner himmlischen Verklärung jede irdische Erfüllung ausschließt, und so erfüllt sich das Verlangen nach Liebe einzig im

Verbotenen: Mit klopfendem Herzen öffnet das Kind schließlich auch die dreizehnte Tür, hinter der, wie es staunend und verzückt bemerkt, als Inhalt aller männlichen Verlockung die Dreifaltigkeit selber in ihrer Herrlichkeit thront. Verstohlen nur wagt das Mädchen an den Eingang dieser Tür zu rühren, da vergoldet sich sein Finger. Und fortan spaltet seine Seele sich in ein geheimes Wissen auf, das es bei den Verhören der Madonna sogar gegen das Indiz des sündhaft goldenen Fingers beharrlich verleugnen muß, und in eine nach außen verteidigte Unschuld, die es ermöglicht, dem Reinheitsideal der Madonna weiter zu genügen. Es ist zur Frau geworden, ohne doch Frau sein zu dürfen. Wohl, es wird, zur Strafe aus dem Himmel in die Welt verstoßen, an der Seite eines Königs zur Mutter, doch darf es nicht mit Mütterlichkeit auf die eigenen Kinder antworten, die es zur Welt gebiert; denn jedesmal tritt die Mutter Gottes dazwischen und stiehlt ihm eins nach dem andern fort. Erst als es als Hexe und als Menschenfresserin bei lebendigem Leibe verbrannt werden soll, bricht es zusammen und gesteht seine Schuld; und jetzt endlich auch erhört die Jungfrau und Mutter Maria seine Beichte und zögert nicht, ihm zu vergeben. Man versteht: wer seine Sünden reumütig bekennt, dem werden sie von der Mutter Gottes (und von der Mutter Kirche) gnädig nachgelassen … So soll das Märchen vom Marienkind bezeugen.

Was aber heißt da Gott? Und Gottesmutter? Und Dreifaltigkeit? Und was Apostel? Engel? Himmel? Die gesamte religiöse Sprache dient leicht durchschaubar nur dem Zweck, als heilig, göttlich und erhaben hinzustellen, was die ganz normale Entwicklung eines Mädchens zu seiner Weiblichkeit in etwas Sündhaftes und Widergöttliches erniedrigt. Das Madonnenideal kirchlich-katholischer Keuschheit erlaubt es nicht, die engelgleiche Unschuld eines Kindes, will sagen: seine sexuelle Unerfahrenheit, je zu verlassen, und wenn es doch geschieht, so einzig um den Preis der schwersten Schuldvorwürfe, Selbstanklagen, Strafgewärtigungen und Abspaltungen gerad der wärmsten und der innigsten Gefühle. »Gott« nennt sich in dem Märchen vom *Marienkind* die patriarchale Unterdrückung weiblicher Empfindsamkeit, die Triebrepression einer Kirche, deren Moral es gebietet, daß eine Frau sich dafür schuldig spricht, eine Frau zu sein. Eine solche Frömmigkeitshaltung zwingt zu ständiger Unaufrichtigkeit, Verdrängung und Verformung der intimsten und integersten Gestimmtheiten, sie zerreißt, was zusammengehört, sie zerstört, was sich entfalten möchte, sie vergiftet die an sich reinen Quellen des Lebens. Mit einem Wort: Was hier Gott heißt, ist der vollkommene Selbstwiderspruch des Göttlichen als Zwang zum Widerspruch einfacher Menschlichkeit. Ein Märchen? Ja! Jedoch ein Albtraum, wenn es psychologisch nicht gefiltert wird.

Uneingeschränkt gilt das für alle Märchen. Es ist naiv oder gedankenlos, das riesige Erzählmaterial der Märchen in den Überlieferungen der Völker gewissermaßen unter das methodische Veto zu stellen, sie sollten, ja, sie dürften psychologisch nicht durchleuchtet werden, nur um sich in die beruhigten Stuben eines ästhetischen Genießens oder einer philologisch möglichst korrekten Erstellung der Text- und Motivgeschichte der jeweiligen Märchenfassung zurückzuziehen. Die Faszination, die Märchen auf die Seele von Menschen zu allen Zeiten ausüben, trägt und erträgt wohl auch eine Unzahl philologischer und völkerkundlicher Traktate, doch all die so gelehrt erscheinenden Abhandlungen können den Märchen ihren urtümlichen Zauber, ihre anheimelnd-unheimliche Weiß- wie Schwarzmagie, nicht abhandeln. Was sie zu sagen haben, kommt einer betörenden Beschwörung guter wie böser Geister gleich, – es rührt, wie Traumbotschaften der vergangenen Nacht, ans Zentrum all der unbewußten Kräfte unserer Psyche, in denen sich die Phantasie und Poesie des Lebens, die kreativen und die krankhaften Seiten von Vorstellung und Daseinsdeutung geltend machen. Wer da sich weigert, sie zu deuten, sie durchzuarbeiten, sie in die Dichtung seiner eigenen Wirklichkeit umzuwandeln, verurteilt sich von selbst dazu, taub gegenüber den therapeutischen und tumb gegenüber den tragischen Seiten der Seele zu bleiben, von denen die Märchen Kunde geben.

Was hilft´s, religionsgeschichtlich darauf zu verweisen, daß mancherlei Rede von Gott oder Gnom, von Hulda oder Hexe im Märchen aus älteren Schichten »heidnischer« Frömmigkeitshaltungen herrührt? Gewiß, die *Frau Holle* der GRIMMschen Sammlung (KHM 24)[2] verweist schon im Titel zurück auf die Göttin der Germanen, die Gerechtigkeit sprach auf den Thing-Plätzen: Frau Welt, so die Botschaft dieses Märchens, hält es stiefmütterlich stets mit den Falschen – den

Fälschern, den Faulen, und man möchte schier an dem Gang der Geschichte verzweifeln, erlebt man doch nie, daß das Gute sich lohnt und das Böse sich straft, ganz im Gegenteil! Wie aber, man verzichtete gänzlich auf den Gedanken einer solchen Belohnungsgerechtigkeit und lernte es, nach dem »Brunnenabsturz«, nach einer dramatischen Vertiefung der gesamten Betrachtungsweise, das Gute nicht mehr im Schielen nach möglichen Erfolgen und Vergünstigungen zu tun, sondern einfach im Gehorsam gegenüber den Erfordernissen und Bedürfnissen der jeweiligen Situation? Man täte die Dinge, einfach weil sie dran sind? Man begönne, gehorsam zu werden dem schreienden Rufen von Menschen, Tieren und Gegebenheiten nach dem, was dringend erfordert ist? Dann würde man lernen, daß das Gute, das man um seiner selbst willen tut, seinen Lohn in sich selbst trägt; dann träte man, im Bilde des Märchens gesprochen, unter den Torbogen der »Frau Holle«, und es würde vergoldet, was solcherweise goldwert ist.

Nur wenn man sich bereit macht, dem Märchen der »Frau Holle« eine solche wesentliche Bedeutung für die Gestaltung des eigenen Lebens abzulauschen, vernimmt man etwas von dem vormals ausgesprochen religiösen Kern, der dieser Erzählung vom Ursprung her innewohnt. Vieles spricht dafür, daß in den Gestalten der »Goldmarie« und der »Pechmarie«, wie sie bei LUDWIG BECHSTEIN heißen[3], sich gewisse Erinnerungen an die Herkunft von Sonne und Mond aufbewahrt haben; doch nicht dies ist das Göttliche, was in einer Weltentstehungsmythe einmal über die Natur der Himmelsgestirne des Tags und der Nacht erzählt worden sein mag, sondern was sich zur Antwort auf eine fundamentale Frage der Menschen allenthalben nach Recht und Unrecht, nach Gerechtigkeit und Ungerechtigkeit, nach Gut und Böse auszuformen weiß. Nicht wie es der Sonne (scheinbar) im Umlauf des Jahres ergeht – wenn sie im Winter der »Frau Holle« die Betten ausschlägt, daß es auf Erden zu schneien beginnt, oder wenn sie im Sommer das Brot aus der Hitze des Backofens zieht und im Herbst die Apfelbäume von der Last ihrer Früchte befreit –, verdient »göttlich« genannt zu werden; was einmal Naturmythologie war, hat sich als solche erledigt und ist schon deshalb auf das Niveau eines bloßen Märchens herabgesunken; doch was es an Weisheit zur Deutung des menschlichen Lebens besitzt, geht mit dem Ende einer alten Religionsform nicht verloren, sondern bewahrt seine Bedeutung im Gegenteil uneingeschränkt in seiner Menschlichkeit.

Auf ihre Menschlichkeit hin also muß man die Märchen befragen, will man wissen, was wahrhaft Göttliches in ihnen redet. Daß sie selber von Gott und von göttlichen Mächten erzählen, ist, wie man sieht, nichts als ein Anlaß, näher nachzuschaun. Was macht es mit den Menschen, wenn sie einer solchen Geschichte zu folgen beginnen? Welche Gefühle und Eindrücke erzeugt sie im Raume des Religiösen, wenn da die Rede geht von Gott und von göttlichen Mächten? So viel steht fest: was nicht der Befreiung des Menschen zu Vertrauen und Liebe dient, sondern was ihn verschüchtert oder verschreckt und vom Leben geradezu abhält, das trägt nicht Gott, sondern meint dessen Gegenteil.

Also: den Teufel? – Auch da heißt es Obacht zu geben!

Einzig die kirchliche Dogmatik Roms gebietet nach wie vor zu glauben, daß es den Teufel *realiter* gebe als das Böse in persönlicher Gestalt.[4] Die kanaanäische Mythe vom Morgenstern, der aus Stolz ob seiner Schönheit sich vermaß, die Sonne überstrahlen zu wollen, und der seither Morgen für Morgen zur Strafe ins Dunkel verbannt wird, bildet kulturhistorisch den Hintergrund derartiger Lehren, die metaphysisch objektivieren, was allenfalls Sinn machen kann, wenn man es als eine symbolische Darstellung seelischer Auseinandersetzungen und Befindlichkeiten im Herzen des Menschen deutet.[5] Der Unterschied ist absolut: Gott als Person muß es geben, damit ein Bezugspunkt sei, um die Widersprüchlichkeiten des menschlichen Daseins jenseits der Angst in Vertrauen zu ordnen; doch einen Teufel zu glauben führt in die Irre. Es kommt vielmehr entscheidend darauf an, die vermeintliche Widersprüchlichkeit von Gott und Teufel – entsprechend der persischen Mythologie von dem ewigen Kampf zwischen den Mächten des Guten und des Bösen[6] – gerade nicht in Gott zu verewigen, sondern sie in den Innenraum der menschlichen Psyche zurückzuholen; erst wenn die Vorstellungen von Teufel und Hölle als Projektionen von Abhängigkeit und Angst beziehungsweise von Verlorenheit und Verzweiflung als Formen der Selbstwahrnehmung bewußt gemacht werden, lassen sich ihre Inhalte in den Prozeß der Selbstfindung integrieren. Wo nicht, droht die Gestalt des »Teufels« die alten abergläubischen Reste vergangener Zeiten wiederzubeleben und macht in jedem Falle Gefahr, das Ich seine vielleicht schon überwunden geglaubte Ohnmacht aus Kindertagen gegenüber den Elterngestalten von Vater und Mutter erneut als eine unüberschreitbare Tatsache spüren zu lassen.

Da tritt etwa in dem Märchen von dem *Bärenhäuter* (KHM 101)[7] der Teufel an einen dienstentlassenen Soldaten heran, der nicht mehr weiß, wovon er leben soll, und schließt mit ihm einen Sieben-Jahres-Vertrag auf den Besitz seiner Seele: er kann in seiner Not so viel Geld aus der Tasche holen, wie immer er mag, doch muß er dafür auf jegliche Reinlichkeitspflege verzichten und darf in all der Zeit kein Vaterunser beten; bleibt er am Leben, so gehört er sich selbst, stirbt er vor Ablauf dieser Frist, ist seine Seele dem Teufel verfallen; als Kleidung tragen muß er dessen grünen Rock, und als sein Nachtlager hat ihm das Fell eines soeben zur Mutprobe erlegten Bären zu dienen. – In all dem erlebt der Soldat im Grunde nur noch, was für ein Barbar aus ihm als »Bärenhäuter«, als Berserker, im Kriegsdienst geworden ist; er gehorchte als Söldner bereits dem »Teufel«, ohne es zu wissen, und er kann sich von dessen Einfluß nur lösen, indem er Mitleid mit der Mittellosigkeit anderer übt und auf diese Weise nachreift zur Liebe.

Die Gestalt, die in diesem Märchen im Sturmgebraus und mit Pferdefuß als Teufel ihm entgegentritt, trägt erkennbar die Züge des germanischen Kriegsgottes Wotan, des Herrn der Einherier, der Helden, die er, wenn sie auf der Walstatt gefallen sind, zu sich nach Walhall holt. Derlei Vorstellungen von männlicher Kriegsbereitschaft und Tapferkeit galten vormals als göttlich, nunmehr aber fungieren sie nur noch als Chiffre seelischer Entfremdung; sie prägen das Bild einer Teufelei, die jener Soldat verinnerlichen mußte, als man ihn aus einem sensiblen Menschen in ein wildes Tier auf den Schlachtfeldern seines Königs umwandelte; das ehedem Ehrwürdige erweist sich für ihn jetzt als eine schwere Hypothek, die erst nach jahrelangem Suchen sich überwinden lassen wird. – Als teuflisch und dämonisch erscheint in diesem Märchen mithin der Geist des Militärs selber, der Menschen auf Befehl zu Mördern macht; doch eben: wer sich mit der ihm auferlegten seelischen Verformung ehrlich auseinandersetzt, kann sich nicht länger hinter einem Glaubenssatz verschanzen, nach dem es einen Teufel gebe, der als ein Wesen an sich selbst die Schuld an der Verwandlung des menschlichen Lebens in eine Hölle auf Erden trüge; der muß die Ursachen des Unheils in sich selber suchen.

Manches von alledem, was einem Menschen wie verhext und wie verteufelt scheinen mag, erweist in psychologischer Betrachtung sich als das Schattenbild der eigenen Eltern. In dem Märchen von dem *Mädchen ohne Hände* (KhM 31)[8] beispielsweise verspricht der Teufel einem armen Müller großen Reichtum, wofern er ihm vermacht, was hinter seinem Haus im Garten steht; der Müller glaubt, das sei sein Apfelbaum, und geht leichthin auf das so verlockende Angebot ein; doch was der Teufel meint, ist nicht der Baum, sondern des Müllers Tochter. Als er indes nach drei Jahren seinen hinterhältigen Vertrag einzulösen gedenkt, bleibt das Mädchen für ihn in einem Schutzkreis aus Kreide unerreichbar, und unter der Drohung, sonst selber vom Teufel entführt zu werden, muß der Vater seiner Tochter schließlich die durch das viele Weinen ganz rein gewordenen Hände abhacken; aber auch die Tränen, die das Mädchen auf die Handstümpfe weint, waschen es rein und bewahren es somit davor, in die Hände des Bösen zu geraten. – »Nur wenn ich keine Hände zur Erfüllung eigener Wünsche mehr besitze, kann ich den Händen des Teufels entkommen. Nur im Verzicht auf jegliches Bedürfnis bewahre ich meinen Vater davor, daß der Teufel mit ihm durchgeht. Nur in der Traurigkeit ständiger Selbsteinschränkung bin ich ein gutes Kind.« So lautet die Lektion, die dieses »Mädchen ohne Hände« in Kindertagen bereits zu lernen hatte.

Der »Teufel« – das ist in dieser Geschichte erkennbar kein gefallener Engel, der, aus dem Himmel verstoßen, auf Erden versuchen würde, seinen Kampf gegen Gott in den Herzen der Menschen fortzusetzen: das ist als erstes die persönliche Gefährdung verzweifelten Jähzorns im Gemüt und Gebaren des Vaters, falls seine Tochter ohne Rücksicht auf die offenbare Armut der Familie ihn weiterhin mit Worten wie »ich hätte aber gern«, »ich möchte doch so sehr«, »warum bekomme ich nicht auch« auf die Nerven gehen sollte. Die Widersprüchlichkeit des Vaters zwischen Fürsorge und Überforderung, zwischen Verantwortung und Zerstörung, zwischen Hilflosigkeit und Haß ist es, was seinem Kinde als der »Teufel« selbst vorkommen muß, – es kann den »guten« Vater in ihm nur noch retten durch Verdrängung der gesamten kindlichen Wunschwelt.

Daß ein solches Mädchen es überhaupt vermag, sich in die Welt zu getrauen, liegt laut Märchen einzig an der Erwartung, daß mitleidige Menschen ihm schon von selber geben würden, was es braucht. In dieser Zuversicht setzt allem Anschein nach sich das Erinnerungsbild der Mutter fort, die zwar nicht imstande war, die notbedingten Grausamkeiten ihres Mannes zu verhindern, die dem Kinde aber dennoch ein unerschütterliches Vertrauen, gemocht zu werden und beschützt zu sein, mit auf den Lebensweg zu geben vermag.

Auch diese mütterliche Seite im Erleben des Kindes wird in dem Märchen von dem *Mädchen ohne Hände* in die Sphäre des Göttlichen emporgehoben: Ein Engel kommt und weist am Ende eines langen Tags der Wanderung die Liebesuchende in den Garten eines Königs; in diesem wächst ein Birnbaum, dessen Früchte allesamt gezählt sind; gleichwohl wagt das Mädchen es in seinem Hunger, mit dem Munde eine der Birnen zu sich zu nehmen, – die Geschichte vom »Sündenfall« in Gen 3,1–7 erzählt sich noch einmal[9], nur in entgegengesetzter Richtung, mit dem Ziel, das urtümliche Schuldgefühl, durch (ein verbotenes) Essen schuldig (geworden) zu sein, endgültig zu widerlegen: Der König dieses Gartens verstößt die arme Müllerstochter nicht, im Gegenteil, er gewinnt sie lieb und erhebt sie zu seiner Gemahlin. – Ein Engel Gottes, der hineingeleitet in die verlorene Unschuld der Kindheit, der lehrt, sich seiner Daseinsberechtigung zu getrauen, der zu dem »Ort« hinführt, an dem geschrieben steht: »Hier wohnt ein jeder frei«, – auch solch ein »Engel« muß nicht dogmatisch als ein Wesen an sich selbst genommen werden, als ein »geschaffener Geist«, der – im Gegensatz zum Teufel – Gott dienstbar geblieben wäre; in ihm verkörpert sich vielmehr all die Bejahung und Bestätigung, die dieses Kind von seiten seiner Mutter in die Seele gelegt bekommen hat: es darf sein, es soll leben, es ist mit seinem Dasein gewollt, ersehnt, erwünscht, – es hat ein Recht auf seine eigenen Hände, die ihm am Ende des Märchens wunderbarerweise wieder wachsen …

An einer Stelle wie dieser wird der absolute Unterschied deutlich, der bei der Interpretation von Märchen (und gleichermaßen auch der Bibel oder der kirchlichen Dogmatik) zu beachten ist: Wann immer bestimmte Erscheinungen mit dem Wirken böser Geister erklärt werden sollen, kommt es psychologisch darauf an, die Vorstellung von einem »Teufel« auf die Erfahrungen von Angst, Hilflosigkeit und Schuldgefühl in der frühen Kindheit – idealtypisch gegenüber dem eigenen Vater – zurückzuführen und ihnen damit den Anschein des »Objektiven« und »Absoluten« zu nehmen; was sich aus der psychischen Entwicklung eines Menschen ergibt, ist notwendig relativ, es ist gebunden an die Besonderheiten eben dieses Werdegangs. Anders bei den Vorstellungen »guter Geister«. Auch sie ergeben sich aus den Erfahrungen eines Kindes – vornehmlich mit seiner Mutter –, auch sie sind schon von daher nicht als an sich »wahr« zu nehmen; doch was sie dem Menschen zu sagen haben, ist absolut als wahr zu setzen; ja, man *muß* es ins Göttliche überhöhen, weil sich darin etwas mitteilt, das in dieser Unbedingtheit die liebste Mutter der Welt ihrem liebsten Kinde nicht zu vermitteln vermag: die Überzeugung von der unwiderruflichen Bejahung seines Daseins; das Gefühl einer letztgültigen Geborgenheit in seiner Existenz; die Festigkeit des Vertrauens, begleitet und umfangen zu sein, gleich, was geschehen wird. Der schlimmste »Teufel« kann nichts weiter sein als ein Ausbund alter Kinderängste und deren Folgewirkungen; ein »Engel« aber ist nie nur ein spätes Abbild von erfahrener oder zumindest doch ersehnter mütterlicher Güte, er ist vielmehr ein Fenster ins Unendliche: Gefangen in den Widersprüchen und Ambivalenzen aller Eindrücke inmitten dieser endlichen Welt, öffnet sich in der Erscheinung eines Engels die Kerkerwand der irdischen Gefangenschaft und gibt den Blick frei auf den Hintergrund, aus dem wir leben, und auf das Ziel hin, für das wir geschaffen sind.

In solchen Augenblicken bringen Märchen wirklich etwas Göttliches zur Sprache – nie schon Gott selber, wohlgemerkt, wohl aber doch so etwas wie einen Hinweis auf die Stelle einer stimmigen Vorstellung von Gott. Beide: Teufel wie Engel, sind Bilder der menschlichen Seele, doch während das eine Bild das Licht nicht durchläßt, das ins Innere der Seele leuchten möchte, erweist das andere sich als gerade für den Zweck geschaffen, sich durchsichtig zu halten auf die Sonne hin; in jedem Falle sind es deren Strahlen, die dieses Bild dem Auge sichtbar machen. – Im *Mädchen ohne Hände* wird das Vaterbild des »Teufels« sich sogar noch in die Beziehung der Müllerstochter zu ihrem »König« drängen und per Übertragung dafür sorgen, daß jedes Wort der Bestätigung und Ermutigung zwischen den beiden sich anhört wie Unglück und wie Fluch, – wie schwer ist es, Liebe zu glauben, wenn das Wiederaufleben alter Wünsche einhergeht mit dem Wiederaufflackern alter Verbote! Ob er es will oder nicht, der »König« zieht von vornherein die Hoffnungen ebenso wie die Befürchtungen auf sich, die in den Kindertagen seiner Königin einmal dem eigenen Vater gegolten haben. Um diesem Teufelskreis von Abhängigkeit und Lebensangst zu entkommen und eigenhändig und eigenständig zu werden, muß in der Gestalt des Engels all die positive Erwartung und Erfahrung weitergehen, die sich einst mit der Mutter verband, und erst wenn es sich als eine Wesensaussage über die Grundlage unseres Daseins von allem nur Psychologischen freisetzt ins Grundsätzliche, ins Religiöse, gewinnt das Bild dieses Engels die Fähigkeit, Freiheit zu schenken. Erst dann redet das Märchen wirklich von Gott.

Schaut man sich in der GRIMMschen Sammlung um, in welchen Geschichten Göttliches vergleichbar »rein« zur Sprache kommt und was sich über Gott von solchen Märchen lernen läßt, so muß man stets vor Augen haben, daß schon der Gattung nach die Märchen weder Mythen noch Legenden sind. Um überhaupt von Gottes »Handeln« in der »Welt« Kunde zu geben, ist die Darstellung des *Mythos* unverzichtbar, – er ist nur zu verstehen, wenn man die scheinbare Vergegenständlichung des Göttlichen gerade nicht dogmatisch »wörtlich« nimmt, sondern als die Symboldarstellung seelischer Erfahrung in ihrer hochpoetischen Verdichtung innerlich versteht[10]; die *Legende* verknüpft das Handeln Gottes mit vermeintlich historischen Persönlichkeiten, deren fromme Ergriffenheit durch Gott jedwedes wunderbare Eingreifen Gottes in ihrem Schicksal als wahre Begebenheit dartun soll, – auch hier ist zum rechten Verständnis alles Äußere als Bild des Inneren zu lesen[11]: nicht daß Franziskus zu den Fischen predigt[12], ist das Wunder, ganz wunderbar ist vielmehr die Einheit allen Lebens auf der Erde, betrachtet man‹s mit Gottes Augen, der die Liebe ist. *Märchen* sind demgegenüber bereits gattungsgeschichtlich rein profane Erzählungen[13], – es ist ein Mißbrauch, sie, wie mit *Marienkind* geschehen, für konfessionspolitische Propaganda zu vernutzen. Andererseits besitzen Märchen – gerade wegen ihrer entsakralisierten Denk- und Darstellungsweise – ein Merkmal, das literaturwissenschaftlich keine Rolle zu spielen scheint, während es menschlich doch das Wesen vornehmlich aller »Zaubermärchen« ausmacht: sie weigern sich, von einem transzendenten Glück der Liebe in klösterlicher Entsagung oder himmlischer Tröstung zu träumen; statt dessen versprechen und beschwören sie die Möglichkeit, es möchten hier auf Erden trotz aller Widerstände und Gefahren die Liebenden doch zur Erfüllung ihrer Wünsche finden.

Und eben dieser Glaube an die Liebe als an die einzige und wahre Quelle allen Glücks macht in gewisser Weise gerad die so profanen Märchen zu einem quasi religiösen Zeugnis: Wenn es denn stimmt, daß Gott die Liebe ist (vgl. 1 Joh 4,16), so sprechen mittelbar die Märchen, wie keine andere Gattung der Weltliteratur sonst, von Gott, und alle Wunder, die sie auf der Suche der Liebenden zu ihrer wechselseitigen Erlösung schildern, dienen nur dem Ausdruck dieser einen grundlegenden Überzeugung, an der, wenn man sie glaubt, die ganze Welt sich ändert und die da heißt: Gott schützt die Liebenden[14]. Wer in *der* Weise von der Liebe spricht, der spricht von Gott, selbst wenn er nominell ihn nicht im Munde führt, und umgekehrt kann gelten, daß überall, wo lieblos über Göttliches geredet wird, im Grunde eine Gotteslästerung geschieht.

Wie aber steht es dann mit all den Märchen, die, zum Teil in Übernahme alter mythischer Motive, Gott selbst auftreten lassen – *inkognito*, Menschengestalt annehmend? Den Göttern HOMERS fiel derlei augenscheinlich leicht: Wann immer in der *Odyssee* Athene ihrem Schützling helfen will, kann sie, wie gleich zu Anfang, in der Gestalt des Taphier-Fürsten Mentes den Sohn des Odysseus, Telemachos, auffordern, in Pylos bei dem alten Nestor und in Sparta bei Menelaos sich nach dem Verbleib seines Vaters zu erkundigen[15], oder sie kann Odysseus selbst, nachdem die Phäaken ihn in Ithaka abgesetzt haben, in der Gestalt eines Schafhirten erscheinen[16]; ebensowenig stellt es für sie eine Schwierigkeit dar, die Gestalt einer »schönen und großen« Frau anzunehmen, die freilich nur für Odysseus und dessen Hunde sichtbar ist[17]: – »Denn die Götter sind keineswegs für alle erkennbar«, wie es bedeutungsschwer heißt[18]. Doch damit stellt sich im homerischen Mythos nicht anders als in den Märchen die Frage, wie um alles in der Welt man denn (einen) Gott in der Gestalt eines Menschen erkennt.

Die einfachste Antwort könnte lauten, man erkenne, wie in den angegebenen Beispielen der »göttliche Dulder« Odysseus, Göttliches als Wegweiser und Retter in Augenblicken äußerster Ratlosigkeit und lebensgefährlicher Not, – wer *da* als Helfer sich meldet, trägt etwas in sich, bringt etwas mit sich von Gott. Das stimmt; und doch betrachtete man in dieser Perspektive die Welt gewissermaßen ganz mit den Augen des »Mädchens ohne Hände«: was da von Gott her in Erscheinung träte, trüge die Züge eines Engels (oder halt einer »Athene«), es gelangte aber nicht darüber hinaus, so daß man die in den Mythen und Märchen weit seltenere, aber nicht minder wichtige umgekehrte Blickrichtung leicht aus den Augen verlöre: daß Gott auch in der Gestalt eines Menschen erscheinen kann, nicht um Hilfe zu schenken, sondern sich schenken zu lassen. Wäre es möglich, daß Göttliches aufschiene nicht nur in seinem Reichtum, sondern gleichermaßen auch in der Armut von Menschen – als eine Anfrage an *unsere* Menschlichkeit? Dann ginge die Rede von Gott, um Göttliches erkennbar zu machen in allem Bedürftigen, und es wäre nicht mehr Gott selber, der als Beistand herzuträte, sondern von der Gestalt des Bedürftigen ginge die Frage aus, ob man darinnen Gott wiedererkennt und sich selber zur Hilfe hin auftut.

Der Bedürftige: das kann – bevorzugt unter all denen, die Jesu Gleichnis vom Großen Weltgericht (Mt 25,31–46) aufzählt[19] – auch sein der Bettler oder der Fremde, und so ist es kein Wunder, daß in der Sammlung der Brüder GRIMM sich gerade eine solche Geschichte von einem Armen und Fremden als Gottesgestalt findet – unter dem Titel: *Der Arme und der Reiche* (KHM 87). Die eigentliche Trennung unter den Menschen, meint dieses Märchen, verläuft nicht zwischen den Armen und den Reichen, wohl aber zwischen den Hilfsbereiten und den Berechnenden, und es zeigt sich, daß gerade die Armen eher über die Fähigkeit des Erbarmens verfügen als all diejenigen, die gar nicht wissen, was Not ist. Nur wer erfahren hat, was sozial und psychisch Leid und Elend bedeuten, wird wie von selbst befähigt sein zu Mitleid und zu Gastlichkeit. Und nur ein solcher, der Gott entdeckt in der Armut von Menschen, wird zu Gott finden. Man kann über Gott vielerlei Worte drechseln, doch entscheidend vor Gott ist, was jemand tut.

Die wohl am meisten bedrückende Form der Armut ist indessen die Armseligkeit menschlicher Schuld; und gerade hier herrscht erstaunlicherweise die schlimmste Verwirrung. Der wahre Glaubenssatz des bürgerlichen Zusammenlebens nämlich ist kein wirklich christlich-religiöser, sondern ein durch und durch ethischer; er besagt, daß Menschen gut sind, wenn und weil sie gut sein wollen, und daß sie böse sind, wenn und weil sie böse sein wollen; in dem einen Falle verdienen sie belohnt, in dem anderen Falle bestraft zu werden. So will es die Gerechtigkeit. Und so, aus Gründen der Gerechtigkeit, verläuft eine kategorische Trennlinie nicht nur zwischen Arm und Reich, sondern jetzt vor allem zwischen den Guten und den Bösen, zwischen den Belohnenswerten und den Strafenswerten. In aller Regel wird diese Vorstellung sogar ins Absolute gesteigert, indem die institutionalisierten Religionsformen sich am Ort staatstragend geben und Gott selber zum Inbegriff eben einer solchen Strafegerechtigkeit erklären. Doch in Wahrheit tut man damit Gott ebenso Unrecht wie man sich weigert, Menschen in ihrer Not gerecht zu werden. – In dieser Lage ist es überaus begrüßenswert, in der Sammlung der BRÜDER GRIMM einem Märchen zu begegnen, das der Einstellung der Bergpredigt, überhaupt nicht über Menschen zu Gericht zu sitzen (Mt 7,1–5)[20], in seiner Kernaussage äußerst nahe kommt: der Geschichte von dem *Schneider im Himmel* (KHM 35). Wenn es irgend eine Erzählung gibt, die in der Form einer märchenhaften Parabel Gott – christlich betrachtet – »wahr« zur Sprache bringt, so ist es diese Geschichte, die zudem den Vorteil hat, die unheilvolle Tragödie der Strafegerechtigkeit in Ethik und Justiz auf humorvolle Weise als Komödie zu konterkarieren. Gerade der zwangsneurotisch-sadistische Ernst aller streng sich gebenden Moral löst sich hier auf in ein befreiendes Gelächter. – Eine solche Geschichte gehört schon deshalb unbedingt in eine Darstellung des Themas »Gott im Märchen«, vergleichbar ein Stück weit der plattdeutschen Erzählung von dem *Mäken von Brakel* (KHM 139)[21], das die gesamte »Marienkind«-Moral auf den Kopf stellt.

Und auch wohl eine dritte Geschichte gehört hierher, die derart »fromm« ist, daß man psychologisch gewiß die größten Zweifel an sie setzen müßte, verstünde man sie lediglich als Wunder-Märchen, statt ein Gleichnis auf uns selbst darin zu sehen, – das ist die Geschichte vom *Sterntaler*-Mädchen (KHM 153). Als »Ideal«, widerstandslos alles herzugeben, könnte sie psychoanalytisch nur als ein Ausdruck schwerster »retentiver Gehemmtheiten«[22] gelesen werden; doch als eine Beispielserzählung für die Art, wie es dann doch – entsprechend dem *Frau Holle*-Märchen – eine »Belohnung« des Guten durch sich selber gibt, ist die Geschichte »typisch« religiös: sie zeigt etwas von *Gottes* Art zu »richten«.

Nun bedarf allerdings das moralisch scheinbar so geordnete Weltbild des braven Bürgers nicht nur in der Vorstellung einer rein äußerlich – von einem Richter oder gar von Gott – verhängten Strafegerechtigkeit einer heilsamen Erschütterung durch eine Darstellung, die, gerade als eine religiöse, »märchenhaft« sein muß, um den »Realismus« einer bloßen Oberflächenbetrachtung durch eine psychologisch wie existentiell vertiefte Sicht auf den Menschen prinzipiell neu zu formen; es existiert in der Erzählgattung der Märchen vielmehr darüber hinaus ein uraltes Wissen um eine Wahrheit, die gerade in der »christlich« sich gebenden Ethik so gut wie ganz verlorengegangen zu sein scheint, – das ist die tiefe Einheit von Mensch und Tier und damit das Ende der biblisch begründeten Anthropozentrik des abendländischen Weltbildes. »Tiere haben keine Rechte, schon deshalb weil sie keine Pflichten haben«, erklärte vor einer Weile ein österreichischer Weihbischof, um den traditionellen Standpunkt seiner Kirche zu verteidigen[23]; »Verantwortung« soll da etwas sein, das allein von Menschen für Menschen in Geltung steht. »Gut« ist in dieser Überzeugung alles, was dem Überleben der menschlichen Spezies dient, »böse« alles, was dem Artegoismus Abbruch tut. Wie aber, wenn Menschen begönnen, sich nicht länger als die Herren der Schöpfung zu gebärden, wie es die Bibel in ihrem ersten Schöpfungsbericht in Auftrag gibt (vgl. Gen 1,28; 9,1.2), sondern wenn sie sich, entsprechend der jahwistischen Paradieserzählung in Gen 2,15[24], als »Diener« und »Bewahrer« im »Garten« der Welt zu begreifen anfingen? Kaum etwas von der Art und Weise des üblichen Umgangs mit den Tieren behielte dann noch seine Legitimität, – es wäre als gedankenlose Grausamkeit, getarnt als praktische Vernunft, erkennbar. – Ein Märchen, das über die Kraft verfügt, einen solchen Umsturz des Bewußtseins einzuleiten, ist die Geschichte von den *Drei Sprachen* (KHM 33). Sie spricht von Gott, indem sie ironischerweise jemanden zum »Papst« krönt, der imstande ist, den stummen Schrei gequälter Kreaturen zu vernehmen und sein Verhalten danach zu verändern. Auch diese Geschichte ist deshalb unverzichtbar in einem Bändchen über »Gott im Märchen«.

Eine psychologisch-religiöse Märchendeutung bliebe ein müßig Unterfangen, wenn beim Leser wieder nur der Eindruck sich verstärkte, daß Geschichten dieser Art etwas an sich Schwerverständliches darstellten, das sich nur den »Fachleuten« erschließen könnte; das Gegenteil ist richtig. Es gab einmal eine Zeit, in der wir Märchen noch als unsere eigene Sprache begreifen konnten, – als wir Kinder waren. Mitgefühl mit Mitgeschöpfen – jedem Kind und allen Kindern der Natur ist diese Haltung selbstverständlich, nur uns nicht, die wir auf »zivilisierte« Weise »erwachsen« werden mußten. Insofern möchten die vorgelegten Interpretationen nicht nur eine neue Unmittelbarkeit im Verständnis der Märchen vermitteln, sondern zugleich dabei helfen, ein Stück verlorener Kindlichkeit und verlorengegangener Kindheit zurückzuschenken.

Der Arme und der Reiche (KHM 87) oder: Vom gastfreundlichen Geben

»Antinoos! das war nicht recht, daß du nach dem armen Herumstreicher geworfen hast! Unseliger! wenn er nun vielleicht irgendein Gott vom Himmel ist! Durchwandern die Götter doch, Fremdlingen gleichend, die von weit her sind, in mancherlei Gestalt die Städte und blicken auf den Frevel der Menschen und ihr Wohlverhalten.«[25] Sogar die »hochmütigen jungen« Männer, die im Hause des Odysseus um dessen Frau Penelope freien, besitzen bei HOMER im 8. Jh. v. Chr. so viel religiöses Empfinden, daß sie die Mißhandlung eines fremden Bettlers als Frevel empfinden, – es könnte ein Gott sein, der in seiner Gestalt sich verbirgt! – Das Motiv der Geschichte *Der Reiche und der Arme* ist uralt; bei den BRÜDERN GRIMM erzählt sie sich so:

Vor alten Zeiten, als der liebe Gott noch selber auf Erden unter den Menschen wandelte, trug es sich zu, daß er eines Abends müde war und ihn die Nacht überfiel, bevor er zu einer Herberge kommen konnte. Nun standen auf dem Weg vor ihm zwei Häuser einander gegenüber, das eine groß und schön, das andere klein und ärmlich anzusehen, und gehörte das große einem Reichen, das kleine einem armen Manne. Da dachte unser Herrgott: »Dem Reichen werde ich nicht beschwerlich fallen: bei ihm will ich übernachten.« Der Reiche, als er an seine Türe klopfen hörte, machte das Fenster auf und fragte den Fremdling, was er suche. Der Herr antwortete: »Ich bitte um ein Nachtlager.« Der Reiche guckte den Wandersmann von Haupt bis zu den Füßen an, und weil der liebe Gott schlichte Kleider trug und nicht aussah wie einer, der viel Geld in der Tasche hat, schüttelte er mit dem Kopf und sprach: »Ich kann Euch nicht aufnehmen, meine Kammern liegen voll Kräuter und Samen, und sollte ich einen jeden beherbergen, der an meine Türe klopft, so könnte ich selber den Bettelstab in die Hand nehmen. Sucht Euch anderswo ein Auskom-

men.« Schlug damit sein Fenster zu und ließ den lieben Gott stehen. Also kehrte ihm der liebe Gott den Rücken und ging hinüber zu dem kleinen Haus. Kaum hatte er angeklopft, so klinkte der Arme schon sein Türchen auf und bat den Wandersmann einzutreten. »Bleibt die Nacht über bei mir«, sagte er, »es ist schon finster, und heute könnt Ihr doch nicht weiterkommen.« Das gefiel dem lieben Gott, und er trat zu ihm ein. Die Frau des Armen reichte ihm die Hand, hieß ihn willkommen und sagte, er möchte sich‹s bequem machen und vorliebnehmen, sie hätten nicht viel, aber was es wäre, gäben sie von Herzen gerne. Dann setzte sie Kartoffeln ans Feuer, und derweil sie kochten, melkte sie ihre Ziege, damit sie ein wenig Milch dazu hätten. Und als der Tisch gedeckt war, setzte sich der liebe Gott nieder und aß mit ihnen, und schmeckte ihm die schlechte Kost gut, denn es waren vergnügte Gesichter dabei. Nachdem sie gegessen hatten und Schlafenszeit war, rief die Frau heimlich ihren Mann und sprach: »Hör, lieber Mann, wir wollen uns heute nacht eine Streu machen, damit der arme Wanderer sich in unser Bett legen und ausruhen kann: er ist den ganzen Tag über gegangen, da wird einer müde.« »Von Herzen gern«, antwortete er, »ich will‹s ihm anbieten«, ging zu dem lieben Gott und bat ihn, wenn‹s ihm recht wäre, möchte er sich in ihr Bett legen und seine Glieder ordentlich ausruhen. Der liebe Gott wollte den beiden Alten ihr Lager nicht nehmen, aber sie ließen nicht ab, bis er es endlich tat und sich in ihr Bett legte; sich selbst aber machten sie eine Streu auf der Erde. Am andern Morgen standen sie vor Tag schon auf und kochten dem Gast ein Frühstück, so gut sie es hatten. Als nun die Sonne durchs Fensterlein schien und der liebe Gott aufgestanden war, aß er wieder mit ihnen und wollte dann seines Weges ziehen. Als er in der Türe stand, kehrte er sich um und sprach: »Weil ihr so mitleidig und fromm seid, so wünscht euch dreierlei, das will ich euch erfüllen.« Da sagte der Arme: »Was soll ich mir sonst wünschen als die ewige Seligkeit, und daß wir zwei, solang wir leben, gesund bleiben und unser notdürftiges tägliches Brot haben; fürs dritte weiß ich mir nichts zu wünschen.« Der liebe Gott sprach: »Willst du dir nicht ein neues Haus für das alte wünschen?« »O ja«, sagte der Mann, »wenn ich das auch noch erhalten kann, so wär mir‹s wohl lieb.« Da erfüllte der Herr ihre Wünsche, verwandelte ihr altes Haus in ein neues, gab ihnen nochmals seinen Segen und zog weiter.

Es war schon voller Tag, als der Reiche aufstand. Er legte sich ins Fenster und sah gegenüber ein neues, reinliches Haus mit roten Ziegeln, wo sonst eine alte Hütte gestanden hatte. Da machte er große Augen, rief seine Frau herbei und sprach: »Sag mir, was geschehen ist? Gestern abend stand noch die alte, elende Hütte, und heute steht da ein schönes neues Haus. Lauf hinüber und höre, wie das gekommen ist.« Die Frau ging und fragte den Armen aus; er erzählte ihr: »Gestern abend kam ein Wanderer, der suchte Nachtherberge, und heute morgen beim Abschied hat er uns drei Wünsche gewährt, die ewige Seligkeit, Gesundheit in diesem Leben und das notdürftige tägliche Brot dazu und zuletzt noch statt unserer Hütte ein schönes neues Haus.« Die Frau des Reichen lief eilig zurück und erzählte ihrem Mann, wie alles gekommen war. Der Mann sprach: »Ich möchte mich zerreißen und zerschlagen: hätt ich das nur gewußt! Der Fremde ist zuvor hier gewesen und hat bei uns übernachten wollen, ich habe ihn aber abgewiesen.« »Eil dich«, sprach die Frau, »und setze dich auf dein Pferd, so kannst du den Mann noch einholen, und dann muß du dir auch drei Wünsche gewähren lassen.«

Der Reiche befolgte den guten Rat, jagte mit seinem Pferd davon und holte den lieben Gott noch ein. Er redete fein und lieblich und bat, er möchte‹s nicht übelnehmen, daß er nicht gleich wäre eingelassen worden, er hätte den Schlüssel zur Haustüre gesucht, derweil wäre er weggegangen; wenn er des Weges zurückkäme, müßte er bei ihm einkehren. »Ja«, sprach der liebe Gott, »wenn ich einmal zurückkomme, will ich es tun.« Da fragte der Reiche, ob er nicht auch drei Wünsche tun dürfte wie sein Nachbar. Ja, sagte der liebe Gott, das dürfte er wohl, es wäre aber nicht gut für ihn, und er sollte sich lieber nichts wünschen. Der Reiche meinte, er wollte sich schon etwas aussuchen, das zu seinem Glück gereiche, wenn er nur wüßte, daß es erfüllt würde. Sprach der liebe Gott: »Reit heim, und drei Wünsche, die du tust, die sollen in Erfüllung gehen.«

Nun hatte der Reiche, was er verlangte, ritt heimwärts und fing an nachzusinnen, was er sich wünschen sollte. Wie er sich so bedachte und die Zügel fallen ließ, fing das Pferd an zu springen, so daß er immerfort in seinen Gedanken gestört wurde und sie gar nicht zusammenbringen konnte. Er klopfte ihm an den Hals und sagte: »Sei ruhig, Liese«, aber das Pferd machte aufs neue Männerchen. Da ward er zuletzt ärgerlich und rief ganz ungeduldig: »So wollt ich, daß du den Hals zerbrächst!«

Wie er das Wort ausgesprochen hatte, plump, fiel er auf die Erde und lag das Pferd tot und regte sich nicht mehr; damit war der erste Wunsch erfüllt. Weil er aber von Natur geizig war, wollte er das Sattelzeug nicht im Stich lassen, schnitt's ab, hing's auf seinen Rücken und mußte nun zu Fuß gehen. »Du hast noch zwei Wünsche übrig«, dachte er und tröstete sich damit. Wie er nun langsam durch den Sand dahinging und zu Mittag die Sonne heiß brannte, ward's ihm so warm und verdrießlich zumut: der Sattel drückte ihn auf den Rücken, und war ihm noch immer nicht eingefallen, was er sich wünschen sollte. »Wenn ich mir auch alle Reiche und Schätze der Welt wünsche«, sprach er zu sich selbst, »so fällt mir hernach noch allerlei ein, dieses und jenes, das weiß ich im voraus: ich will's aber so einrichten, daß mir gar nichts mehr übrig zu wünschen bleibt.« Dann seufzte er und sprach: »Ja, wenn ich der bayrische Bauer wäre, der auch drei Wünsche frei hatte, der wußte sich zu helfen, der wünschte sich zuerst recht viel Bier und zweitens so viel Bier, als er trinken könnte, und drittens noch ein Faß Bier dazu.« Manchmal meinte er, jetzt hätte er es gefunden, aber hernach schien's ihm doch zu wenig. Da kam ihm so in die Gedanken, was es seine Frau jetzt gut hätte, die säße daheim in einer kühlen Stube und ließe sich's wohl schmecken. Das ärgerte ihn ordentlich, und ohne daß er's wußte, sprach er so hin: »Ich wollte, die säße auf dem Sattel und könnte nicht herunter, statt daß ich ihn da auf meinem Rücken schleppe.« Und wie das letzte Wort aus seinem Munde kam, so war der Sattel von seinem Rücken verschwunden, und er merkte, daß sein zweiter Wunsch auch in Erfüllung gegangen war. Da ward ihm erst recht heiß, er fing an zu laufen und wollte sich daheim ganz einsam in seine Kammer hinsetzen und auf etwas Großes für den letzten Wunsch sinnen. Wie er aber ankommt und die Stubentür aufmacht, sitzt da seine Frau mittendrin auf dem Sattel und kann nicht herunter, jammert und schreit. Da sprach er: »Gib dich zufrieden, ich will dir alle Reichtümer der Welt herbeiwünschen, nur bleib da sitzen.« Sie schalt ihn aber einen Schafskopf und sprach: »Was helfen mir alle Reichtümer der Welt, wenn ich auf dem Sattel sitze; du hast mich daraufgewünscht, du mußt mir auch wieder herunterhelfen.« Er mochte wollen oder nicht, er mußte den dritten Wunsch tun, daß sie vom Sattel ledig wäre und heruntersteigen könnte; und der Wunsch ward alsbald erfüllt. Also hatte er nichts davon als Ärger, Mühe, Scheltworte und ein verlorenes Pferd; die Armen aber lebten vergnügt, still und fromm bis an ihr seliges Ende.

Beim ersten Hören dieser Geschichte wird man wohl befriedigt schmunzeln: recht geschieht dem reichen Mann! Er ersichtlich steht im Mittelpunkt des Märchens – der Arme fungiert eigentlich nur als Kontrast zu ihm, dann auch als Auslöser seines Debakels. So also kommt es, wenn Gott lohnt und wenn er straft, im Guten wie im Bösen, soll man denken. Doch worüber ergeht hier inhaltlich das Gottesurteil, und wie vollzieht es sich?

Vor alten Zeiten, als der liebe Gott noch selbst auf Erden wandelte

Man hat, was »gut« ist und was »böse«, in unterschiedlichen Kulturen höchst unterschiedlich definiert, und selbst die Vorstellungen ein und derselben Kultur zu denselben Themen können mit dem Lauf der Zeit sich ganz erheblich, bis zum Widersprüchlichen, verändern. Wie rasch zum Beispiel wandelt sich in unserer eigenen Gesellschaft gerade in unseren Tagen die Rolle, welche Frauen, welche Männer darin spielen sollen? Mit den sozialen Verschiebungen gehen natürlich auch moralisch äußerst folgenreiche Wandlungen einher: Ehe, Sexualität, Gleichberechtigung, Autonomie – es gibt kaum einen Bereich des privaten Lebens, der nicht enormen Transformationsprozessen unterzogen wäre. Allein die unterschiedliche Geschwindigkeit, mit der diese Veränderungen auf dem Hintergrund durchgreifender technischer, wirtschaftlicher und finanzieller Umgestaltungen erfolgen, führt zu Brüchen und Verwerfungen zwischen Alt und Jung, zwischen Land und Stadt, zwischen den verschiedenen Regionen Europas und vor allem – bis hin zur Gefahr von neuen Weltanschauungskriegen – zwischen Europa und den außereuropäischen Kulturen. Es ist nicht leicht, auf einen Grundbestand von »Menschenrechten« sich zu einigen.

In dieser Lage ist es von unschätzbarer Bedeutung, daß es quer durch die Zeiten und die Zonen menschlicher Geschichte so etwas gibt wie ein Grundwissen über Gut und Böse, das nicht an Satzungen, Gesetzen und Geboten festzumachen ist, die immer auch der Dezision der Mächtigen entstammen, sondern an einer im Gefühl verankerten Evidenz des Menschlichen[26]. Mitleid nannte ARTHUR SCHOPENHAUER (1788–1860) diese klarsichtige Haltung der Gemeinsamkeit besonders mit den Hilfsbedürftigen[27], und in der Tat ist sie es, die den ältesten und unverrückbarsten Bestand an sittlichem Bewußtsein und Gewissen wiedergibt. Wie geht man um mit Fremden, Mittellosen und Schutzsuchenden? Das, mehr als alles andere, entscheidet darüber, was wir für Menschen sind. Bereits die Alten Griechen dachten so.

Wer die ohnehin exzessive und dazu noch als exemplarisch geschilderte Grausamkeit der ehrsüchtig mordenden Recken vor Troja vor Augen hat, vermutet nicht ohne weiteres, daß der gleiche HOMER, weit unterhalb seines Heldenkultes und seiner Unbedenklichkeit gegenüber der zynischen Willkür seiner Heroen im Umgang mit den im Kriege erbeuteten Frauen und Kindern, immer wieder auch sprechen kann von dem unbedingten Schutz, den insbesondere Fremde verdienen. So ermahnt zum Beispiel die Phäaken-Prinzessin Nausikaa ihre Dienerinnen, vor dem wild und verwahrlost aussehenden Odysseus, der im Sturm von Poseidon an den Strand von Scheria geworfen wurde, nicht aus lauter Angst fortzulaufen, sondern sich seiner hilfreich anzunehmen. Denn, so sagt sie:

> Zeus, der Olympier, selbst verteilt das Glück an die Menschen,
> Ob gering oder edel, so wie er es will, einem jeden;
> Dir auch gab er wohl dies, das mußt du nun eben ertragen.[28]

Jeder also, je nach dem Willen des Zeus, könnte oben stehn oder unten; er ist nicht seines Glückes Schmied, er ist ein Getriebener der Götter; doch um so wichtiger ist es, diese Wesensarmut und Armseligkeit aller Menschen zu sehen und daraus – als den wahren Willen des obersten Gottes – die menschlich wesentliche moralische Folgerung zu ziehen, wie Nausikaa selber es tut, indem sie erkennt, wie es sich mit Odysseus verhält und wie ihm deshalb zu begegnen ist:

> Dies ist ein Unglücksmann, der als Verschlagener herkommt,
> Diesen gilt es zu pflegen; in Zeus' Hut stehen sie alle,
> Fremde sowohl als Bettler.[29]

Ganz entsprechend gilt der Beistand, der Odysseus zuteil wird, zunächst gar nicht ihm selbst als Person – er ist nicht abhängig von dem Wert seiner Herkunft und der Würde seines Standes –, sondern er richtet sich auf ihn als den Mittellosen, den Fremden. Flehentlich umfaßt er im Palast die Knie der Königsgemahlin Arete und die des Königs Alkinoos[30] und erbittet, daß »ihnen die Götter / Segen verleihn im Leben«[31]; ja, er ersucht sie um das ersehnte Geleit heimwärts nach Ithaka, »da ich schon lange fern von den Meinen Leiden erdulde.«[32] Als diesen heimatlosen Fremden heißt das Königspaar ihn Platz zu nehmen und mit Speise und Trank zu bewirten, denn Alkinoos selber hält es für möglich:

> Kam … der Unsterblichen einer vom Himmel hernieder,
> Alsdann haben die Götter wohl etwas andres im Sinne.
> Denn es erscheinen uns sonst die Götter ja immer leibhaftig,
> Wenn wir ihnen vollbringen die herrlichen Festhekatomben.
> Und dann sitzen sie hier und speisen in unserer Mitte.
> Auch wenn einer allein als Wanderer ihnen begegnet,
> Dann verbergen sie nichts; denn wir sind ihnen so nahe.[33]

Es ist diese Nähe zum Göttlichen, die allem Umgang mit Fremdem und Fremden wesenhaft zukommt. Odysseus ist kein Gott, doch als einem Fremden gebührt ihm Respekt – nicht umsonst trägt bei AISCHYLOS (525–456) Zeus selber den Beinamen *xénios* – der Schützer des Gastrechts[34].

Von den Griechen übernahmen *die Römer* unter anderem auch die Erzählung von *Philemon und Baucis*, deren Anfang der Geschichte von dem *Armen und dem Reichen* sehr ähnelt. Laut OVID (43 v.–17 n. Chr.) besuchten Jupiter und Merkur einmal »Tausend Behausungen …, ein Obdach zu finden, / Tausend Behausungen wurden versperrt. Nur eine empfing sie, / Klein mit Stroh und mit Schilfrohr gedeckt; doch hatten die fromme / Baucis, die alte, sich hier und der gleichfalls betagte Philemon / Einst in den Tagen der Jugend verbunden, sie waren in dieser / Hütte gealtert und machten die Armut sich leicht; denn sie wollten / Nie sie verhehlen; sie trugen sie gerne gelassenen Sinnes … Wie nun die Himmelsbewohner das winzige Häuslein erreichten / Und mit gesenktem Scheitel die niedere Türe durchschritten, / Lädt sie der Greis auf bereitetem Sitz zu behaglicher Ruhe. / Baucis, die emsige, breitet darüber ein rauhes Gewebe / Und zerteilt im Herde die lauliche Asche; das Feuer / Schürt sie, das gestrige, nährt es mit Blättern und trockener Rinde / Und entfacht es mit altersgeschwächtem Atem zu Flammen.«[35]

Bemerkenswert ist an dieser Darstellung nicht nur die herzliche Aufnahme der Götter in Bettlergestalt durch die beiden Alten, sondern auch die Gleichgesinntheit, mit der Philemon und Baucis agieren; auch in dem GRIMMschen Märchen befeuern einander Mann und Frau wechselseitig im Hause des Armen wie auch des Reichen. Die Hauptübereinstimmung zwischen Mythos und Märchen aber besteht in der gemeinsamen Überzeugung, daß man Gott selbst entweder verläßt oder einläßt, je nachdem, ob man einen Bettler abwehrt oder ehrt. Eben die gleiche Übereinstimmung besteht auch mit dem Kern der Botschaft Jesu: Als Schlußstein alles dessen, was der Mann aus Nazaret zu sagen hatte, betrachtet das *Matthäus*-Evangelium das Gleichnis von der Ankunft des Menschensohnes, dieser Zusammenfassung gelebter Menschlichkeit: Wenn er kommen wird, sagt Jesus dort, so wird »der König« (Gott) die Menschen einteilen entscheidend auch danach, wie sie mit Bedürftigen und Fremden umgegangen sind. »Hungrig war ich«, wird er dann sagen, »ein Fremder war ich«, »und ihr gabt mir zu essen«, »und ihr führtet mich ein (in euer Haus)« (Mt 25,35); oder aber man tat genau das Gegenteil und verfehlte damit Gott[36]. – Das ist ein Gedanke, ähnlich einem russischen Märchen, in dem jemand fest daran glaubt, daß heutigentags noch Gott bei ihm einkehren werde; also setzt er alles daran, den Herrgott würdig bei sich aufzunehmen. Da klingelt es, und ein Bettler steht vor der Tür; den jagt er fort, denn er hat ja Wichtigeres zu tun, als jeden Hergelaufenen zu bewirten und sich damit zur Unzeit noch Dreck und Unordnung in die Wohnung tragen zu lassen; noch mal und noch mal wiederholt sich die Szene. Spät am Abend schließlich legt der Mann sich enttäuscht aufs Lager und fragt Gott vorwurfsvoll, warum er sein Versprechen denn nicht gehalten habe. Der Herrgott aber antwortet, er habe ihn doch besucht, dreimal sogar, nur sei er nicht dagewesen, er habe beharrlich sich dreimal verweigert, mit der Begründung, Besseres zu tun zu haben[37].

Der Mann in diesem russischen Märchen ist eigentlich nicht hartherzig und auch nicht pflichtvergessen, sein Fehler resultiert aus einer falschen Vorstellung von Gott, die sich am ehesten mit Macht und Pracht und Reichtum in Verbindung setzen läßt, sicherlich nicht mit Armut, Hilfsbedürftigkeit und Angewiesenheit auf fremde Unterstützung. Das GRIMMsche Märchen geht, gemessen daran, in diesem Punkt noch sehr viel weiter: *sein* »Reicher« ist ganz einfach hartherzig und habgierig, und »Gott«, selbst wenn er in sein Leben tritt, ist für ihn nur ein Anlaß, wie ein Kind in der magischen Phase seiner seelischen Entwicklung zu glauben, daß seine Wünsche allein schon durch die Allmacht der Gedanken[38] in Erfüllung gehen werden. Nur: warum ist das so? Wenn es doch religiös so etwas wie ein Ur(ge)wissen von der Menschlichkeit des Mitleids gibt, wieso geschieht dann nicht, was man an sich erwarten könnte: daß jemand, der als »Reicher« mehr besitzt, als er unmittelbar bedarf, wie selbstverständlich teilt mit jemandem in Not? Es müßte doch für ihn ein Leichtes sein, von seinem Überfluß dem andern etwas abzugeben! Und wieso ist es offenbar im Haus *des Armen* selbstverständlich, einen Fremden, der um Obdach nachsucht, bei sich aufzunehmen? Wie tief bereits der Mythos von Philemon und Baucis, aber auch das Märchen der Brüder GRIMM an die »Moral« der Reichen und Besitzenden fundamentale Zweifel setzt, ergibt sich aus dem Hauptmotiv solcher Geschichten selbst: Gott kommt in seine Welt, die Menschen zu besuchen. Das ist eine Erinnerung an das verlorne Paradies, an eine Lebensform, wie sie von Gott her ursprünglich gemeint ist, nun aber im Kontrast zur »Wirklichkeit« die Funktion eines Wertungsmaßstabs über Recht und Unrecht ausübt: nach wie vor kommt Gott auf diese Erde, die Frage aber ist, wer ihn erkennt und bei sich einläßt.

Die Geschichte *von dem Reichen und dem Armen* selbst beginnt mit dieser urzeitlichen »Zeitangabe«: *vormals, als Gott noch selbst »auf Erden unter Menschen wandelte«*. Man mißverstünde dieses mythische »es war einmal« in den Urzeiterzählungen der Völker ganz und gar, wenn man darin eine historisierende Beschreibung vergangener Zustände oder Ereignisse erblicken wollte[39]. Das *»vor alten Zeiten«* meint gerade nicht etwas ein für allemal Gewesenes, im Gegenteil, es stellt etwas prinzipiell Gültiges und immer Gegenwärtiges vor Augen. Immer wieder, zu allen Zeiten und an allen Orten, kommt Gott auf diese Erde, um Menschen aufzusuchen, die ihn in ihr Haus beziehungsweise in ihr Herz aufnehmen. So spricht die Bibel in ihrer Paradieserzählung davon, daß Gott am Schöpfungsmorgen sich »im Garten (seiner Welt) erging, als der Tag kühl geworden war«. (Gen 3,8) So nah also vom Ursprung her ist die Verbindung und Verbundenheit von Gott und Mensch und Welt zu denken, und von Gott her gesehen hat sie sich auch niemals aufgelöst. Geändert aber von Grund auf hat sich durch seinen »Sündenfall« die Lage für den Menschen: er jetzt, schuldig geworden, flieht vor Gott als einem strafenden und rächenden Verfolger[40], und so wird es zum Hauptproblem der »christlichen« Theologie bei der Auslegung der Botschaft Jesu, wie die Angst des Menschen vor Gott, der eigentlich das Gegenüber, den Garanten eines vorbehaltlosen Vertrauens bilden sollte, sich überwinden läßt. – Auch die jüdische Überlieferung kennt die Vorstellung von dem Besuch Gottes inmitten einer Welt, die sich von ihm entfremdet hat, allerdings hat sie aus den Erzählungen von Schöpfung und Fall des Menschen niemals die prinzipielle Konsequenz gezogen, die *Paulus* daraus entwickelt hat: daß Menschen von sich aus zum Guten gar nicht fähig sind, es sei denn, sie wären in ein Feld bedingungsloser Liebe, einer absoluten Bejahung unabhängig von allen Verdiensten und Vorleistungen, zurückgekehrt – als, paulinisch gesprochen, »Erlöste« aus »Gnade«[41]. Statt dessen hat vor allem im chassidischen Judentum die Lehre von der *Schekhina*[42], der »Einwohnung« des »Geistes« Gottes, eine große Bedeutung erlangt: nachdem Gott durch die Schuld der Menschen von der Erde verbannt wurde, lebt er in seiner eigenen Schöpfung gewissermaßen selber im Exil und wandert als ein Fremder unerkannt umher, suchend, wo er eine Bleibe fände. Und umgekehrt ergeht deshalb die Frage an den Menschen, wie er den in den Dingen und Menschen verborgenen Gott zu erkennen vermag.

»So ist es gemeint«, schreibt MARTIN BUBER (1878–1965), der gewiß größte Kenner und Interpret der chassidischen Lehre: »die Liebe zu den Lebendigen ist die Liebe zu Gott, und sie ist größer als irgendein Dienst. Ein Meister fragte seinen Schüler: ›Du weißt, daß nicht zwei Kräfte zur gleichen Zeit im Menschensinn Fassung haben. Wenn du dich nun am Morgen von deinem Lager erhebst und zwei Wege sind vor dir: Liebe zu Gott und Liebe zu den Menschen, welcher ist der erste?‹ Jener antwortet: ›Ich weiß es nicht.‹ Da sprach der Meister: ›Es steht geschrieben in dem Gebetbuch, das in den Händen des Volkes ist: ›Ehe du betest, sage das Wort: Sei liebend zu deinem Genossen, dir gleich.‹ Meinst du, das hätten die Ehrwürdigen ohne Absicht befohlen? Wenn einer dir sagt, er trage Liebe zu Gott und trage nicht Liebe zu den Lebendigen, Falsches redet er und Unmögliches gibt er vor zu besitzen.‹«[43]

Die gesamte Einstellung des Chassidismus glaubte BUBER in dieser Überzeugung festmachen zu können: »Eben dies«, schrieb er, »ist Gottes Gnade, daß er sich vom Menschen gewinnen lassen will, daß man sich ihm gleichsam in die Hände gibt. Gott will zu seiner Welt kommen, aber er will zu ihr durch den Menschen kommen. Dies ist das Mysterium unseres Daseins, die übermenschliche Chance des Menschengeschlechts. – Rabbi Mendel von Kozk (sc. gest. 1859, d.V.) überraschte einst einige gelehrte Männer, die bei ihm zu Gast waren, mit der Frage: ›Wo wohnt Gott?‹ Sie lachten über ihn: ›Wie redet Ihr! Ist doch die Welt seiner Herrlichkeit voll!‹ Er aber beantwortete die eigene Frage: ›Gott wohnt, wo man ihn einläßt‹. – Das ist es, worauf es letzten Endes ankommt: Gott einlassen. Man kann ihn aber nur da einlassen, wo man steht, wo man wirklich steht, da wo man lebt, wo man ein wahres Leben lebt. Pflegen wir heiligen Umgang mit der uns anvertrauten kleinen Welt, helfen wir in dem Bezirk der Schöpfung, mit der wir leben, der heiligen Seelensubstanz zur Vollendung zu gelangen, dann stiften wir an diesem unserem Ort eine Stätte für Gottes Einwohnung, dann lassen wir Gott ein.«[44]

So also lautete der Daseinsauftrag an alle »Reichen« der Erde, ihren Besitz zu vereinen mit dem Nichtbesitz der Armen und damit Gott bei sich einzulassen. Doch warum fällt den Reichen das Teilen so viel schwerer als den Armen? Und wieso kann das GRIMMsche Märchen das abweisende Verhalten des »Reichen« als geradezu typisch begreifen? Jeder kennt im Grunde die Antwort darauf, – er braucht sich die Szene nur einmal konkret genug vorzustellen und sich dabei zu fragen, wie er sich selber in vergleichbarer Situation vorkommen würde. – Es schellt, man öffnet die Tür, und davor steht jemand, der schon äußerlich einen heruntergekommenen, verwahrlosten Eindruck macht: Haare, Hose, Schuhe – alles, gelinde gesagt, ungepflegt; Alkoholgeruch aus dem Mund, Schweiß und Tabak aus der Kleidung, die Sprache ungelenk, grob, die Bewegungen schwerfällig – wer würde einen solchen Zeitgenossen schon gerne in sein wohlgeordnetes, schmuckes und wohnliches Zuhause lassen? Ein derartiger Besucher stört, und zwar um so mehr, je krasser der Kontrast zwischen Ordnung und Unordnung, zwischen Reich und Arm ausfällt. Übernachten möchte der Fremde! Soll man da wirklich reagieren wie die Phäaken auf den gestrandeten Odysseus – erst einmal soll er sich säubern, soll er essen und ausschlafen, dann kann er immer noch sagen, wer er ist, was er erlebt hat und wie er in seine prekäre Lage gelangt ist?

Auch der Reiche in dem GRIMMschen Märchen erkundigt sich nicht, wer da als Bittsteller vor ihm steht, doch nicht weil es ihm als unwichtig vorkäme angesichts der offenbaren Not des Fremden, sondern umgekehrt: er mustert den Unbekannten von Kopf bis Fuß, dann hat er an seinen schlichten Kleidern bereits genug gesehen, um festzustellen, daß ein solcher Mensch nicht in sein Ambiente paßt. Bezeichnenderweise lautet der Grund, den der Reiche geltend macht, um den fremden Bettler abzuweisen, daß seine *»Kammern … voll Kräuter und Samen«* lägen: er verfügt buchstäblich über viel zu viel, um Platz genug für ein zusätzliches Nachtlager zu haben! Er ist zu sehr besetzt von seinem Besitz, um noch frei für die Aufnahme von etwas Anderem, ihm nicht schon Gehörigem zu sein. Zumindest behauptet er das, um seine Absage nicht als Ungastlichkeit erscheinen zu lassen, sondern mit den beengten räumlichen Verhältnissen zu entschuldigen. Daß seine Kammern (im Plural!) *»voll Kräuter und Samen«* liegen, verrät im übrigen, in welch komfortabler Lage der Mann sich befindet: das Saatgut, wofern er es nicht im Frühjahr selber austrägt, kann er kostengünstig an andere ausleihen oder verkaufen und ebenso die Kräuter, – es ist der eigene Überfluß, der ihm seine Bewegungsfreiheit einschränkt.

Doch ist das wirklich glaubhaft? Bei einigem gutem Willen sollte sich unter allen Umständen irgendwo noch die nötige Fläche von zwei Quadratmetern als Schlafplatz frei räumen lassen; nur: eben diesen guten Willen bringt der Reiche nicht auf! So paradox es sich anhört: der eigentliche Grund, den Obdach Suchenden von der Schwelle zu jagen, liegt in der prinzipiellen Weigerung des Reichen, Armen gegenüber Erbarmen walten zu lassen, und dahinter steckt ganz offensichtlich eine generalisierte und totalisierte Verlustangst: *»sollte ich einen jeden beherbergen, der an meine Tür klopft«*, spricht er, *»so könnte ich selber den Bettelstab in die Hand nehmen.«* Alles, was über die Psychologie des Reichtums zu sagen ist, spricht sich aus in dieser kleinen Bemerkung.

Für gewöhnlich hält man sich an die sprichwörtliche Devise: »Geld macht nicht glücklich, aber es beruhigt.« Oberflächlich betrachtet, mag diese Volksweisheit in gewissem Sinne sogar ihre Berechtigung besitzen. Doch macht sie allzu leicht vergessen, wieviel an Unruhe und Angst zumeist sich in dem als »Besitzstreben« verharmlosten Motiv zum Aufhäufen von Geld und Eigentum verbirgt[45]. Geld – beziehungsweise Besitzgegenstände, die sich in Geld eintauschen lassen – geht mit dem Versprechen einher, mit ihm sei alles einzukaufen, was seinem Wert auf dem Kapitalmarkt entspricht; die Verführung liegt nahe, zu glauben, die ganze Welt sei käuflich: Macht, Einfluß, Liebe und vor allem Sicherheit seien mit Geld zu haben. Wenn jemand ein Hauptziel in seinem Leben, womöglich seinen ganzen Lebensinhalt, darein setzt, reich zu werden und seinen Reichtum zu bewahren (also ihn im Grunde gegen den schleichenden Wertverfall des Geldes ständig auszuweiten!), so mag er noch so mächtig, einflußreich und »sexy« dastehn, – er ist im letzten ein Getriebener der Angst. Er will sich absichern gegen das Leben selbst, das mit all seinen Wechselfällen und Schicksalseinbrüchen endgültige Sicherheit nicht zuläßt! Und diese Angst im Untergrund des ganzen Lebensaufbaus eines solchen Reichen wird sogleich sichtbar, wenn er etwas ohne erwartbare Rendite abgeben soll. Dann fürchtet er Verlust; dann geht es bei ihm gleich um alles oder nichts; dann platzt der aufgeblasene Ballon, mit dem er allen irdischen Gefahren zu entschweben meinte. Ein Bettler vor der Tür, ein Fremder, Obdach Suchender – ginge er darauf ein, wäre das für ihn grad so viel, wie wenn in einem Überdruckbehälter ein Leck auftreten würde: aller Inhalt drohte dann mit einem Male zu entweichen. »Da kann ja jeder kommen!« Es änderte das Grundprinzip seines gesamten Daseins: zusammenzuraffen und festzuhalten. Es bedeutete sein Ende!

Tatsächlich blieben dem Reichen in dem GRIMMschen Märchen, im Falle er dem Fremden, der um eine Schlafgelegenheit nachfragt, entgegenkommen wollte, gewisse Unannehmlichkeiten wohl nicht ganz erspart. Er müßte – mindestens für dieses eine Mal, wohldefiniert als absolute Ausnahme – in seinem Hause Raum zur Übernachtung schaffen. Das aber setzte voraus, daß er das Mißtrauen verlöre, der Fremde könnte, erst einmal in seiner Wohnung, die Gelegenheit ausnutzen und ihn auszuplündern suchen; er müßte, jenseits all der Angst, die ihn zutiefst durchzieht, ein Stück Vertrauen und Weitherzigkeit aufbringen, und eben dazu ist er nicht imstande. Also schickt er den Fremden fort – egal wohin, *»anderswo«*, nur weg. – In unseren Tagen haben wir im Neudeutsch unserer Politiker aus dem Wörterbuch des Unmenschen Unmengen Begriffe dafür zur Verfügung, wie »Abschieben« oder »Ausschaffen«, und sprechen sogar von Schüblingen und Illegalen, von Wirtschaftsimmigranten und Abschiebehaftanstalten, ja, wir könnten und würden womöglich gleich die Polizei anrufen, um die Aufenthaltsgenehmigung des Fremden überprüfen zu lassen und dem Verdacht auf gewerbsmäßiges Betteln nachzugehen. Der Reiche in dem Märchen, vor rund 200 Jahren, verfügte über eine solche Möglichkeit, sein Eigentum durch Polizei, Justiz und Ausländerbehörde abzusichern, noch nicht so ohne weiteres, – er kann den Fremden nicht gewissermaßen auf dem Dienstwege entsorgen; er muß es in die eigene Verantwortung übernehmen, wenn er von dem Prinzip: »Ich helfe keinem!«, denn: »Wo käme man da hin!«, *nicht* abzurücken gedenkt. Auch der heutigentags sich bietende Ausweg eröffnet sich nicht: dem Fremden zu beschreiben, wo er die nächste Herberge finden kann, um dort die Nacht zu verbringen; – gut, man müßte ihm in diesem Fall zur Not die Übernachtungskosten vorschießen oder zuschießen, aber dafür wäre man ihn dann auch los. In den Tagen der BRÜDER GRIMM, als mehr denn 80 Prozent der Bevölkerung noch auf dem Lande lebte, waren öffentliche Gasthöfe mit Schlafgelegenheiten keinesfalls schon in der Mode.

Wichtiger aber als dies ist ein anderes: der Prüfung unterzogen werden soll in der Geschichte ja nicht das Herbergswesen, sondern die Menschlichkeit des Einzelnen: Jeder für sich muß wissen, daß mit jedem Fremden, den er »abschiebt«, Gott selber abgeschoben wird. Ein jeder Hilfesuchende ist durchsichtig zum Himmel. Und eben das ist es, was dieser Reiche nicht begreift und offenbar auch bis zum Ende nicht begreifen wird: Für ihn, gerade weil er reich ist, bedeutet die Gestalt des

Bettlers vor ihm allenfalls eine Belästigung und Ruhestörung, wo nicht sogar eine Bedrohung und Gefahr; ihm fehlt der Hintergrund, der ihn den Fremden als einen Gottesboten oder gar Gott selbst wahrnehmen läßt; er lebt auf eine Weise »diesseits« oder ganz und gar »weltimmanent«, daß er auf die Idee erst gar nicht kommt, ein Armer sei noch etwas anderes als jemand, der es wirtschaftlich nicht weit gebracht hat, – er sei im Gegenteil gerade durch die Hilfsbedürftigkeit, die er verkörpert, die Probe aufs Exempel, was ich selber für ein Mensch bin.

Um so etwas zu lernen und zu leben wie Mitleid, Güte und Erbarmen – lauter »veraltete« Begriffe, wie man sieht, die aber gerade deshalb zeigen, wie es in der »Postmoderne« um uns selber steht –, bedarf es einer ganz wortwörtlich transzendenten Wahrnehmung der Armut; ohne den göttlichen, den religiösen Hintergrund gilt uns ein Armer bestenfalls als ein Sozialfall, um den sich die zuständigen Ämter kümmern müssen, für die wir ja die Steuern zahlen, oder wenn diesen Ämtern und dem Staat die Gelder ausgehen, muß er halt selber »soziale Kompetenz« erwerben, »Eigenverantwortung« tragen, auch selber »sich bemühen« …, und wie die schönen Redensarten alle lauten. Das GRIMMsche Märchen stellt – im Erbe alter frommer Überlieferung – eine höchst einfache, doch folgenschwere Frage an den Leser: siehst du in einem Mittellosen einen Gauner – oder: Gott? Je nachdem zeigst du dich als Sklaven und als Egozentriker der Angst, die dich um jeden Taler knausern läßt und um die Fähigkeit bringt, anderen zu helfen, oder du fragst dich nicht länger danach, ob es sich für dich selbst rentiert und rechnet oder sonstwie sich als nützlich rechtfertigt, du hilfst dem andern vor der Türe durch die Nacht, ganz einfach weil er deine Hilfe braucht.

Geradewegs ins äußerste treibt – erneut – eine kleine chassidische Erzählung aus dem Umkreis des BAAL-SCHEM-TOW (Israel ben Elieser, 1700–1760) die Konsequenz dieser Sichtweise. Erzählt wird, daß zu Rabbi NACHUM VON TSCHERNOBYL (1730–1787) ein Mann aus Litauen kam, der »klagte, ihm fehle das Geld, um seine Tochter zu verheiraten. Der Zaddik (sc. der ›Gerechte‹, d.V.) hatte grad fünfzig Gulden zu anderen Zwecken bereit gelegt, er gab sie dem Armen und seinen Seidenrock dazu, damit er auf der Hochzeit würdig auftreten könne. Jener nahm's, ging stracks in die Branntweinschenke und begann zu trinken. Nach

Stunden kamen Chassidim herein und fanden ihn schwerberauscht auf der Bank liegen. Sie nahmen ihm den Rest des Geldes und den Seidenrock ab, brachten's Rabbi Nachum und erzählten ihm, wie schmählich sein Vertrauen mißbraucht sei. Zürnend rief er: ›Ich fasse Gottes Eigenschaft beim Zipfel, ›des Guten, der guttut den Bösen und den Guten‹, und ihr wollt sie mir aus den Händen reißen! Tragt sogleich alles zurück!‹«[46]

Wie, soll man einem Alkoholiker womöglich noch die Krankheit finanzieren? wird man fragen. – Das ist mit dieser Zeichenhandlung und mit der Auslegung, die ihr der Rabbi gibt, natürlich nicht gemeint. Was sie besagt, entspricht aufs Wort der Weisung Jesu in der Bergpredigt: »werdet Söhne eures Vaters, des in den Himmeln; denn seine Sonne läßt er aufgehen über Bösen und Guten, und regnen läßt er über Rechten und Unrechten.« (Mt 5,45) Es kommt, mit anderen Worten, gerade im Umgang mit menschlicher Armut und Armseligkeit darauf an, nicht den anderen zu bewerten nach »würdig« und »unwürdig«, nach »anständig« und »unanständig«, nach »ordentlich« und »unordentlich«, sondern ihn in seiner Not zu akzeptieren, wie er ist. Das schließt nicht aus, sondern lädt dazu ein, ja, fordert förmlich dazu heraus, so gut es geht, über das soziale Symptom – Armut durch Alkoholismus in diesem Falle – hinaus die psychische Problematik mit zu erfassen und mit zu bearbeiten. Nicht darum geht es, die Sucht eines ersichtlich Kranken mitzufinanzieren, sondern ihm zu helfen; es ist aber nur möglich, einem anderen zu helfen, wenn man ihn annimmt, wie er ist, und ihn nicht, indem man ihn bewertet, abwehrt. Das offensichtlich ist es, was Rabbi NACHUM meinte und was die Bergpredigt besagt; und genau das ist es, was dieser Reiche nicht mal als Problem, geschweige denn als Aufgabe, als Pflicht zum eignen Sein und Tun, begreifen wird.

Anders der Arme. Natürlich wird er hier in einer Art geschildert, die das im Volke weitverbreitete Klischee vom guten Armen und vom bösen Reichen eher noch vertieft als überwindet, doch es ist immerhin eine Schablone, deren auch Jesus in seinem (ursprünglich ägyptischen) Märchen von dem armen Lazarus und von dem reichen Prasser sich bedient (Lk 16,19–31)[47]. (Vgl. das Bild von GUSTAVE MOREAU, 1826–1898, auf *Tafel 1*). Ganz offensichtlich unterliegt ein Reicher der Gefahr, sich in dem selbstgeschaffenen Wohlstand komfortabel einzurichten und sich von all dem Elend ringsumher so weit als möglich abzuschotten: es hat für ihn am besten gar nicht erst zu existieren, oder, wenn doch, sind die Betreffenden an der Misere selbst in Schuld; vollkommen unmöglich fällt es den Reichen selbstverständlich, einen Zusammenhang zu sehen zwischen dem wachsenden Vermögen ihrer stets sehr kleinen Gruppe an der Spitze der Gesellschaft und der ausufernden Armut großer Teile der Bevölkerung. Es ist ein Bild, wie es der mexikanische Maler DIEGO RIVERA (1866–1957) in seinem Bild *Das Abendmahl des Kapitalisten* dargestellt hat (vgl. *Tafel 2*). Demgegenüber ist ein Armer sicher nicht an sich moralisch besser; und dennoch darf man denken, daß mit der Armut, schon der eigenen Ungeschütztheit wegen, eine besondere Art der Sensibilität und Solidarität mit fremder Not einhergeht. Schon wohl, ein Armer hat nichts zu verschenken, der Kampf ums Überleben drängt gerade bei ihm die eigenen Interessen unerbittlich in den Vordergrund; Leute jedoch wie bei OVID die beiden Alten, wie Baucis und Philemon, oder wie in dem Märchen hier das arme Ehepaar, repräsentieren nicht den reinen Pauperismus, – sie wohnen nicht in einer brasilianischen Favela oder im Slum von São Paulo, sie haben ihre Wohnung direkt vis à vis zum Hause eines Reichen; mit einem Wort: sie sind nicht reich, sie vegetieren aber auch nicht dicht am Rande des Existenzminimums, sie sind nicht wohlhabend, doch auch nicht bettelarm, und gerade dieser Zustand macht es möglich, in kleinen Verhältnissen großzügig zu sein. Die alltägliche Not drückt nicht mit der Last ihres Eigengewichtes die Empfindung gänzlich nieder, daß jemand, der um Hilfe nachsucht, sich irgendwie gerade so befindet, wie im Grunde man auch selbst. Stolz, Hochmut, Überlegenheitsgefühle – das sind nicht die Versuchungen von armen Leuten; sie haben nicht viel zu verlieren, wenn sie das Wenige, das sie besitzen, teilen; sie können es sich leisten, wahrhaftig zu werden: wesentlich gehört die Armut mit zum Menschsein, und alle, denen es sozial ein bißchen besser geht, sollten niemals vergessen, daß auch sie nur Menschen sind.

… und ging hinüber zu dem kleinen Haus

Ein Kabinettstück der Erzählkunst zeigt das Märchen in der stets durchgehaltenen Zweideutigkeit bzw. Eindeutigkeit im Sprechen von Gott und von dem Fremden. Weder der Reiche noch der Arme weiß wirklich, mit wem er es zu tun hat, – einzig dem Leser wird an jeder Stelle mitgeteilt, daß in dem Bettler, der ans Tor klopft, Gott um Einlaß bittet. Der Leser weiß, was dieser reiche Mann nicht weiß und was er doch entsprechend der Geschichte wissen müßte: daß man dem Mittellosen so begegnen sollte, wie wenn's Gott selber wäre, – weil er Gott selber *ist*. Wer einen Bettler abweist, dem kehrt *»der liebe Gott den Rücken«*, von dem entfernt er sich, enttäuscht, weil eigentlich doch zu erwarten stünde, gerade bei der »ersten Adresse« am Orte hochwillkommen zu sein. So jedenfalls stellt es das Märchen dar; doch was es meint, ist eigentlich das Umgekehrte: die absolute und vollkommene Enttäuschung liegt natürlich nicht auf Gottes, sondern auf des Menschen Seite. Wir Menschen müssen lernen, die Vorstellung von Gottes »Größe« gänzlich umzukehren.

Gewohnt sind wir, Gott zu verehren in der Hoheit und der Prachtentfaltung all des Glanzes und des Reichtums, mit dem die Mächtigen auf Erden, Kaiser, Päpste, Könige und Kardinäle, Gott im Munde führen und sich selber als die Darsteller und Stellvertreter dieses Gottes aufzuführen pflegen. Wenn gilt, was dieses Märchen andeutet, so hat *»der liebe Gott«* mit derlei Eitelkeiten durchaus nichts zu tun. Im Gegenteil! RAINER MARIA RILKE (1875–1926) hätte dann vollkommen recht, wenn er im *Stunden-Buch* daran gemahnte, daß Gott, der ewig Fremde, der immer Unbekannte, der gänzlich Andere, nicht nur am ehesten in aller Armut sich zu offenbaren weiß, sondern daß diese Armut selbst das Attribut der Gottheit ist; so schrieb er denn, wie betend, über Gott, zu Gott:

> Du, der du weißt, und dessen weites Wissen
> aus Armut ist und Armutsüberfluß:
> Mach, daß die Armen nicht mehr fortgeschmissen
> und eingetreten werden in Verdruß.

Die andern Menschen sind wie ausgerissen;
sie aber stehn wie eine Blumenart
aus Wurzeln auf und duften wie Melissen
und ihre Blätter sind gezackt und zart.[48]

Solche Worte sind wie eine Fürbitte, die Armen zu beschützen vor der Verachtung und der Willkür all der »anderen«: – der Hochhinausgekommenen, der wurzellos Gewordenen, der in dem Scheinleben der Selbstdarstellung Abgestorbenen, wie sie DIEGO RIVERA im *Festmahl in der Wall Street* dargestellt hat (vgl. *Tafel 3*). Im Gegensatz zu diesen nahm RILKE all die Menschen wahr, die wahr und ruhig geworden sind in ihrer Armut, gezeichnet zwar vom Leid, das Leben heißt, doch nie verhärtet und verhärmt in Hoffnungslosigkeit und Haß. Er flehte Gott an, nur zu schaun, wie ähnlich sie ihm selber sind; er schrieb:

Und sieh, wie ihrer Füße Leben geht:
Wie das der Tiere, hundertfach verschlungen
mit jedem Wege; voll Erinnerungen
an Stein und Schnee und an die leichten, jungen
gekühlten Wiesen, über die es weht.

Sie haben Leid von jenem großen Leide,
aus dem der Mensch zu kleinem Kummer fiel;
des Grases Balsam und der Steine Schneide
ist ihnen Schicksal, – und sie lieben beide
und gehen wie auf deiner Augen Weide
und so wie Hände gehen im Saitenspiel.[49]

Gott – das ist diese leise, anrührende Art, die in der Seele klingt wie ein Gesang. Alles, was Einkehr hält, was in sich ruht, was bei sich bleibt und was sich nicht verstellt, ist in der Dichtung RILKES Gott. Und Armut ist, wie in der Seligpreisung Jesu (Mt 5,3), die Kenntnis und die Anerkennung des Wenigen, des absolut Bedürftigen, des niemals in sich Festen, des immer Angewiesenen, Geschenkhaften und Dankbaren, das unser Dasein ausmacht.

Dies Gottesbild – es ist sehr wichtig, das zu sagen – hat nichts zu tun mit der fast neidvollen Sozialromantik großstadtmüder Bürger, die all des Zwangs der Zivilisation in einer Gegenwelt der Armut auf dem Lande zu entkommen suchen und nun beginnen, bukolischen Verklärungen von fremden Nöten nachzuträumen, kaum merkend, daß sie nur die Ungerechtigkeiten und das Unrecht in der Eigentumsverteilung der Gesellschaft ästhetisch wegzuretuschieren suchen. Armut sozial und Armseligkeit seelisch – das sind die äußeren und die verinnerlichten Zustände von Ohnmacht und Gewalt, und nichts daran ist schönzumalen oder schönzureden. Armut – das ist sozial wie seelisch Unfreiheit, Lohnsklaverei, Ausbeutung und Entfremdung, das ist die Aussperrung vom kulturellen Leben, die Reduktion auf bloße Lebensnotdurft, die Aussicht eines frühen Tods in medizinisch mangelhaft versorgtem Zustand, das ist die Ächtung und Verachtung durch die Herrschenden, mit einem Wort: Armut, das ist sozial und seelisch eine Krankheit der Gesellschaft wie des Individuums, die es mit allen Kräften abzuschaffen gilt.

Nur eben: damit die dazu nötige Solidarisierung aller in der Wirklichkeit gelingen kann, bedarf es einer Einsicht, die unterschiedslos alle angeht, weil sie Menschen sind, und das ist es, was RILKES *Stunden-Buch* (jenseits der konfessionsgebundenen Glaubensformen, in einer Art von säkularer Frömmigkeit) als quasi religiöse Grundhaltung, als Weisheitslehre einer Armut, die als Grundbefindlichkeit des Daseins nach Erbarmen ruft, mit einer Sensibilität in Wahrnehmung und Ausdruck formuliert hat, wie es nicht vor noch nach ihm je geschah. Alles, was schrecklich ist und gerade deshalb nur getragen durch das Mitleid und die Menschlichkeit von anderen ertragen werden kann, wird so zu einem kreatürlichen Erscheinungsort, zu einer Wesensoffenbarung dessen, was »Gott« ist – zu einem Ort des Heiligen in der Verletzbarkeit des Menschlichen. Ja, RILKE scheut sich nicht, seine *theologia negativa* so radikal und fundamental auszugestalten, daß er seinen Gott in diesem aufrüttelnden Credo darstellt:

Du bist der Arme, du der Mittellose,
du bist der Stein, der keine Stätte hat,

du bist der fortgeworfene Leprose,
der mit der Klapper umgeht vor der Stadt.

Denn dein ist nichts, so wenig wie des Windes,
und deine Blöße kaum bedeckt der Ruhm;
das Alltagskleidchen eines Waisenkindes
ist herrlicher und wie ein Eigentum.

Du bist so arm wie eines Keimes Kraft
in einem Mädchen, das es gern verbürge
und sich die Lenden preßt, daß sie erwürge
das erste Atmen ihrer Schwangerschaft.

Und du bist arm: so wie der Frühlingsregen,
der selig auf der Städte Dächer fällt,
und wie ein Wunsch, wenn Sträflinge ihn hegen
in einer Zelle, ewig ohne Welt.
Und wie die Kranken, die sich anders legen
und glücklich sind; wie Blumen in Geleisen
so traurig arm im irren Wind der Reisen;
und wie die Hand, in die man weint, so arm …

Und was sind Vögel gegen dich, die frieren,
was ist ein Hund, der tagelang nicht fraß,
und was ist gegen dich das Sichverlieren,
das stille lange Traurigsein von Tieren,
die man als Eingefangene vergaß?

Und all die Armen in den Nachtasylen,
was sind sie gegen dich und deine Not?
Sie sind nur kleine Steine, keine Mühlen,
aber sie mahlen doch ein wenig Brot.

Du aber bist der tiefste Mittellose,
der Bettler mit verborgenem Gesicht;
du bist der Armut große Rose,

die ewige Metamorphose
des Goldes in das Sonnenlicht.

Du bist der leise Heimatlose,
der nicht mehr einging in die Welt:
zu groß und schwer zu jeglichem Bedarfe.
Du heulst im Sturm. Du bist wie eine Harfe,
an welcher jeder Spielende zerschellt.[50]

Was immer ausgesetzt und schutzlos ist, was so beschämend, daß das Leben drin erstirbt, was eingesperrt ist und wie preisgegeben, gebresthaft, traurig, sich verbergend, und was verlassen ist, verwaist und obdachlos, ein lauter Schrei, der ungehört verweht, und eine Klage, vorgetragen auf des Herzens Saiten, die kaum ein Ohr jemals vernimmt, und was die schlimmste Form ist des Vergessens: die Namenlosigkeit von Anbeginn – all das sind Monumente und Momente, da Gott sich mitteilt, als wenn die Kerkerwände unseres Lebens sich wandelten zu einer Kathedrale aus der Zeit der Gotik und in ihre Rosette die mittägliche Sonne bräche als die Botin einer andren Welt der Wärme und des Lichts, der ersten Grundgestaltungen des Seins in vielerlei Erzählungen vom »Anfang«. Gott auf der Suche, wo in dieser Welt er Obdach oder Heimat findet – die *Schekhina* auf ihrer Wanderung –, die Armut eines Gottes, der selber sich entäußert, um der Armut, die wir sind als Menschen, zu begegnen und uns Menschlichkeit zu lehren: es ist das Konzentrat des Mythos und der Mystik aller Frömmigkeit, das Urbild einer Wahl, vor die wir jeden Augenblick gestellt sind; und so wird deutlich, was geschieht, wenn Gott sich in den Märchen jetzt vom Reichen fort dem Haus des Armen zuwendet.

Das Sonderbare ist, daß in der Armen Haus, schon weil es nicht von – wie man sagt – »Habseligkeiten« überquillt, immer noch Raum ist, einzuladen und sich aufzutun. Da man nicht allzu viele Sachen hat, daran man sein Herz hängen könnte, hat man die Herzensweite, einen Fremden bei sich einzulassen und ihm entgegenkommend zu begegnen. Er ist willkommen seines langen Weges wegen, man schenkt ihm Rast und Gastlichkeit, sich auszuruhen, man bietet an, am gleichen Tisch das Abendessen einzunehmen und sich auf ein extra für ihn gemachtes Nachtlager zu freuen.

Besonders auffallend ist das Bemühen des Armen, sich in die Situation des Fremden einzufühlen und sich dabei die entsprechenden Wünsche und Bedürfnisse ganz realistisch vorzustellen. Es ist schon dunkel, also kommt eine weitere Herbergssuche kaum mehr in Betracht, – so etwas wie eine Straßenbeleuchtung wird man gewiß nicht anzunehmen haben. Also stimmt es, wenn der Arme feststellt: *»heute könnt Ihr doch nicht weiterkommen.«* Und daraus folgt im Grunde wie von selbst für ihn die Pflicht, den Fremden nicht mehr weiterziehen zu lassen, sondern bei sich selber aufzunehmen. Auch die Frau des Armen erzeigt sich von der gleichen Denkungsart: Freundlich reicht sie dem Unbekannten zur Begrüßung ihre Hand und lädt ihn ein auf eine Abendmahlzeit. Große Gaumenfreuden, betont sie gleich, werde sie nicht servieren können, doch Kartoffeln – Pellkartoffeln höchstwahrscheinlich – und frisch gemolkene Ziegenmilch sind relativ rasch zubereitet und erlauben ein gemütliches Essen zu dritt. Wohltuend wirkt dabei vor allem die in sich ruhende und selbstbewußte Art, mit der hier beide, Mann wie Frau, agieren. Sie können nur geben, was sie haben, – das ist nicht viel, doch es langt aus, und mehr wird nicht verlangt von ihnen, und mehr brauchen auch sie selbst von sich nicht zu verlangen. Alles ist gut genug, so wie es ist; es gibt da keinen Ehrgeiz, der mit falschem Schamgefühl und unlösbaren Minderwertigkeitsgefühlen einhergehen müßte. Sie sind mit sich zufrieden, und der Fremde kann es gleichermaßen sein.

Freilich, die Frau im Haus des Armen geht in ihrer Fürsorge noch weiter, als es nötig und an sich wohl üblich wäre. Es ist ihr nicht recht, selbst mit ihrem Mann im gemachten Bett zu schlafen und diesen Fremden auf dem Fußboden, bedeckt mit Streu, sein Nachtlager aufschlagen zu lassen. Der Grund: *»er ist den ganzen Tag über gegangen«* und wird infolgedessen müde sein. Und dieser Vorschlag seiner Frau gefällt dem Armen gut; gern geht er darauf ein und teilt das Angebot dem Herrgott mit. Der aber zögert, es so einfach anzunehmen, er will nicht lästig fallen und möchte nicht noch mehr als unvermeidlich Umstände bereiten. Auf diese Weise kommt es den Augenblick lang zu einem Wechselspiel der Rücksichtnahme und des Feingefühls, das mit dem Sieg der Gastfreundschaft über die Freundschaft endet: der Fremde läßt sich auf das Angebot des Armen ein und bezieht in dem Bett sein Nachtquartier.

In all der Zeit ist nicht ein einziges Mal die Frage gestellt worden, wer denn der Fremde sei, – natürlich, mag man meinen, müßte doch der Obdach Suchende sich selbst in diesem Falle als der »liebe Gott« erkennbar machen, indessen: mit der Preisgabe seines Inkognito zerrisse der ganze weitere Erzählfaden, der gerade daran anknüpft, daß weder der Reiche noch der Arme wissen kann, wer da in der Gestalt des Bettlers vor ihm steht. Tatsächlich liegt hier ein typisches Motiv wahrer Gastfreundschaft vor: man bewirtet einen Fremden, weil er als Fremder der Hilfe bedarf; später erst fragt man ihn nach seinem Namen und nach seiner Herkunft. – Als etwa in dem bereits angeführten Beispiel Telemachos, der Sohn des Odysseus, zu Menelaos kommt, um Informationen über den Verbleib seines Vaters einzuholen, weist Helena die Mägde an, »Betten unter die Halle zu stellen und purpurne schöne / Decken darauf zu legen«[51]; erst als er eine Nacht lang geschlafen hat, wird Telemachos gefragt, was ihn hergeführt habe. Auch als Odysseus selbst an den Hof des Phäaken-Königs Alkinoos gelangt, läßt dieser ihn als erstes »in den Hallen … gastlich bewirten«[52]; am nächsten Tag dann versammelt er seine Fürsten und Berater, um sich die Erlebnisse des Weitgereisten erzählen zu lassen. – Es ist, als müßte ein Fremder erst durch das ihm entgegengebrachte Wohlgefallen dazu ermutigt werden, seine Identität offenzulegen und zu sagen, mit wem man es bei ihm zu tun hat.

»Am anderen Morgen … vor Tag schon« erheben der Arme und seine Frau sich von ihrem provisorischen Lager und »kochen« dem Fremden ein Frühstück, wohl einen Körnerbrei, der am Vorabend aufgeweicht worden ist und jetzt – mit Wasser oder Milch – aufgekocht wird, eine Art Müsli, das, mit Nüssen, Rosinen und Fruchtstückchen versetzt, zu einer wahren Delikatesse veredelt werden kann und in jedem Fall gesund und nahrhaft ist.

Mit diesem Frühstück geht der frühe Morgen hin, schon scheint die Sonne durchs Fenster ins Zimmer hinein, da verabschiedet sich der unbekannte Fremde; schon hat er den Fuß über die Schwelle gesetzt, alles könnte wieder zurücksinken ins Alltägliche, und die Begegnung des Armen mit dem lieben Gott bliebe gänzlich folgenlos; da dreht der Fremde sich um und stellt in Dankbarkeit und zur Belohnung für die erfahrene Gastlichkeit dem Armen drei Wünsche frei.

Diese Darstellung entspricht in ihrer märchenhaften Äußerlichkeit durchaus einem Bewußtsein, das gemeinhin für »fromm« gehalten wird: Gott »greift ein« in den normalen Ablauf der Dinge, – so sagen sogar die Theologen, wenn sie die Bibel auslegen[53]; Gott belohnt, – darunter verstehen sie, daß da atemberaubende Verbesserungen des Schicksals in Aussicht stehen[54]; Gott straft, – das soll bedeuten, daß Unheil und Unglück über den »Sünder« verhängt werden[55]. Das Urteil, das sich Gott bildet, und die Art, in der er es ausübt, verbleibt in der größten Ähnlichkeit zu einem Dorfkadi[56] oder zu einem beamteten Richter unserer Tage, der gewisse Fakten zur Kenntnis nimmt und dann entlang den geltenden Paragraphen die rechtswirksamen Konsequenzen zieht. Daß aber gerade diese Vorstellung hier in die Irre geht, zeigt sich an einem winzig wirkenden, jedoch in Wirklichkeit höchst bemerkenswerten Detail der Geschichte: *»Weil ihr so mitleidig und fromm seid«,* erklärt der liebe Gott, *»so wünscht euch dreierlei, das will ich euch erfüllen.«* »Frömmigkeit« bezeichnet in diesen Worten eben nicht die Referenz und Reverenz einer vom Weltenlauf klar abgehobenen Gottheit, es meint im Gegenteil, daß jemand mit Respekt menschlicher Not begegnet: – dann trifft er Gott, auch wenn er es nicht weiß. »Fromm« meint hier überhaupt nichts exklusiv Religiöses, das Gott allein im Unterschied und Gegensatz zu allen Menschen vorbehalten wäre, es verweist vielmehr auf eine rein menschliche Gesinnung von Entgegenkommen, von Gastfreundschaft und Güte. Sie allein dient und gilt tatsächlich Gott, – ein Reicher, der des Sonntags in die Kirche ginge, doch einen Bettler von der Türe wiese, hätte nicht Gott im Sinn, sein Gottesdienst gälte nur einem Götzen, – ganz so, wie Jesus es in seinem Gleichnis vom barmherzigen Samariter ausgeführt hat (Lk 10,29–37)[57]: der Priester, der die Ritualgesetze hält, die ihm verbieten, einen Schwerverletzten zu berühren, mag in Jerusalem im Tempel seinen Opferdienst verrichten, sooft es immer sei, er wird niemals zu Gott hinfinden. Ein Samariter aber, der den Tempel mitsamt seinen Opfern, Schlachtungen und Priestern kategorisch ablehnt, gelangt zu Gott, weil er hinübergeht zu dem verletzt am Wegrand Liegenden. Der niederländische Maler VINCENT VAN GOGH

(1853–1890) war von dieser Geschichte so fasziniert, daß er ihr eines seiner anrührendsten Bilder gewidmet hat (vgl. *Tafel 4).*

Alles in dieser Auffassung von Frömmigkeit ist innerlich, und innerlich ist ganz entsprechend auch die Vorstellung von Lohn und Strafe. Am klarsten in der Unerbittlichkeit der Logik haben *die Inder* den Gedanken einer »göttlichen« Gerechtigkeit erfaßt: ihr Karma-Gesetz beschreibt eine Vergeltungsfolge, nach der alles, was wir tun, als Kausalität für etwas gilt, das es, wie eine Ursache die Wirkung, nach sich zieht[58]. Also: Verrohen wir uns unterhalb des menschlichen Niveaus, werden wir in dem nächsten Leben sicherlich als Tiere neugeboren werden; doch können wir natürlich uns auch läutern und zu engelgleichen oder göttlichen Geistwesen werden. Der Lohn oder die Strafe für das Tun liegt in der Art der Handlung selbst.

An dieser Auffassung ist zweifelsohne etwas Richtiges, dies nämlich, daß ein jedes Tun schon die Vergeltung in sich trägt, indem es nicht allein nach außen wirkt, sondern unmittelbar – und mehr noch – auf den Täter selbst: es formt seinen Charakter, als schnitzte er mit allem, was er unternimmt, die eigene Seele gleich einem Stück Holz, das unter seinen Händen, je nachdem, sich in die Figur eines (Un)Tiers oder eines Gottes formt. Die Schwierigkeit der Karma-Lehre allerdings liegt darin, daß sie rein unpersönlich ist und in der Weise einer metaphysischen Mechanik denkt; das führt dahin, daß *alles*, was in dieser Welt geschieht, eine moralische Rechtfertigung erfährt, – es gibt kein Unglück und kein Unheil mehr, nur noch ein wohlverdientes Schicksal, das, hinterherlaufend, in Zeitverzögerung, den Handelnden ereilt; und diese Gleichsetzung von Naturgesetz und Moralgesetz rechtfertigt offenbar *zu* viel: es erklärt jedem Armen, daß er selbst die Schuld an seinem Elend trägt. Ein solcher Denkansatz (v)erklärt das offenbare Unrecht in der Welt in einer Art, die selbst Unrecht verübt, indem sie alle soziale Not gewissermaßen als moralische Notwendigkeit begreift. Der entscheidende Punkt indessen ist die apersonal gedachte Automatik der Vergeltung insgesamt, – es gibt in dieser Logik keinerlei Vergebung, und zwar konsequenterweise, könnte eine solche doch nur durch eine Person in höchstrichterlicher Stellung ausgesprochen werden. Eine solche Person, die über die Barriere des Gesetzes hinweghebt und einem Schuldigen vergibt, kann letztlich nur Gott sein. Die Art aber, wie er belohnt und straft, kann nicht von außen kommen, sie lehnt sich – ähnlich dem Karma-Gesetz – an die Wirkung und Rückwirkung jedes Handelns auf sich selber an; jedoch entscheidend nun, sie kann vom bloßen Handeln weg dem Handelnden gerecht zu werden suchen, sie läßt sich nicht gleich einem Lehrsatz der Physik auf einen Tatbestand anwenden, sie bleibt gebunden an den Dialog zwischen Person und Person. So hier.

Drei Wünsche gibt der (unbekannte) »liebe Gott« den gastfreundlichen Armen frei, und bereits so ist deutlich, daß zwischen Tun und Folge keine Linearbeziehung herrscht; es ist ein Akt göttlicher Dankbarkeit, der wie zur freien Wahl drei Wünsche freigibt, – was da gewünscht wird, geht mithin in einer Weise schon aus der Gastfreundlichkeit selbst hervor. Freilich darf man für sicher nehmen, daß gerade das, was jemand wünscht, entsprechend dem sein wird, was jemand ist; insofern besteht indirekt denn doch ein innerer Zusammenhang zwischen dem Verhalten des Armen und dem, was er als Wunsch dem »lieben Gott« als sein Anliegen vorträgt, nicht zwar in einer Beziehung von Ursache und Wirkung, wohl aber von Bedingung und Ermöglichung. Und so ergibt sich eine außerordentlich wichtige Frage: inwiefern soll die menschheitlich verbreitete »Tugend« der Gastfreundschaft abhängig sein von der Wünschbarkeit der nachfolgenden Bitten an den »Herrgott«? – Gehen wir es durch.

»Da sagte der Arme: ›Was soll ich mir sonst wünschen als die ewige Seligkeit?‹« Wie? mag man erstaunt fragen. Daß jemand um sein Seelenheil besorgt ist, gilt allerdings gemeinhin für den Inbegriff von »Frömmigkeit«, zeugt freilich in den Augen mancher Skeptiker nur von einem unendlich ausgedehnten Narzißmus des Ich[59]. Doch diese Auffassung ist gänzlich falsch. In Wirklichkeit geht es bei dem Verlangen nach Unsterblichkeit durchaus nicht um eine Religion des erweiterten Egoismus; umgekehrt: es geht um die Bedingung der Möglichkeit eines zutiefst selbstlosen Verhaltens, es geht um eine unerläßliche Voraussetzung gelebter Humanität, – es geht um eine fundamentale Verhältnisbestimmung von Religion und Menschlichkeit.

Der Bedingungszusammenhang ergibt sich am einfachsten so, daß nur das Bewußtsein von einer »Heimat« im Himmel[60] es möglich macht, ein Stück weit auf Erden heimisch zu werden und einem Heimatlosen Unterkunft zu schaffen. Gibt es einen solchen Ausblick nicht in eine andere Welt, so ist buchstäblich, wie bei jenem Reichen, räumlich wie seelisch kein Platz für das Logis von Fremden. Denn dann ist jeder vordringlich sich selbst der Nächste, und er kann nicht genug an »Sicherheiten« gegen all die Wechselfälle und die Widerfahrnisse des Lebens anhäufen. Rein »irdisch« droht zu jedem Zeitpunkt jede Art von Ungemach, und um dagegen sich zu wappnen, gilt es, stets auf dem Qui-vive zu sein. Ein Fremder, der da kommt, steht immer in Verdacht, ein Feind zu sein, – man muß ihn überprüfen, ehe man ihn einläßt. Hingegen eine Gastfreundschaft, die erst einmal den andern einlädt und bewirtet und die durchaus nicht nötig hat, nach seinen Personalien sich zu erkundigen, die ist nicht denkbar ohne ein Vertrauen, das die Angst der Endlichkeit unendlich hinter sich gelassen hat.

Der Glaube an ein unendliches Leben bei Gott nach den wenigen Jahrzehnten unseres Daseins hier auf Erden wird theologisch meist begründet mit den Gedankengängen PLATONS (428/27–348/47) von der Unsterblichkeit der Geistseele[61]; doch überzeugender als alle diese metaphysischen »Beweise« ist die Existenzveränderung, die mit der Zuversicht der Ewigkeit einhergeht: sie ganz allein ermöglichte es SOKRATES (um 470–399), im Kerker von Athen gelassen in den Tod zu gehen[62], nur sie trug Jesus durch die Anfechtungen von Getsemani hindurch (Lk 22,39–46)[63], und einzig sie ermöglicht es, in dem Bewußtsein von der radikalen Endlichkeit der Dinge die Herzensweite zu gewinnen, die man braucht, um die Angstgrenzen ständiger Bedrohtheit zu verlassen und sich zu öffnen für die Not von anderen. Der Glaube an *»die ewige Seligkeit«* bietet daher den Hintergrund und das Motiv zu einer Form der Güte, die gesetzlich nicht gefordert werden kann und doch als Sehnsucht wohl in allen Menschen schlummert. Insofern ist der Herzenswunsch des Armen hier Bedingung und Erfüllung seiner Art von Menschlichkeit.

Oft schon hat man gegen die Religion geltend gemacht, sie ziehe das Interesse und die Energie des Lebens von der Welt, die wirklich ist, fort in ein Wolkenkuckucksheim[64]; man träume und man tröste in der Religion sich aus dem grauen Alltag weg in eine Welt-Jenseitigkeit hinein, die mit der Wirklichkeit nichts mehr zu tun habe und insgesamt in eine leere Duldsamkeit geleite, – die Religion als Quietiv, als Palliativ, als

Opium. Das Märchen von dem *Armen und dem Reichen* zeigt genau das Gegenteil: es demonstriert, wie der »Geschmack am Unendlichen«, als welchen FRIEDRICH SCHLEIERMACHER (1768–1834)[65] Religion bestimmte, das Feld des praktisch Möglichen über das nur unmittelbar dem Eigennutz zugute Kommende erweitert; mit einem Mal ist Altruismus kein wirklichkeitsfremdes Ideal mehr, sondern genau die Haltung, die der prinzipiellen Heimatlosigkeit des Menschen angemessen ist. Der Jenseitsglaube trägt nicht dazu bei, das Diesseits zu entwerten, wie so oft behauptet wird, er schenkt ihm vielmehr eine Perspektive, welche die Brutalität des »Kampfs ums Dasein« endet und den Anderen in eine freundschaftliche, nicht mehr feindgetönte Aura taucht.

Ein gleiches gilt auch für die nächste Bitte, die der Arme für sich und seine Gattin an den »Herrgott« richtet: *»daß wir zwei, solange wir leben, gesund bleiben und unser notdürftiges tägliches Brot haben.«* Neben den Wunsch nach jener Seligkeit im Himmel tritt nun an zweiter Stelle das Bedürfnis nach so etwas wie ein relativ gesichertes und ruhiges Leben hier auf Erden. Die Bitte um das »tägliche Brot« entstammt der Formulierung Jesu in Mt 6,11 und müßte wörtlich übersetzt werden mit: »Unser Brot für morgen gib uns heute.« Es ist die Bitte all der kleinen Leute, die von der Hand in den Mund leben, die keine Reichtümer anhäufen, aber die Güter dieser Erde teilen, wie, noch mal, DIEGO RIVERA sie in dem Bild *Unser Brot* gemalt hat (vgl. *Tafel* 5). In der Hinzufügung »solange wir leben« ist aber auch die Tatsache des Todes ausgedrückt; sie läßt sich akzeptieren, eben wenn und weil mit ihm das Leben nicht zu Ende ist. Das »Wir«, für das der Arme bittet, scheint allerdings den Wunsch mit einzuschließen, wenn schon, so möge die Verbundenheit im Leben auch im Sterben sich bewähren, – der Tod solle nicht trennen, sondern nur womöglich tiefer noch verbinden, was in der wechselseitigen Gemeinschaft eins ist und eins sein will in Zeit und Ewigkeit.

Was aber ist ein Leben ohne die Gunst der *Gesundheit*? Kaum etwas anderes ist so gefährlich für das Glück der kleinen Leute wie stets die Möglichkeit von Unglück, Krankheit oder langem Siechtum. Im Falle einer der Ehepartner behindert oder bettlägerig würde, bedürfte er ständiger Unterstützung oder Pflege, – ein Zustand, der die Möglichkeiten der Berufsausübung drastisch einschränkt und der zudem in aller Regel kostentreibend ist; für Leute, die ohnedies nicht sehr viel zuzusetzen haben, kommt eine solche Lage einer Katastrophe gleich, – kein Wunder deshalb, daß der Arme darum bittet, ein derartiges Schicksal möge ihm erspart bleiben. Doch es gibt dafür keine Garantie von außen. Wenn irgend mögliche Gesundheit der Lohn für eine frohe und vertrauensvolle Lebensweise ist, die offen bleibt für milde Gastfreundschaft und Güte, so läßt sich daran denken, wie wohltuend Wohlwollen selber als Gesinnung auf den Organismus wirkt: es hilft, Streß abzubauen oder gänzlich zu vermeiden, – etwas, das wie nichts sonst zu Wohlbefinden beiträgt. Und so ist es, wenn Gott bereits auf Erden Güte mit Gesundheit lohnt: Wer sinnvoll lebt und menschlich sich erfüllt fühlt, leidet nicht unter Frustrationen, Depressionen und chronifizierten Aggressionen, während Unzufriedenheit, Ressentiment und permanente Grantelei auf Dauer Kreislauf, Magen, Herz und Leber anzugreifen pflegen[66].

Damit wäre der Arme eigentlich schon wunschlos glücklich; um so eigenartiger mutet es an, daß der »liebe Gott« von sich aus vorschlägt, sich doch *»ein neues Haus für das alte«* zu wünschen, – ein *jus talionis* auch dies, wonach die Gastfreundschaft für einen Obdachlosen selbst eine neue Form von Obdach für den Gastgeber gewährt. Rein vordergründig liest sich diese Umwandlung des Hauses so, als werde hier auf wunderbare Weise eine armselige Kate abgerissen und durch den wundersamen Neubau eines Prachtschlosses ersetzt, – der Reiche nebenan wird anderen Tags die sonderbare Wandlung, die da in und mit dem Haus des Armen vor sich geht, denn auch in dieser Art betrachten; doch damit täuscht er sich und fällt recht übel auf sich selbst herein. In Wirklichkeit bewahrheitet an dieser Stelle sich ein Jesus-Wort aus dem Matthäus-Evangelium: »Sorgt euch nicht um euer Leben, was ihr essen [oder was ihr trinken] werdet, noch um euren Leib, was ihr anziehen werdet. Ist nicht das Leben mehr als die Nahrung und der Leib als die Kleidung? Schaut an die Vögel des Himmels: sie säen nicht noch ernten sie noch sammeln sie in Scheunen, und doch: euer himmlischer Vater ernährt sie. Seid ihr nicht weit mehr wert als sie? Wer aber von euch kann trotz (all) seiner Sorgen seiner Lebenslänge (auch nur) eine einzige Elle hinzulegen? Und von wegen der Kleidung: was sorgt ihr euch? Lernt nach den Lilien des Feldes – wie sie wachsen: sie plagen sich nicht (mit dem Scheren der Wolle) noch spinnen sie; ich aber sage euch: nicht einmal Salomon in all seiner Herrlichkeit war angezogen wie eine von diesen hier. Wenn aber Gott das Gras des Feldes, heute da, morgen in den Ofen geworfen, derart umhüllt, – nicht wieviel mehr euch, ihr so wenig Vertrauenden? Sorgt euch also nicht, sprechend: Was werden wir essen? Oder: Was werden wir trinken? Oder: Was werden wir anziehen? All das nämlich – die Völker (Menschen, die Gott gar nicht kennen) suchen danach. Es weiß ja euer himmlischer Vater, daß ihr das alles braucht. Sucht vielmehr zuerst (wesentlich nur) das Königtum und sein rechtes Leben (vor Gott), und dies alles wird euch (von Gott) dazugelegt werden.« (Mt 6,25–33)[67] – Wie selbstverständlich hat der Arme versucht, recht vor Gott zu leben, indem er einem Obdachlosen gerecht zu werden suchte; er nahm damit, wie ohne es zu wissen, Gott selber bei sich auf, und wer so lebt, dem wird »alles dazugelegt« werden. Das ist es, wovon dieses Märchen hier erzählt: ein ewiges Heim im Himmel, Wohlergehen auf Erden und nun: ein »neues« Heim als die zusammenfassende Belohnung eines *neuen*, will sagen: bewußteren Lebensgefühls.

Was sich da formt, ist nicht ein Neubau, der in Stein und Glas errichtet wird, wohl aber in dem Segen Gottes ein Bewußtsein dessen, was schon ist, gefügt nunmehr in Festigkeit und Klarsicht. In dem Moment, da dieser Fremde fortgeht, erfährt der Arme, wie reich, wie groß im Reichtum der Großzügigkeit sein Leben ist. – Im Neuen Testament wird einmal erzählt, daß aus den Broten, die von Jesu Jüngern an die Hungernden verteilt wurden, sich zwölf Korbfüllungen am Ende sich erübrigten (Mk 6,43)[68]. So hier: man braucht nichts mehr, man ist mit sich im Einklang, man lebt so, wie man im Grunde leben sollte. Man ist glücklich. Und dieses Glück strahlt aus. Und wer es innerlich begreift, der sieht, wie – noch einmal – RILKE, was es mit diesem »Haus« des Armen auf sich hat: es ist ein Tabernakel Gottes. RILKE schrieb:

Des Armen Haus ist wie ein Altarschrein.
Drin wandelt sich das Ewige zur Speise,
und wenn der Abend kommt, so kehrt es leise
zu sich zurück in einem weiten Kreise
und geht voll Nachklang langsam in sich ein.

Des Armen Haus ist wie ein Altarschrein.

Des Armen Haus ist wie des Kindes Hand.
Sie nimmt nicht, was Erwachsene verlangen;
nur einen Käfer mit verzierten Zangen,
den runden Stein, der durch den Bach gegangen,
den Sand, der rann, und Muscheln, welche klangen;
sie ist wie eine Waage aufgehangen
und sagt das allerleiseste Empfangen
langschwankend an mit ihrer Schalen Stand.

Des Armen Haus ist wie des Kindes Hand.

Und wie die Erde ist des Armen Haus:
Der Splitter eines künftigen Kristalles,
bald licht, bald dunkel in der Flucht des Falles;
arm wie die warme Armut eines Stalles, –
und doch sind Abende: da ist sie alles,
und alle Sterne gehen von ihr aus.[69]

»hätt ich das nur gewußt!«

Anders, natürlich, nimmt der Reiche am Morgen des folgenden Tages die Veränderung wahr, die sich *im* beziehungsweise *an dem* Hause seines Nachbarn ereignet hat. Zu seiner Verwunderung erblickt er dort ein *»neues reinliches Haus mit roten Ziegeln«*. »Reinlich« war das Haus wohl auch bis dahin schon, und »rote Ziegel« mag es ebenfalls bereits besessen haben; gleichwohl kommt es ihm »neu« vor, – nicht mehr als eine *»alte elende Hütte«*, sondern als *»ein schönes neues Haus«*. Um diesen Wandel seiner Wahrnehmung recht zu begreifen, braucht man sich nur vorzustellen, daß er das Haus des Armen jetzt, nachdem der »liebe Gott« ihm den Rücken zugekehrt hat, mit ganz neuen Augen sieht. Wieviel an Freude und an Glück und Selbstbewußtsein leuchtet nunmehr draus hervor! Es ist ein Haus, um sich darinnen wohlzufühlen, und gerade das macht ja das Wohlbefinden der zwei Armen aus, – von keinem Hause eines Reichen läßt sich das vermelden, zumindest nicht, solange dessen Blick auf dieses neue Glück die alte äußerliche Perspektive beibehält. Glücklich zu sein (oder zu werden) wünscht sich jeder Reiche, und in gewissem Sinne glaubte der im Märchen es womöglich auch zu sein, – hatte er doch alles, was er wollte, und konnte er sich doch leisten, was er mochte. Aber er *ist* nicht glücklich. Er ist in Wirklichkeit nur ein Getriebener der Angst, ein Sklave seiner Habgier. So jedenfalls ist es bereits dem Leser klargeworden. Nur nicht dem Reichen selbst! Der nimmt, daß ihm wohl etwas fehlt, erst wahr, als er an diesem Morgen sich ins Fenster lehnt und auf der anderen Straßenseite zu Gesicht bekommt, wie wahres Glück aussieht. Solch ein Glück will er auch, doch er versteht nicht, daß er so ein *»neues Haus«* niemals bewohnen wird, wenn er sich selber nicht erneuert, indem er »häuslich« bei sich selber wird. Statt dessen will er dies ganz Andere, das er an jenem Armen festgestellt hat, auch für sich selbst erwerben, doch ohne sich und seine eigene Person zu ändern. Entsprechend seiner ganzen Art zu denken, hält er Glück für etwas, das man kaufen, sich erobern oder sonstwie in seinen Besitz bringen kann; er sieht nicht, daß man Glück nicht als Objekt des Habens, sondern nur als Seinszustand bekommen kann: Glück *haben* ist durchaus nicht glücklich sein, – diesen Unterschied begreift kein Reicher, solang er noch an seinem Reichtum hängt[70]. Und deshalb kommt es jetzt zu einem Possenstück, das strukturell für alle reichen Leute typisch ist; *ihnen* gerät es freilich zur Tragödie, – die höchst komödiantischen Züge werden nur für diejenigen sichtbar, die selbst glücklich genug sind, um nicht vom Sog der Habsucht heimgesucht zu werden.

Oft in den Märchen spielt der Gegensatz und die Gemeinsamkeit von *Mann und Frau* die größte Rolle, indem »das Männliche« erscheint wie etwas, das voller Sehnsucht nach Erlösung Ausschau hält; die aber kann ihm nur zuteil werden mit Hilfe der Ergänzung und Verwandlung durch »das Weibliche«, und umgekehrt desgleichen. Psychologisch mag es dahinstehen, was im einzelnen unter »männlich« und »weiblich« zu verstehen ist; doch gemeinhin verbindet man mit den Eigenschaften *eines Mannes* vorrangig die Neigung, zweckrationales Handeln, Durchsetzungsfähigkeit, Willen zu Dominanz, die Beurteilung von Menschen nach erbrachter Leistung sowie aktives Handeln bis hin zum Einsatz auch gezielter Aggressionen als Konfliktlösungswege zu betrachten; das Ergebnis solcher Verhaltensmuster kann, wie hier, ein Erfolgsstreben sein, das sich in sichtbaren Errungenschaften wie Hausbesitz und Eigentum ausdrückt. Dagegen wird auch *eine Frau* für gewöhnlich nicht sehr viel einzuwenden haben, solange sie sich an dem »Zugewinn« ihrer ehelichen Gemeinschaft beteiligt sieht. Und dennoch: gerade ihre Eigenart als Frau könnte und sollte einen gewissen mäßigenden Einfluß auf das Gebaren ihres Mannes ausüben; denn auch mit dem, was »fraulich« ist, verbinden sich bestimmte Eigenschaften: Man sagt, gemeinhin, Frauen dächten ganzheitlicher als die Männer, – Neurologen weisen zur Erhärtung dieser Meinung gern darauf hin, daß die linke (bewußte) und rechte (gemüthafte) Hirnhälfte im Kopfe einer Frau über das Corpus callosum um viele Millionen Axone stärker miteinander verbunden sind als im Kopfe eines Mannes; – offenbar können Männer ihre Gedanken deshalb leichter isolieren und abspalten als Frauen, sie stehen gerade deshalb aber auch weit mehr in der Gefahr, einseitige Entscheidungen zu treffen und schon in den Zielsetzungen schweren Irrtümern zu unterliegen, die sie trotz allem für gewöhnlich als der Weisheit letzten Schluß verteidigen.

Freilich sind solche Unterscheidungen nicht exklusiv zu setzen: die Frage ist, wieviel ein Mann von (s)einer Frau dabeizulernen fähig ist und umgekehrt: – in der komplexen Psychologie CARL GUSTAV JUNGS (1875–1961) herrscht gar die Vorstellung, es stecke in der Psyche jedes Mannes auch ein weiblicher Seelenanteil, seine *anima*[71], und in der Psyche jeder Frau auch ein Stück Männlichkeit, der *animus*. Auf jeden Fall verlangt die Rollenvorschrift der Gesellschaft, daß Männer ebenso wie Frauen gerade diejenigen Seiten an sich selbst bevorzugt ausprägen, die in den sozialen Klischees angelegt sind und die vorweg bestimmen, wer man als Frau, als Mann zu sein hat, – auf Kosten der anderen Seiten, die es auch gibt, die aber in den Hintergrund gedrängt werden müssen. Um so wichtiger sollte es deshalb sein, entgegen dem vereinseitigenden Anpassungsdruck der Umgebung die unterdrückten Seelenanteile zu integrieren und auf die Regungen zu achten, die in der eigenen Psyche eine notwendig ergänzende Funktion ausüben könnten. Denn nur wer mit sich selbst in Einklang ist, wird zu einem Verhalten fähig sein, bei dem sich Mitgefühl und Klugheit nicht als Gegensätze wechselseitig ausschließen.

Was sich aus derartigen Überlegungen ergibt, ist religiös seiner Bedeutung wegen kaum zu überschätzen: Es zeigt sich, daß man Gott nur dann ins eigene Haus einlassen und ihm dienen kann, wenn man ihn »liebt« »aus ganzem Herzen und aus ganzer Seele und aus allem Denken und aus ganzer Kraft«, wie es in Mk 12,29 als das »größte Gebot« (als die zentrale Aufgabe) im Leben formuliert ist[72]. Demgegenüber zeigt sich, was geschieht, wenn in dem Haus des Reichen einzig der Mann den Ton angibt. Kaum reibt er sich die Augen vor Verwunderung, wie strahlend neu das Haus des Armen auf der Straßenseite gegenüber im morgendlichen Sonnenlicht erglänzt, da fragt er seine Frau, was da passiert sein könnte, und die, besäße sie die Kraft, wirklich als Frau zu ihm zu reden, könnte ihn wohl leichthin darüber aufklären: »Das liegt daran«, könnte sie sagen, »daß er so gänzlich anders lebt als Du. Er braucht nicht viel zum Leben, darum ist er reich. Du kannst zum Leben nie genug anhäufen, und darum bist Du arm. So ist er ausgeglichen und zufrieden, und so fühlst Du Dich stets gehetzt und unzufrieden. So ist es um ihn hell wie bei dem Anbruch eines neuen Tages und um Dich dunkel wie im Zwielicht einer Abenddämmerung.« Es wäre ihre mütterliche oder wohl auch weibliche Intuition, die mahnend oder warnend die Einseitigkeit in der Icheinstellung ihres Mannes überbrücken könnte. Statt dessen soll ihr Feingefühl, ihre Hellsichtigkeit, ihr Wissen um Empfindungen und seelische Zusammenhänge einzig im Dienst männlicher Neugier sich bewähren: hinübergehen soll die Frau des Reichen in das Nachbarhaus und hören, *»wie das gekommen ist.«* Emotionale Sensibilität und Kompetenz als Spionageeinsatz! – das »Weibliche« im Hause und im Herzen dieses Reichen mildert nicht die »männliche« Tendenz zu Machtgewinn und Geldbesitz, es wird vielmehr zum Instrument all der Tendenzen, an denen dieser Reiche ohnedies schon krankt, und diese »Krankheit« ist leicht vorstellbar.

Wie lebt ein Mensch, der ständig gegen sich selbst ankämpft, der alles, was sich warm und weich und weiblich anfühlt, niederhält und der als Schwäche haßt und auszumerzen trachtet, was ihn menschlich machen könnte? Ein solcher Mann kann kaum noch merken, daß und wie er sich zunehmend mehr abhanden kommt, im Gegenteil, er wird sich ganz mit sich im Einklang wähnen, – der Anteil der verdrängten Seiten seiner *anima* sind für ihn nicht mehr existent, und je erfolgreicher er durch das männliche Gehabe und die üblichen Habmachtansprüche das ihm Fehlende zu kompensieren weiß, wird er in seiner (Un)Art sich als jemand vorkommen, der weiß, wie es gemacht wird: Gewissensbisse? – er hat keine Gefühlsanwandlungen, höchstens wenn er mal wieder gerade grantig ist. Im übrigen: für Kindereien ist bei ihm kein Platz, – sentimental zu sein, das kann er sich nun mal nicht leisten. Die Konkurrenz schläft nicht. Schon deshalb muß man wissen, was sich da gegenüber tut … Statt daß im Haus des Reichen Mann und Frau in ihrer Andersartigkeit einander korrigieren könnten, kontrolliert also der eine nach eigener Vorstellung die andere, – eine negative Selbstverstärkung. Ganz anders sieht es aus im Haus des Armen, wo Mann und Frau, wie man so sagt, »am gleichen Strick ziehen«, indem sie auf dem Boden einer Menschlichkeit, die sie gemeinsam teilen, miteinander kooperieren und je auf ihre Weise zur Aufnahme des »lieben Gottes« in Gestalt des Fremden ihren Beitrag leisteten.

Was sich nun abspielt, liest sich bei den Brüdern GRIMM wie eine einzelne groteske Episode im Leben dieses Reichen; in Wahrheit aber malt sich so in holzschnittartiger Vergröberung das Konterfei eines Charakterkopfes voller Gram und Grimm und grenzenloser Egozentrik. Es lag also an diesem »*Wanderer*«, der gar nicht erst zum Haus des Armen hätte gehen müssen, wäre er nicht am Haus des Reichen abgewiesen worden! Da, noch beim Abschied, hat er die Gastfreundschaft der armen Leute derart reich gelohnt: »*ewige Seligkeit, Gesundheit in diesem Leben und das notdürftige tägliche Brot dazu und zuletzt noch statt unserer alten Hütte ein schönes neues Haus.*« Noch einmal wird in dieser Aufzählung der guten Gaben Gottes die Rangliste der Wertigkeit betont: ganz oben steht die Aussicht auf das Seelenheil, – das Leben darauf auszurichten und sich »Schätze im Himmel«, statt auf Erden, zu erwerben (Mt 6,20) ist offensichtlich das, worauf es ankommt[73]; und ganz im Einklang damit steht auf Platz zwei die Zusage des »lieben Gottes«, er werde die Bitte aus dem Vaterunser stets erfüllen: »Unser Brot für morgen gib uns heute« (Mt 6,11)[74]; und daraus dann, zum Dritten, ergibt sich ein gewisses Heimischwerden auch in der Heimatlosigkeit der Welt. Einzig in dieser Reihenfolge, von innen Schritt für Schritt nach außen, wirkt sich der »Lohn« aus, mit dem Gott die Güte unter Menschen segnet. Man kann sich diesen Hauptakzent des Märchens schwerlich klar genug verdeutlichen; der Reiche nämlich begreift absolut gar nichts davon.

Was dem indessen langsam dämmert, ist die Tatsache, daß er wohl etwas äußerst Günstiges verpaßt hat. Da bot sich eine Chance, mit minimalem Einsatz ein Maximum an Vorteil einzufahren, und diese ganz einmalige Gelegenheit hat er verstreichen lassen! Wie aber hätte er auch unter seinen Denkvoraussetzungen es nur entfernt für möglich halten sollen, es träte wirklich mal der Fall ein, daß sich Gastfreundschaft rentiert? Seine gesamte Lebenserfahrung spricht dagegen! Wenn so etwas tatsächlich einmal vorkommt, dann nur als die berühmte Ausnahme, die das genaue Gegenteil bestätigt. Daß Gott selbst als ein Obdachloser an die Tür klopft und um Einlaß bittet, ist für einen Reichen allerdings absurd, – das hieße ja, von Grund auf die gesamte Weltanschauung umzustürzen. Wenn es so steht, kann dieser Reiche von dem Armen gerad das Entscheidende nicht lernen: wie er sein Leben so verändert, daß Glück und Wohlbefinden auch in sein Haus Einzug halten könnten. Er kann nur neidvoll auf den Nachbarn schauen, der es zufällig (!) so gut getroffen hat, und voller Ärger auf sich selber sein: Da hatte er bereits das große Los in Händen und hat es unbeachteterweise fortgegeben! *»Ich möchte mich zerreißen und zerschlagen!«* schimpft er wütend auf sich selber; *»hätt ich das nur gewußt!«* Was er beklagt, ist nicht das Fehlen jener tiefen Einsicht des Armen in das Wesen Gottes und in die Armseligkeit des Menschen, ihn wurmt, daß er den Sechser-Tipp im Lotto doch schon gezogen hatte und in Ahnungslosigkeit nicht einzulösen wußte.

Im Leben eines jeden Reichen ist dies ein zentraler Widerspruch: Da er das Dasein reinweg äußerlich betrachtet, fehlt ihm jedwede innerliche Kohärenz; auf der einen Seite favorisiert er die persönliche Entscheidung, das Zugreifen im rechten Augenblick, das Selber-Wollen und das Selber-Tun, auf der anderen Seite aber zerfällt sein Handeln in rein zufällige und unberechenbare Situationen und Konstellationen. Wer, statt zu lernen, wie man glücklich wird, partout Glück haben will, muß halt Glück haben, um es zu bekommen. Und dieses Spiel des

Schicksals um Gewinnen und Verlieren von Besitz, der mit so viel an Anstrengung und Sorgfalt zusammengerafft und zusammengehalten wurde, kann gar nicht anders denn als ungerecht erscheinen, – es macht verdrossen, zynisch und verbittert, zu sehen, wie ausgeliefert man den Wechselfällen der Umstände sein kann. Vor allem: statt selbstbewußt nach vorn zu planen und die Dinge souverän im Griff zu haben, wie sich ein Reicher gerne glauben machen möchte, läuft er in Wirklichkeit den ahnungslos verpaßten günstigen Gelegenheiten hinterher, und es ist nunmehr sogar seine Frau, die ihn dazu am meisten anstachelt. Sie erwartet von ihrem Gemahl, daß er dem nachjagt, was er sich hat entgehen lassen. »*Eil dich*«, spricht sie, »*und setze dich auf dein Pferd, so kannst du den Mann noch einholen, und dann mußt du dir auch drei Wünsche gewähren lassen.*« Wohlgemerkt, was ihr Mann sich hat entgehen lassen, war die Möglichkeit, Gott selbst durch Gastfreundschaft und Güte in sein Leben einzulassen; das aber sieht nicht sie. Für sie und ihn ist kein Gedanke an den »lieben Gott«. Was davon bleibt, ist die Gestalt eines phantastischen und fetischgleichen Zaubermannes. Der Religionsersatz ist absolut, – ein bloßer Rest von Zauber und Magie!

Aber war Religion denn jemals etwas anderes als Aberglaube, Angst und Anmaßung? Was heißt da »Rest«? Oder »Ersatz«? So ist in Wirklichkeit das Wesen aller Religion! – Die einen solchen »aufgeklärten« Einwand formulieren, haben gewiß unüberhörbar gute Argumente aus der Religionsgeschichte[75] und der Religionspsychologie[76] auf ihrer Seite, jedoch das GRIMMsche Märchen haben sie gegen sich. Diese Geschichte redet nicht auf dem archaischen Niveau der menschlichen Kulturvergangenheit, und sie spielt auch nicht in den »Primärprozessen« unserer Psyche; sie stellt vielmehr nach Art einer Parabel jene höchst »fortgeschrittene« Form von Frömmigkeit des Armen der primitiv und in gewissem Sinne infantil gebliebenen Grundhaltung des Reichen gegenüber. Ein solcher Mann hat keine Religion, und wenn er eine hätte, wäre sie in der Tat nur eine Aufblähung des Ichs mit seinen Wünschen und Bedürfnissen ins Unermeßliche, die bloße Egoinflation[77], die Altruismus als das Resultat von Selbstbescheidung und von Selbsterkenntnis prinzipiell nicht zuläßt. – Gerade diese Erzählung von dem *Armen und dem Reichen* lehrt, wie man von Gott so spricht, daß es die Vorurteile und die Mißverständnisse menschlicher Frömmigkeit in der Religionskritik bereits des 19. Jhs. widerlegt.

Und umgekehrt zeigt die Geschichte, was aus Menschen wird, die spornstreichs hoch zu Roß dem »lieben Gott« nachjagen, um ihn einzuholen. Weil für sie Gott im Grund nicht existiert, müssen sie selber wie Gott werden – das biblische Motiv der sogenannten Sündenfallerzählung in Gen 3,1–7[78] –, zwar nicht indem sie selber sich mit Allmacht ausgestattet wüßten, aber indem sie die geglaubte Allmacht von geheimen Wundertätern sich zunutze machen. Derselbe Mann, in dem man Gott erkennen könnte, besäße man genügend Mitleid mit den Mittellosen, wird jetzt rein projektiv zu einem Alleskönner, dessen Gunst es zu erflehen gilt, nachdem man sie ihm selber gerade noch verweigert hat. – Was diesem Märchen hier mit ein paar Strichen genial gelingt, ist die Skizzierung einer Form gesellschaftlicher Praktik und persönlichen Verhaltens, wie sie schier unvermeidlich ist, wenn Geldbesitz, Hauseigentum und Macht zu absoluten Werten aufgeblasen werden. Speziell das kapitalistische Wirtschaftssystem, das derzeit sich die ganze Welt »alternativlos« unterwirft, kennt und erlaubt als Ziel und Zweck aller Aktivitäten auf dem »freien« Markt nur dies: wie man aus Geld am schnellsten und »effizientesten« noch mehr an Geld gewinnt. Profitmaximierung, Kapitalakkumulation, Börsengewinne, Zinsgeschäfte, – das sind die Techniken und die Verfahren, mit denen man das Geld, wie man so sagt, »arbeiten« läßt. Wie viele Menschen sinnlose, entfremdete, unterbezahlte Arbeit leisten müssen, damit das Geld sich in den Händen weniger vermehrt, ja, wie viele am Ende sogar auch noch von Arbeit und Brot »freigesetzt« werden, um durch gewisse »Rationalisierungsmaßnahmen« noch höhere Rendite einzufahren, steht auf einem anderen Blatt. Doch auch die Kapitaleigner selbst, die »Wirtschaftsbosse«, die Herren der transnationalen Konzerne, zählen zu den Sklaven des Systems. Sie müssen immer und allerorten die schnellsten sein, um »die Nase vorn« zu haben oder zumindest »mitzukommen«. Also muß man auf Trab sein, um beim großen Reibach dabei zu sein; »wer zu spät kommt, den bestraft das Leben«, heißt es. Also muß man den »Vorsprung« der anderen aufholen, um nicht zurückzufallen. Rückgang an Umsätzen oder Aufträgen wäre tödlich. Wachstum heißt das Zauberwort, dem Abgrund zu entkommen. – Der Parforce-Ritt des Reichen hinter dem »lieben Gott« her liest sich daher als Ausdruck nicht nur einer launigen Gewinnsucht beim »Run« aufs große Geld, sondern als Zwangsgesetz in einem Geld- und Wirtschaftskreislauf, bei dem stets die »großen Fische« die kleinen fressen.

Doch gerade so setzt sich mit Windeseile die schicksalhafte Tragikomödie des Reichen und des Reichtums fort. Keinesfalls wird das *»hätt ich nur gewußt«* durch ein Mehr an Weisheit abgelöst, es macht nur Platz für eine Vielzahl scheinbarer Erklärungen und Lügen: Der »liebe Gott« *»möchte's nicht übelnehmen, daß er nicht gleich wäre eingelassen worden«*, erklärt der Reiche, als er den sonderbaren Fremden vom Vortag eingeholt hat, denn, wie er, *»fein und lieblich«* – also einschmeichelnd schlau und hinterhältig – redend, erläutert, habe er *»den Schlüssel zur Haustüre gesucht«*, und in der Zeit sei jener bereits fortgegangen. Es kann, wer noch den Anfang der Erzählung halbwegs in Erinnerung hat, nur staunen über so viel Unverschämtheit. Wie denn! Der Reiche hätte nicht vor rund zwölf Stunden noch grundsätzlich sich geweigert, einen Fremden bei sich aufzunehmen, weil seine Kammern gefüllt seien mit Kräutern und mit Samen und weil er fürchtete, selbst an den Bettelstab zu kommen, wenn er jeden Hergelaufenen beherbergen wollte? Den Hauptgrund hatte er dabei nicht einmal offen angegeben, doch der Leser kennt ihn: Er hatte *»den Wandersmann vom Haupt bis zu den Füßen«* prüfend angeschaut und aus den schlichten Kleidern des Fremden den Schluß gezogen, daß er *»nicht aussah wie einer, der viel Geld in der Tasche hat«*. Nicht seinen Haustürschlüssel also hatte er gesucht; was er gesucht hatte, war eine saftige Vergütung, im Falle er sein Haus für eine einmalige Übernachtung zur Verfügung gestellt hätte, und da war auf den ersten Blick ihm klar geworden, daß hier nichts Einträgliches zu erwarten stand. Auch jetzt bleibt er bei dieser Einstellung, sonst müßte er sich nicht derartig dreist aufs Lügen verlegen. Nicht seine Grundeinstellung scheint ihm falsch, er war – der dumme Schlüssel! – nur just zur Zeit nicht disponibel, wie er es im nachhinein so gern gewünscht hätte … Zu einem wirklichen Gesinnungswandel käme es allein, wenn er dem »lieben Gott« beteuern würde, daß es ihm leid tue, wie er sich verhalten habe, – es sei ihm ja nicht einfach so mal unterlaufen, er habe sich vielmehr so unfreundlich gezeigt, weil er noch niemals habe glauben können, daß Gastfreundschaft sich lohne. – Zu einer solchen Rede wäre er freilich nur dann imstande, wenn er mit seinem gesamten bisherigen Leben bräche, und das gerade scheint völlig ausgeschlossen. Wem von den Leuten, die das Zeug haben, auf Erden reich zu werden, kann man schon wirklich glauben? Zu lügen, sich herauszureden, die offensichtlichen Tatsachen schlicht zu verfälschen, – das sind so die Usancen in dem Kreis der Hautevolee und Hautefinance; wie sollte es unser Reicher da wohl anders halten? Er kennt sich selber nicht, er mißversteht komplett die Lage, in die er sich hineinmanövriert hat, sein ganzes Dasein ist ein Selbstbetrug, – unmöglich, daß ein solcher Mensch zu Wahrheit und Wahrhaftigkeit imstande wäre!

Jedoch das Hauptproblem liegt nicht mal darin, daß er die Mitmenschen, mit denen er's zu tun hat, hinters Licht führt; der Erstbetrogene ist stets er selbst, nur daß er es nicht merkt. Er glaubt seine Lügen, als wenn sie seine Wahrheit wären, und um so leichter meint er damit durchzukommen. Es ist eine fiktive Welt, in der lebt, und sie bedarf ständiger Fälschungen, um weiter zu bestehen. Das gilt bei allem: nicht nur bei dem, was schon geschehen ist, wohl auch bei dem, was gerad geschieht, und dem, was noch geschehen soll. Nicht nur die bereits eingetretenen Tatsachen werden uminterpretiert und anders dargestellt, als sie zustande kamen, auch die Absichten und Planungen für die Zukunft nehmen die Form von Versprechen an, die gar nicht eingehalten werden *sollen*, – sie dienen nur dem Zweck, den anderen mit freundlichen Erklärungen zu ködern, um ihn im eigenen Interesse auszunutzen: Falls der Fremde *»des Weges zurückkäme, müßte er bei ihm einkehren.«* Die BRÜDER GRIMM unterscheiden grammatikalisch (noch) nicht konsequent zwischen Konjunktiv I und Konjunktiv II – zwischen dem Konjunktiv der indirekten Rede (wenn der Fremde »des Weges zurückkomme, müsse er bei ihm einkehren«) und dem Irrealis; so lassen sie den Reichen hier im Irrealis sprechen, wo sie ihn nur zitieren möchten; doch ohne es formal zu wollen, treffen sie damit den Nagel auf den Kopf: der Reiche will dem »lieben Gott« gewiß nicht Gastfreundschaft geloben, er malt nur eine Möglichkeit, die – hoffentlich – nicht wirklich wird. So dumm kann dieser Wanderer denn doch nicht sein, daß er nicht wüßte, was sich wirklich zugetragen hat, – schon deshalb wird er keinen Anlaß sehen, diesen hartherzigen und jetzt auch noch nachweislich verlogenen Hausbesitzer mit seinen bis zum Rand gefüllten Kammern aufzusuchen. Untergründig weiß der Reiche, daß der Wanderer die Wahrheit weiß und daß sein Angebot deswegen auf einen Fall berechnet ist, den es zwar geben könnte, doch nicht geben kann, – ein Irrealis halt in indirekter Rede!

Wie darauf nun der »liebe Gott« im Märchen antwortet, verrät für Leute, die sich in der Bibel etwas auskennen, ein wahrhaft göttliches Format. Normal für uns gewöhnlich Sterbliche würde es sein, diesem Nachzügler verpaßter Menschlichkeit beziehungsweise diesem Spekulanten auf die Verwertungsmarge verlogener Versprechen ins Gewissen zu reden und ihm vorzuhalten, daß die nachträglichen Schönfärbereien seiner Geldgier ihn nur noch abstoßender machen als die relativ dazu doch wenigstens noch ehrliche Ablehnung jeder Art von Hilfsbereitschaft ohne besondere Gewinnerwartung. Der »liebe Gott« des Märchens aber bewegt sich in diesem Moment geradezu auf biblischem Niveau, – wofern man dieses noch einmal an der erwähnten »Sündenfallerzählung« der jahwistischen Urgeschichte in Gen 3,1–24 festmacht[79].

Wie ist es, wenn Gott Menschen »straft«? Mahnung, Verwarnung, Drohung, Urteil und Verurteilung – in dieser Reihenfolge (»wer nicht hören will, muß fühlen!«) ginge es ganz gewiß bei weltlichen Gerichten zu. Ganz anders bereits auf jenen ersten Bibelseiten. Da kommt Gott in den »Garten« seiner Welt und hört sich die »Erklärungen« des Menschen an, warum er das Verbot, vom Baum zu essen, übertrat: es war die Frau, die Gott ihm gab, die ihm von der verbotenen Frucht zu essen gab, – da aß er; die Frau beruft sich zur Entschuldigung auf die Betörungen der Schlange … All die Zusammenhänge gab es, doch sie entheben nicht den Menschen der Verantwortung. Gleichwohl, Gott geht dem nach; er widerlegt nicht, zürnt nicht, gibt sich nicht empört, und was er dann als »Strafe« ausspricht, besteht nur in der Feststellung der Lage, in der die Menschen sich mit ihrem eigenen Verhalten jetzt befinden. – So ähnlich hier im Märchen.

Als wenn der »liebe Gott« die Flunkerei des reichen Mannes nicht bemerkte, sagt er ihm sogar zu, wenn er *»einmal zurückkomme«*, wolle er erneut bei ihm anklopfen, – als hielte er ihn nach wie vor für würdig solcher Auszeichnung, als wäre er in seinen Augen immer noch ein Ehrenmann. Freilich, nur so läßt sich der Fortgang der Geschichte denken. Niemals, würde der fremde Wanderer den Reichen seiner Lügen überführen und ihm seine Ungastlichkeit zum Vorwurf machen, könnte dieser derart in Sicherheit sich wiegen, daß er die Stirn besäße, ungeniert dem »lieben Gott« sein eigentliches Ansinnen vorzutragen, *»ob er nicht auch drei Wünsche tun dürfte wie sein Nachbar.«* Das ist so raffiniert und so naiv zugleich, wie man es bei nicht wenigen erfolgreichen Betrügern in der Welt von Geld und Reichtum wirklich antrifft; jedoch die Rolle, die der »liebe Gott« hier spielt, ist nicht die eines mafiosen Paten. Indem er diesen einfältigen Bittsteller gerade nicht der Lüge zeiht, lockt er ihn in gewissem Sinne allererst dahin, den letzten Rest an Scham von sich zu werfen und mit seinem Wunsch nach einer Belohnung für entgangene Verdienste rauszurücken; und grundsätzlich bleibt selbst bei diesem Tort der »liebe Gott« so, wie er ist: wohlwollend, akzeptierend und bejahend. Doch gerade dadurch ergibt sich seine Art zu »strafen«!

Wenn es schon wahr ist, daß man manche biblische Erzählung hilfreich zu Rate ziehen kann, um Märchen auszulegen, so zeigt sich hier, was alles auch und gerade Theologen von den Märchen lernen können, um die Bibel zu verstehen – zum Beispiel eben die so wichtige Geschichte von der »Ursünde« des Menschen. Das Schicksal aller Menschen, lehrt die »christliche« Dogmatik, liege unter dem Lastgewicht der »Erbsünde«, die Gott, als der Unendliche unendlich durch des Menschen Schuld beleidigt, aus Gründen der Gerechtigkeit durch drastische Verschlechterung in allen relevanten Inhalten des Daseins: in Liebe, Arbeit und Lebenserwartung, habe ahnden müssen. Gott straft! Und er straft streng! Er ist gerecht! – Solange solche Lehren gelten, ist alle Religion von Angst und Schuldgefühl erfüllt und kann ihr Heil höchstens noch finden in endlosen Opfern, Versöhnungsriten und Buß»gottesdiensten«. Demgegenüber schildert unser Märchen von dem *Armen und dem Reichen* – wirklich ganz ähnlich wie jene Erzählung in der Bibel! nur: wer von den Theologen hätte es dort je begriffen! –, wie es denn kommt, daß Menschen Gott als »strafenden« erleben können: Gott bleibt sich einfach gleich! Er »greift nicht ein«! Er »regiert« und er »reagiert« nicht als Instanz der strafenden Gerechtigkeit. Er provoziert durch seine unerschütterliche, unveränderliche Haltung freundlicher Zuwendung und gelassenen

Gewährenlassens freilich, daß jemand wie der Reiche hier eben deshalb die Skrupellosigkeit der Gier buchstäblich auf die Spitze treiben wird; doch gerade dadurch wird er merken, wie seine Haltung und sein Handeln sich auf die Mitmenschen und auf ihn selbst auswirken müssen. Daß Menschen ernten, was sie säen, – das ist die einzige Art Gottes, über uns zu »richten«. So zeigte es sich schon bei der Belohnung für die Gastfreundschaft des Armen, so tritt es jetzt auch bei der Strafe für den Reichen an den Tag, allerdings deutlich unterschieden noch einmal gegenüber der unpersönlichen Ursache-Wirkung-Automatik des indischen Karma-Gesetzes. Der »liebe Gott« des Märchens gesteht dem Reichen durchaus zu, daß er drei Wünsche wie der Arme erfüllt bekommen könne, nur warnt er ihn zugleich davor, daß es *»nicht gut für ihn«* sein werde, er solle *»sich lieber nichts wünschen«*. Das »Risiko« des Reichen besteht also nicht darin, mit seinen Wünschen abgewiesen zu werden; – er läuft absolut nicht Gefahr, daß nach Art eines *Jus talionis* für die Verweigerung der Bitte um ein Nachtasyl nun dieser wunderliche Wanderer auch *seine* Bitte weigert; im Gegenteil: es gilt von vornherein schon als versprochen, daß er gewiß bekommen wird, worum er bittet, nur – daß es ihm nicht gut bekommen wird!

Damit erhebt sich eine neue Frage: Wie kann man wissen, noch bevor es eintrifft, jemand gerate gerade dadurch in das größte Unglück, daß ihm ein Wunsch, der ihm sehr wichtig ist, *nicht* abgeschlagen, sondern ganz bestimmt erfüllt wird? Die Antwort fällt nicht schwer: Man braucht jemanden nur genau genug zu kennen, um solch eine Voraussage sich zu erlauben. Denn: Ein Mensch kann nur so wünschen, wie er selber ist; in seinen Wünschen malt sein Leben sich; gelangt er je ans Ziel seines Begehrens, begegnet er sich unausweichlich selbst. Wenn darin eine »Strafe« liegt, daß er bekommt, was er sich wünscht, so wird er einzig mit sich selbst gestraft. Und das, ganz offensichtlich, ist ihm wohl nicht zu ersparen. Es ist der einzige Weg, ihm einen Spiegel vorzuhalten und ihn zur Ansicht und zur Einsicht seiner selbst zu bringen. Doch bis es soweit ist, muß eine Menge noch passieren.

Denn in die waltende Vernunft der eigenen Wünsche setzt der Reiche vorerst nicht den geringsten Zweifel, weiß er doch, was er will und was ihm guttut. Gut ist es, reich zu sein; was also wär‹ dagegen einzuwenden, reicher noch zu werden? – es wäre doch nur besser noch als gut!

Und eben das läßt sich sicher erwarten: Bereicherung wird alles sein, was diesem Mann am Herzen liegt. Die innere Gefangenschaft, in der er sich damit im Kreise dreht, bemerkt er nicht; der Fluch, der das bedeutet, was er sich als Segen denkt, erscheint ihm erst verfluchenswert, wenn es zu spät sein wird. Und immerzu ist dies »zu spät« sein Schicksal und wird es auch in Zukunft bleiben, wofern sich seine Auffassung von »Glück« und »Reichtum« nicht von Grund auf ändert. Wie aber soll das sein, wenn alle Warnungen nicht nutzen?

So viel steht hier schon fest: Ein Mann wie dieser Reiche wird ganz allein durch Schaden klug. Und bis zum Eintritt seiner Selbstbestrafung wird er die Torheit seiner Habgier verteidigen als Weltgewandtheit und als Lebensklugheit. – Wo, nebenbei bemerkt, wär‹ es auch anders? Man höre nur im Deutschen Bundestag, mit welcher Selbstverständlichkeit die uns Regierenden den »freien Markt« mit seinen Wachstums»gesetzen« als systemrelevant und als einzig konform mit der Verfassung verteidigen! Wann je würden sie sagen, die »Freiheit« dieses Marktes gründe einzig darin, daß die Besitzenden auf Kosten der Habenichtse machen können, was sie wollen? Die »Wandernden« auf der Suche nach einer Bleibe mag man heute wiederfinden in all den Gruppen, die im politischen Jargon als »Leiharbeiter«, Kurzzeitarbeiter, als Minijobber oder schlicht als Hartz IV-Empfänger bezeichnet werden. Sie müssen ihre Flexibilität und Mobilität am Arbeitsplatz unter Beweis stellen, wenn sie eine Arbeit haben wollen, und wenn man sie von einem Unternehmen in das andere »verleiht«, müssen sie froh sein, immer noch arbeiten zu dürfen, selbst wenn ihr Lohn so niedrig ist, daß sie nur mit den steuerfinanzierten Zulagen des Sozialamts sich am Leben halten können. Rein statistisch betrifft dieses Schicksal in Deutschland etwa fünf Millionen Menschen[80]. Sie können 45 Jahre lang gearbeitet haben, – ihre Rente im Alter wird so kärglich ausfallen wie ihr »Lohn«, es reicht nicht mal zum Lebensminimum. Doch wird das ein Grund sein, die bestehenden (A)Sozialgesetze, welche die Armutsfalle für immer mehr Menschen im Alter festschreiben, endlich zu ändern? Im Gegenteil! In den Tagen der Euro-Krise präsentiert Deutschland sich als Lehrmeister für ganz Europa! – Solange die politische Klasse sich bemüßigt fühlt, im Schlepptau des Finanzkapitals und der Unternehmerinteressen weiterhin die

Marktkräfte durch Umverteilung des Eigentums von unten nach oben zu »entfesseln«, wird eine »Umkehr« der bestehenden Verhältnisse einzig von den Nicht-Reichen als dringend wünschenswert betrachtet werden; die Reichen aber werden weiter wünschen, was sie als Glück begreifen, obwohl‹s doch nur das Unglück aller, nicht zuletzt auch das der Reichen selbst, bedeutet.

»Was helfen mir alle Reichtümer der Welt?«

So hat der Reiche denn erlangt, *»was er verlangte«*, und hocherfreut schwingt er sich wieder in den Sattel, um »heimwärts« zu reiten; doch diese »Heimreise«[81] mißrät ihm gründlich. Die erste Ursache dafür klingt seltsam, sie wird im Märchen aber absolut korrekt benannt: *»der Reiche ... fing an nachzusinnen, was er sich wünschen sollte.«* Er begann nachzusinnen ... – das heißt, er hat bis dahin durchaus keine Vorstellung gehabt, was denn im Himmel und auf Erden er sich wohl wünschen könnte; er ist dem wunscherfüllenden Wanderer hinterhergestrebt nicht aus einem bestimmten Bedürfnis heraus, sondern einzig und allein um auch zu haben, was sein Nachbar hat: standen dem drei Wünsche frei, so will er ein gleiches nun auch für sich selber. Ganz deutlich geht es ihm inhaltlich nicht um das, was sein einst armer Nachbar sich vom »lieben Gott« erbeten hat. Ewige Seligkeit? Was je hätte er damit schon im Sinn! Gesundheit und Gemeinsamkeit mit seiner Frau? Gesund ist er ja doch, darum muß er nicht auch noch bitten, und was er von Gemeinsamkeit mit seiner Frau hält, wird sich gleich noch zeigen. Und dann: ein neues Haus? Sein Haus läßt sicher nichts zu wünschen übrig! Wozu dann also ist er hinter dem »Wanderer« hergeritten, um ebenfalls drei Wünsche frei zu haben?

Genau *die* Frage wird jetzt zum Problem. Denn was er *nolens volens*, widerstrebend bei allem Streben, allmählich merken muß, ist die an sich schon recht obskure Feststellung, daß er nicht auszog, *etwas* zu gewinnen, sondern alles, und zwar nicht »alles« in der Wirklichkeit, sondern buchstäblich »alles Mögliche«. Das Ziel all seiner Wünsche ist das Wünschen selbst, abstrakt von jedem Inhalt im Konkreten und absolut im Willen seiner Selbstdurchsetzung. Nicht was unter gegebenen Bedingungen sinnvoll zu wünschen wäre, beschäftigt diesen Reichen, ihn treibt die reine grenzenlose Gier. »Die ganze Welt ist nicht genug.« Mit dieser halbwitzig gemeinten, in Wahrheit jedoch bitter ernsten, weil zutreffenden Floskel umschreibt in unseren Tagen sich die Unersättlichkeit und völlige Maßlosigkeit eines Habmachtstrebens, das nichts mehr als sich selber wünscht und will. Geld zu verdienen, um Geld zu verdienen, – wenn *das* die »Welt« ist, gibt es nie genug. Was aber wird, wenn dieser Kreislauf des »Verdienens zum Verdienen« mal mit der Möglichkeit der »Realisierung«[82] des Wünschens in der Wirklichkeit konkretisiert und konfrontiert wird? Dann, paradoxerweise, tritt ein Zustand keinesfalls von Vorfreude und Glücksempfinden ein, sondern im Gegenteil ein quälendes Gefühl verwirrender Getriebenheit und Unruhe. Man hat den Sturmwind grenzenloser Gier gewissermaßen nicht gemerkt, solange man sich davon treiben ließ wie ein vom Baum gerissenes Blatt im Wind; jetzt aber, wo man innehalten muß, um sich zu fragen, was man wirklich möchte, legt sich der »Wind« in Wirbeln um das neu gefundene Hindernis, – das »Blatt« treibt richtungslos im Kreise. An sich ist dieser Zustand für den Reichen nicht gerade neu, aber er wird ihm endlich jetzt bewußt. Zum ersten Mal spürt er, wie ziel- und richtungslos sein so sehr festgelegtes Leben eigentlich verläuft.

Zu der Erzählweise der Märchen gehört – neben ihrer symbolistischen Darstellungsform – eine gewissermaßen »behavioristische« Sicht[83] auf die handelnden Personen. Wie in der Verhaltensforschung betrachten sie nicht die inneren Vorgänge der Akteure selbst, sondern sie schildern, was diese tun und wie sie sich verhalten; doch gerade damit fordern sie dazu auf, zu tun, was in weiten Teilen der amerikanischen Psychologie bis heute methodisch geradezu unter Verbot gestellt wird: man muß sich Stelle um Stelle fragen, was die jeweiligen Verhaltensweisen für das innere Erleben der Handelnden bedeuten. – Vergleiche, um sich in die Lage dieses Reichen auf dem Heimritt einzufühlen, bieten sich aus dem eigenen Erleben ganz gewiß genügend an. Was ist, wenn man zu viel, »alles«, auf einmal will und sich schon deshalb nicht entscheiden kann?

Fast alle, die von ihrem Arzt wegen zu hoher Streßbelastung mal in eine Kur »zur Erholung« geschickt werden, haben es erlebt: »Streß« – das hieß, sich unter Pflichtgefühl innerlich und auferlegten Forderungen äußerlich bis zum »geht nicht mehr« zu verausgaben; schließlich lautete die Diagnose auf Burn-out[84], und so befindet man sich wie zur eigenen Überraschung – obwohl zumeist nach einer Wartezeit von mindestens sechs Monaten – in einem Kurort. Keine Überstunden also, keine Personalquerelen also, keine Angst vor Fehlentscheidungen, – für die nächsten drei Wochen könnte man tatsächlich anfangen, nachzusinnen und sich zu fragen, was in Zukunft wirklich wünschenswert und wichtig sein soll. Doch was geschieht? Innerlich rast alles weiter. Man kommt sich vor wie abgeliefert und nicht abgeholt. Was tut man hier? Fast fühlt man sich schon schuldig, dem Kurantrag überhaupt zugestimmt zu haben, – die Kollegen müssen ja auch weitermachen. Es ist, als wenn ein Hochgeschwindigkeitszug im Zielbahnhof eine Notbremsung eingeleitet hätte: er wird natürlich nicht am Bahnsteig zu stehen kommen, sondern irgendwo kilometerweit abseits auf offener Strecke. So wird es zeitlich jetzt in dem Kuraufenthalt wohl vierzehn Tage dauern, bis man sich einigermaßen »angekommen« fühlt. Aber auch dann weiß man nicht recht, wozu man da ist. Man macht die »Maßnahmen« mit, – trinkt seine Wässerchen, besucht die angezeigten Sitzungen, »erfreut« sich der gemeinsamen Veranstaltungen, ißt diätetisch, schläft pünktlich, mißt Blutdruck und Gewicht … und weiß, daß bald schon wieder »Schluß« ist. Es ist nur alles weitergegangen, geändert hat sich auch unter den veränderten Bedingungen nichts. Man hat sich nicht gefunden, weil man nie gelernt hatte, nach sich zu suchen. Statt dessen setzte sich in dieser Zeit erlaubter Ruhe die alte Unruhe nur um so spürbarer und sinnentleerter fort.

Oder ein anderes Beispiel, – kleinformatiger, doch gleichermaßen lehrreich: Ein Lehrer mit den Fächern Deutsch und Religion hat mal ein »freies« Wochenende, – das heißt: keine Korrekturen, keine Vorbereitungen, er könnte und er möchte endlich einmal wieder tun, was er vor vielen Jahren mal so gern getan hat: lesen! Zweckfrei, nur so aus eigenem Interesse, lesen! Aber was? Er steht vor den Regalen seines Wohnzimmers, er verfügt über einen halben Tag lang Zeit, sich einem ihm als wichtig und bedeutend erscheinenden Schriftsteller zuzuwenden, doch was wird er tun? Im Kopf verspürt er den immensen Druck, in relativ kurzer Zeit die allzu lange Epoche eines versäumten persönlich geführten geistigen Lebens nachzuholen; dieser Druck ist riesengroß, und er wirkt wie ein starker Wasserstrahl, den man mit bloßer Hand beim Austritt an dem Hahn zurückzudrängen suchen wollte: das Wasser spritzt in alle Richtungen. Ganz ähnlich drängen die Interessen unseres Lehrers jetzt hierhin und dorthin: dieser Autor, dieses Buch käme an sich in Frage, doch jener Autor auch und jene Bücher ebenfalls – wie sich entscheiden? Man kann nicht gleichzeitig fünf Bücher auf einmal lesen, oder zehn Bücher. Alles indessen erscheint jetzt als gleich wichtig, alles als gleich bedeutend, es gibt objektiv keine eindeutigen Kriterien der Auswahl und subjektiv keine ausgeprägten Vorlieben. Also hebt das Gelese erst einmal in diesem, dann in jenem Werke an, sprunghaft, unkonzentriert, stets abgelenkt von dem, was vielleicht auch noch und vielleicht auch besser noch zu lesen wäre. Solch ein Herumgehüpfe hat nichts gemein mit der Entscheidungsangst hysterischer Persönlichkeiten, die sich vor allem in Fragen der Liebe äußerst schwer tun, sich festzulegen, aus Sorge, dadurch andere und bessere Möglichkeiten zu verpassen; es geht in diesem Fall weit eher um ein zwangsneurotisches Perfektionsstreben, das nicht erlaubt, Zeit »ineffizient« oder mit nur »suboptimaler Leistungsausbeute« vertun zu wollen. Wenn man schon etwas liest, so muß es sich nach bildungsbürgerlichen Maßstäben auch wirklich lohnen. Das Resultat jedoch ist hier wie dort dasselbe: statt einem Wunsche wirklich nachzugehen, zerlegt sich das Verlangen, *alles* Wünschenswerte gleichzeitig voranzutreiben, in ein Vielerlei von Richtungen, – ein Hü und Hott und Potpourri von Launen, wo eigentlich konkrete Vorstellungen, Planungen und eine Staffelung nach klar entschiedenen Prioritäten erfordert würden; vor allem müßte man zu einer Festlegung auf ganz bestimmte Wünschbarkeiten hinfinden, indem vorerst nur dieses eine und zugleich nicht noch dieses und jenes andere auch in Parallele zueinander favorisiert würden.

Für einen solchen Seelenzustand wird sich schwerlich ein packenderes »behavioristisches« Bild ersinnen lassen, als es die BRÜDER GRIMM hier bieten: beim Nachsinnen, was nur als richtiges zu wünschen sei, entgleiten dem Reichen die Zügel, sein Pferd fängt an *»zu springen, so daß er immerfort in seinen Gedanken gestört wurde und sie gar nicht zusammenbringen konnte«*. Es ist unmöglich, sich auf eins zu konzentrieren, wenn man »alles« will; es kann kein einzelnes befriedigend erscheinen, wenn einem nichts gut genug ist; und nie wird Ruhe in ein Herz einziehen, das von dem eigenen Verlangen um und um gewirbelt wird. Das »Pferd«, welches der Reiche reitet, ist sein triebhaftes Habenwollen; das war sein Jagdgefährt, dem »lieben Gott« so schnell wie möglich nachzusetzen, und als es noch um »alles« ging, verlief der Ritt auch scheinbar noch geordnet, vom Willen zielgerichtet kontrolliert. Jetzt aber kann die gleiche Triebdynamik sich kaum anders denn als konfus und als diffus auswirken. Umsonst, daß er dem Tier den Hals klopft, um es zu beruhigen, und es sogar mit seinem Namen (»Liese«) anredet; das Pferd hört nicht auf ihn, es macht *»aufs neue Männerchen«*, das heißt, es springt mal hierhin und mal dorthin, geht hinten hoch und vorne hoch, gebärdet sich, als würde es von einem Schwarm von Stechmücken verfolgt. Und in der Tat: Der mangelnde Gehorsam dieser Stute hat gewiß nicht darin seinen Grund, daß sie die Sprache ihres »Herren« nicht verstünde, im Gegenteil, es ist ein Wesensmerkmal jener Zeiten, *»als der liebe Gott noch selber auf Erden ... wandelte«*, daß Tiere und Menschen einander verstanden, so wie im Paradies Adam den Tieren ihre Namen gab (Gen 2,19.20)[85], – so innig kannte er sich aus in ihrem Wesen und in ihrer Art; daß »Liese« sich durchaus von diesem Reichen nicht beruhigen läßt, liegt daran, daß sie all die Zeit ihm folgsam war und folglich sich auch jetzt ganz so verhält, wie sie es bisher mußte: voll Ungestüm vorangetrieben als gestaltgewordener Drang; was sie wortwörtlich umtreibt, ist das verinnerlichte Echo der Dressur, die in der Reitschule des Reichen ihr bisheriges Leben war. Vor allem spürt sie jetzt, wo nichts mehr richtig vorwärts geht, die Unzufriedenheit, den Zorn, den Haß, mit denen ihr »Herr« sie und in ihr zugleich auch sich selbst traktiert. Von *»Ungeduld«* sprechen die BRÜDER GRIMM und haben damit völlig recht. Alles auf einmal und sofort – dies Lebensmotto kennt kein Warten, Sich-entwickeln-Lassen, Gehen-Lassen; hätte der Reiche lediglich die Zügel seines Pferdes schießen lassen, damit es selbst das Tempo setzen könnte, wäre das Tier von selbst, gemächlich zwar, doch sicherlich geordnet, seines Wegs getrabt. So aber soll es sich schnell, schnell voranbewegen, ohne zu wissen, wohin eigentlich. Nach Hause? Sicher! Aber dorthin gehen die Gedanken nicht, die sich sein »Herr« hier macht. Der, *»ärgerlich«*, fährt schließlich aus der Haut und gibt dem Tier die Schuld an jener Unruhe, die er in ihm erzeugt und die ihn selber daran hindert, ruhig nachzudenken. Damit muß Schluß sein, findet er, und wie bei kleinen Kindern, wie in allen Primitivreaktionen, wünscht er, anstelle eines klaren Nein, dem Pferd den Tod, nur um das wirre Hü und Hott zu enden. *»So wollt ich«*, spricht er, *»daß du den Hals zerbrächst!«* Und augenblicklich, *»plump, fiel er auf die Erde und lag das Pferd tot und regte sich nicht mehr; damit war der erste Wunsch erfüllt.«*

Was mit dem »Pferde« hier geschieht, läßt sich am besten deutlich machen durch ein biblisches Kontrastbild. Im 3. Buche Mose, Num 22,21–35, findet sich die anrührende Legende von Bileam und seiner Eselin[86]: Der Moabiter-König Balak hat den Propheten Bileam vom Euphrat holen lassen, um Israel zu verfluchen und es vom Durchzug durch das Grasland Moabs abzuhalten. So reitet Bileam auf einer Eselin dem »auserwählten« Volk entgegen, als er an einen Hohlweg kommt, an dessen Ende ein Engel Gottes mit erhobenem Schwert den Durchgang sperrt. Doch der gedungene Gotteskünder sieht den Gottesboten nicht, wohl aber tut das seine Eselin. Sie geht nicht weiter, weicht zur Seite, drückt an der Felswand gar den Fuß des uneinsichtigen Reiters, der dreimal wütend auf das vermeintlich störrische Tier einschlägt; da endlich öffnet die Eselin den Mund und spricht zu ihm: »Was hab ich dir getan ..., daß du mich nun dreimal geschlagen hast? ... Bin ich nicht deine Eselin ...? War es je meine Art, es so mit dir zu treiben?« Und als selbst Bileam die Frage seines Grautieres verneinen muß, eröffnet ihm die treue Eselin: nur wenig weiter noch, dann hätte ihn der Engel Gottes mit dem Schwert erschlagen; sie, die Gestalt der instinktiv-vital verbliebenen Vernunft, hat ihn, den blind ins Unheil Strebenden, im letzten Augenblick vorm Tod bewahrt. – Ganz ähnlich, nur in umgekehrter Logik, verhält es sich mit diesem Reichen und mit seinem Pferd: er läßt sich durch den »Ungehorsam« seiner braven Stute nicht beirren und wünscht sie schließlich in den Tod, statt daß er merkt, wie tödlich seine Art zu wünschen ist.

Zur Deutung dieser Szene, wie das Pferd zusammenbricht und wie sein »Herr« am Boden liegt, mag man im »wahren« Leben sich jemanden denken, den »in den besten Jahren«, wie man sagt, ein Schlaganfall ereilt. Die Hetze nach dem großen Glück, der stete Streß, der alltägliche Ärger, die permanente Unruhe und dauernde Nervosität, – das alles fordert irgendwann psychosomatisch unvermeidbar seinen Tribut. Der Schlaganfall beendet zwangsläufig den Starrsinn, der dem Körper, diesem »Bruder Esel«, wie FRANZISKUS (1181/82–1226) ihn zu nennen pflegte[87], zu viel des »Guten« abverlangt hat. So wie bisher geht es nicht weiter. Oder doch?

Selbst in den Rehabilitationszentren der modernen Medizin scheint das Hauptanliegen darauf gerichtet, die alte Arbeitskraft, so gut es geht, wiederherzustellen; daß dabei nur die alten Fehler zumeist noch verstärkt, zumindest aber gar nicht erst als solche eingesehen werden, kann offenbar das Therapiekonzept der behandelnden Ärzte kaum irritieren. Sie folgen nicht den dringenden Bedürfnissen der am Boden liegenden, geschundenen Kreatur, sie funktionieren und fungieren nach den Erwartungen der Konkurrenzgesellschaft, die auf Produktion und Leistung, auf »wirtschaftlichen effort« und auf erworbenen Reichtum setzt, nicht aber auf das allzu menschliche Verlangen nach Selbstfindung, Integrität und Freiheit in dem Entwurf der eigenen Existenz. Was nötig wäre, käme einem Umbau der gesamten Persönlichkeit gleich – einer wirklichen Gottes-Begegnung in einem Raum des Wohlwollens, der Akzeptanz und der Berechtigung zum Sein; doch eben davon ist kaum je in einer »Reha-Klinik« mal die Rede. Also kann alles nur so weitergehen, wie es war, bis auf den Punkt, daß der Zusammenbruch des »Pferdes«, das in seiner physischen Kraftmeierei der Reiche scheinbar einmal war, nichts so belassen hat, wie es mal war.

In den Chansons *Wut und Zärtlichkeit* hat der »Liedermacher« KONSTANTIN WECKER (geb. 1947) ein solches Schicksal einmal geschildert, so daß man sich vorstellen kann, wie das neben dem toten Pferd am Boden Liegen gewissermaßen klinisch sich beschreibt:

Es geht zu Ende. Seine großen Pläne
liegen vergilbt wie er auf Zimmer 3.
Aus stolzen Bäumen werden meistens Sägespäne.
Den Schwestern ist das ziemlich einerlei.

Sie wissen nichts von seinen Liebesdingen
und nichts von dem, was ihn durchs Leben trieb.
Zwar wollte ihm das eine oder andere gelingen,
doch nichts für immer, nichts was wirklich blieb.

Sie drehen ihn, sie waschen ihn, sie zieh'n ihn an.
Am Mittwoch darf er in den Park.
Er würde gerne in den blauen Frühling flieh'n.
Er ist zu schwach. Er war noch nie sehr stark.

Ein Leben eben, eines von Milliarden,
nicht schlecht, nicht gut, mit wenig Heiterkeit.
Natürlich war da Hoffnung, doch am Ende
fraß die sein größter Feind, die Zeit.

Bei Schwester Heike wagt er es zu lächeln.
Die streichelt manchmal zärtlich sein Gesicht.
Sonst ist es still um ihn. Keine Besuche.
Auch sein betuchter Sohn besucht ihn nicht.

Der hat zu tun, Verpflichtungen, Valuten,
er hat fürs Sterben aus Prinzip noch keine Zeit.
Dem Vater reichten schon ein paar Minuten,
dann wäre er vielleicht zum Geh'n bereit.

Sooft er auf die Tür starrt, sie bewegt sich
ausschließlich dienstlich, keine Freunde, nie.
Ist denn ein jeder Abgesang so glanzlos?
Er stirbt das erste Mal, er weiß nicht wie.

Wo sind sie alle, all die Saufkumpanen,
die einem ewig Kameradschaft schworen?
Wo die Geliebten, all die schönen Namen?
Über die Welt gestreut, verpufft, verloren …

Es ist vorbei. Am schlimmsten ist, dass alles
im Nachhinein so kurz und flüchtig scheint.
Er hatte sich so viel noch vorgenommen,
so viele Tränen war'n noch nicht geweint.

Ach, wie viel Zeit vertan am Tresen,
mit Sprücheklopfen, witzig sein.
Der falsche Weg. In seine Seele
ließ er nicht mal sich selbst hinein.

Jetzt würd' er gern noch einmal in sich gehen
und stößt an Mauern, lässt betrübt
auch diese Hoffnung fahren, und muss sehen:
Er hat den Weg zu sich noch nie geübt.

Ich würd' gern sagen: Als er starb,
sah er am Ende eines Tunnels Licht.
Ob er dann endlich fand, was er nie suchte?
Zu hoffen wär's. Mehr weiß ich leider nicht.[88]

WECKERS Gedicht basiert auf einer Reflexion von außen, die der Betreffende, von dem die Rede geht, so wenig über sich selbst angestrengt hat wie unser Reicher in dem Märchen; denn hätte er sich solcherlei Gedanken je gemacht, hätte er ganz gewiß sein Leben anders eingerichtet. So aber wurde es, wie es dann war. In diesem Zustand, auf dem Boden neben seinem toten »Pferde« liegend, treffen wir, wütend und verwirrt, den Reichen auf der Jagd jetzt nach dem einen Wunsch an, der das Wünschen an sich selbst beenden soll, indem er alles Wünschbare in sich enthält. Was WECKERS Lied betont hervorhebt, könnte bei oberflächlicher Lektüre unseres Märchens leichthin untergehen, trifft aber auf die »Lage« dieses Mannes ohne Einschränkungen zu: das ist die grenzenlose Einsamkeit, die lebenslange Egozentrik, das fehlende Empfinden für sich selbst und, selbstverständlich deshalb, das fehlende Gefühl für andere. Es gab Verbindungen, doch nicht Verbundenheit, Treffs, aber nicht Betroffenheit, Gespräche, aber ohne Aussprache. Innere Entfremdung schafft äußere Beziehungslosigkeit, die Hatz und Hast hinter dem großen Geld her ist eine Flucht, die alles flüchtig macht. Statt Wesentlichem und Persönlichem der run, der rush, der crash ... Und jetzt? Ich muß wieder »der Alte« werden! Wenn dies das Ziel ist, stellt wie albtraumartig gerad das Bild sich ein, das uns die BRÜDER GRIMM als logisch unausweichlich malen.

Der Reiche, schreiben sie, war *»von Natur geizig«*. »Von Natur« war er das sicher nicht, es war die Unnatur, die man ihm aufgezwungen hatte und die er freilich auch selber sich hat aufzwingen lassen; jetzt aber ist er so; jetzt gehört, was er eigentlich nicht ist, zu dem, was auch für ihn selbst wesentlich ist. Wär' er nur reich – als Erbe etwa gutgestellter Eltern, das Glück des Nachgeborenen in zweiter, dritter Generation –, so könnte er Gelassenheit und Heiterkeit genug besitzen, sein Besitztum großzügig anzulegen oder auszugeben. Gerade ein Reicher – denkt man – hat so viele Möglichkeiten, frei mit allem umzugehen. Doch Geiz – dazu gehört, daß man sich an das ein für allemal Erworbene klammert, daß man es braucht, um vor sich selber etwas wert zu sein, daß man jeden Verlust, und sei er noch so klein, vermeiden muß, und zwar grundsätzlich, aus Prinzip.

Was soll zum Beispiel Sattelzeug ohne ein Pferd? Muß man die Autositze aus dem alten Auto aufbewahren, wenn man ein neues Auto kaufen will? Der Mann, der hier nach dem Zusammenbruch sich wieder hochrappelt, hängt nach wie vor an seinen alten Ich-Ansprüchen, doch jetzt nicht mehr als »Herr«, als Souverain, der er vermeintlich einmal war; er hat die Zügel aus der Hand gegeben, und er ist abgestürzt; was ihn einmal getragen hat, gibt es nicht mehr, – er selbst hat es durch Ungeduld zerstört. Jetzt ist der Rest davon ihm nur noch lästig und beschwerlich, ein schweißtreibender Frondienst, eine Fortsetzung des Sklaventums, in dem er schon bisher die ganze Zeit gefangen war, nur jetzt auch für ihn selber spürbar als erniedrigend, ja, schlimmer, als in aller Augen lächerlich. Da schleppt er sich über die Straße mit dem Sattel seines toten Pferdes auf dem Rücken, er selbst sein eigenes Packtier! Kann man noch deutlicher zum Ausdruck bringen, wie verkehrt, wie wortwörtlich pervers der ganze Lebensaufbau dieses Reichen ist? Doch er schleppt sich dahin unter dramatisch eingeschränkten Möglichkeiten, bedrückt, mißmutig und »*verdrießlich*«. Dabei kommt er zu Fuß nur »*langsam durch den Sand*«, die Mittagssonne brennt vom Himmel, – er selbst steht im Zenit der Lebenszeit, sagen wir: mitte Fünfzig erst, und doch: gewonnen hat er nichts. Der Niederschlag, den er sich selbst vor Zorn bereitet hat, ist ein Fiasko, und er trägt bis zur Erschöpfung schwer daran. Doch aufgeben? Niemals!

»*Du hast*«, denkt er, ja »*noch zwei Wünsche übrig.*« Dieses Versprechen, das der »Wanderer« ihm gab, gilt jetzt als Zufluchtsort von Hoffnung, als Wechsel auf die Zukunft. Wohl, der Fremde warnte ihn, es liegt anscheinend doch ein hohes Risiko in seiner Art zu wünschen, aber es ist mit ihm noch nicht ganz aus. Noch bleiben ihm Optionen offen, noch kann er »die Krise auch als Chance begreifen« – wie das politische Mantra jetzt seit Jahren die Bankenkrise, dann die Schuldenkrise, dann die Euro-Krise durch die Zeit begleitet –, noch hat er's in der Hand, wenn er nur klug genug ist.

Tatsächlich kommt er in seinen Überlegungen der Wahrheit fast verblüffend nahe: »*Wenn ich mir auch alle Reiche und Schätze der Welt wünsche, … so fällt mir hernach noch allerlei ein, dieses und jenes, das weiß ich im voraus.*« Die Unersättlichkeit der Gier, die Maßlosigkeit seines Habenmüssens, die Widersinnigkeit seines »ich will noch mehr, denn nichts kann mich zufriedenstellen« – sie müßten ihm spätestens jetzt als drohende Gefahren ins Bewußtsein treten; jedoch er zeigt sich außerstande zu der Frage, woraus die Unzufriedenheit an allem, was man »haben« und »besitzen« kann, denn wirklich stammt. Sähe er das Problem einmal von dieser Seite an, löste es einen Erdrutsch aus; es dämmerte die Demaskierung all seiner Vorstellung von »Glück«. Auch die – wie seine Wunschmagie, wie seine Primitivantworten auf Enttäuschung – sind letztlich infantil. – In der jahrzehntelang beliebten, fast schon legendären Fernsehserie für Vorschulkinder, in der »Sesamstraße«, versuchte man bereits vor 40 Jahren, die Tragödie der Gier auf witzige Weise in der Gestalt eines ewig hungrigen »Krümelmonsters« zu verdeutlichen, das nach der tumben Devise lebt: more cookies, more happy – je mehr (Plätzchen), desto glücklicher.

Es ist das ewige Dilemma: Glück ist nur möglich durch persönliche Verbundenheit, Personen aber kann man nicht besitzen, und Freunde kann man sich nicht kaufen. Glück ist zuinnerst »Selbstbesitz« in dem Gefühl, sich selber zu gehören und identisch mit sich selbst zu sein, – geformt im Austausch wechselseitigen Wohlwollens, inniger Intimität und zunehmender Zugewandtheit. Diese Qualität des Glücks bleibt unerreichbar durch ein noch so großes Quantum an zählbaren und vorzeigbaren Daten oder Dingen, die als Surrogate und als Substitute ins Rampenlicht geschoben werden. Denn eben dadurch entsteht gerade das Verlangen nach mehr und immer mehr …

Für einen Augenblick eröffnet diese Einstellung des Reichen sogar einen gewissen Einblick in den Werdegang seiner Persönlichkeit. So werden, insbesondere in unseren Tagen, viele Kinder groß, deren Eltern wenig Zeit für sie haben; beide, die Mutter wie der Vater, müssen morgens schon zur Arbeit, um als »Doppelverdiener« die Reallohnkürzungen um 50 Prozent für ihre Tätigkeit so weit aufzufangen, daß sie noch gerade Miete und Unterhalt bezahlen können. Das Kind – *eins*, mehr ist gar nicht vorstellbar – vermißt vor allem seine Mutter; die hat sich zwar um einen Platz in der Kindertagesstätte bemüht, der ihr sogar gesetzlich zugesichert wurde, doch das läßt auf sich warten; – und außerdem: welche »Erzieherin« schon könnte den Bedürfnissen eines Jungen oder eines Mädchens so entsprechen, wie's zu Hause möglich wäre? Die Eltern spüren selbst die Defizite ihres Kindes und suchen sie zu kompensieren; nur: Zeit ist mit keinem Geld der Welt bezahlbar, Spielzeug hingegen, Süßigkeiten oder technische Geräte schon. Ganz entsprechend dem Bemühen unserer Gesellschaft, die heranwachsende Generation im digitalen Zeitalter »medienkompetent« zu machen, wie es Politiker inzwischen als ein Hauptziel ihrer Aktivitäten im Bundestag angeben, fühlen nicht wenige Eltern sich bemüßigt, ihrem Kind die leere Zeit mit elektronischen Pausenfüllern vollzustopfen. »Du hast doch alles«, lautet die Schutzbehauptung gegenüber dem deutlich empfundenen Vorwurf, für das Kind nicht wirklich dazusein. Aber bei allem, was das Kind bekommt, ist es gleichwohl nicht glücklich. Es leidet unter dem »materiellen Mißverständnis« seiner Eltern, die notgedrungen Gefühle durch Geräte, Sensibilität durch Sensationen und emotionale Wärme durch E-Mails und Wunschzettel beim Abendeinkauf zu ersetzen suchen. Auf diese Weise reproduziert sich ein Wirtschaftssystem, das darauf angewiesen ist, bereits die Kinder als Käufer und als Konsumenten in den Geld- und Warenkreislauf einzufügen, doch was es letztlich damit produziert, sind unglückliche Lastenträger falscher Glücksversprechungen, – Menschen, die auf staubigen Straßen ihre »Sättel« durch die Hitze schleppen; was einmal tragen sollte, ist zum Unerträglichen geworden, und die Frage ist nur: Wie davon loskommen?

Es müßte, denkt entsprechend seiner (Zweit)»Natur« der Reiche, etwas geben, das alles Wünschbare umfaßt, das also, wenn man's wünscht und auch bekommt, für alle Zeiten wunschlos glücklich macht. Das müßte, recht betrachtet, sein ein Zustand des Gefühls, ein innerer Zusammenhang oder Zusammenhalt, – das Gegenteil auf jeden Fall von der Zerlegung in ein Vielerlei von Dingen zur Zerstreuung. Doch wieder jetzt: beinahe ist's, daß dieser Reiche den basalen Fehler aller seiner Herzensregungen und Regsamkeiten sieht, und doch verschließt ein Etwas in ihm selbst die Einsicht. Was er im Rahmen jenes »materiellen Mißverständnisses« sich sucht, ist unbezweifelbar von suchtähnlicher Energie. Ein Bayer fällt ihm ein, ein Bauer, der, als er ebenfalls drei Wünsche frei hatte, *»sich zuerst ... viel Bier und zweitens so viel Bier, als er trinken könnte, und drittens noch ein Faß Bier dazu«* wünschte. Ja, wenn man so sein könnte! »Der Bayer«, meinte bissig einer der Begründer der »politischen Theologie«, JOHANN BAPTIST METZ (geb. 1928), »hat zur Religion ein realistisches und zum Bier ein mystisches Verhältnis.«[89] Hier in dem Märchen liegt nur ein wenig folkloristischen Spotts vor – es geht nicht um »die« Bayern –, doch die Verkehrung von »Realismus« und »Mystik«, von Außen und Innen, von Mittel und Zweck kennzeichnet psychisch jede Suchtstruktur. Man klammert sich an Dinge (Essen, Kleidung, Gegenstände), weil man als Kind bereits die Gegenwart von Menschen, als es darauf ankam, bitterlich vermissen mußte. Eine Sucht – wie der Alkoholismus – entsteht durch »Löcher im Ich«, durch Lücken der Identität, die an all den Stellen entstanden, wo die Mutter fehlte, als man sie dringend brauchte. An diesen Nullstellen der Seele bildeten sich Blasen, Vakuolen, Unausgefülltheiten, die danach rufen, vollgestopft zu werden – wie eine Wunde mit Verbandsmull, wenn sie sich nicht schließen will. Der Schmerz, die Unzufriedenheit, die Leere aber hören so nicht auf. Verführerisch bleibt deshalb die »Option« einer Zerstörung des Bewußtseins durch den (drogeninduzierten) Rausch. Das trügerische Glücksgefühl, das vormals spürbar war bei einer großen Einnahme, wenn sich »Gewinnerwartungen« erfüllten, verleitet jetzt dazu, durch künstliche Narkotika ersetzt zu werden. Nur nichts mehr sehen, hören, denken … Wenn alles Denken in die Irre geht, weil schon die Denkvoraussetzungen irrig sind, ist's dann nicht wirklich besser, es jenem fabulösen »Bayern« gleichzutun?

Rätselhaft in der Geschichte von dem *Armen und dem Reichen* scheint auf den ersten Blick die Humoreske von der Frau zu sein: – Warum nur wünscht der Reiche sie auf seinen Sattel und vertut damit auch noch den zweiten Wunsch, in dem er eigentlich doch alles Glück der Welt zu destillieren und zu kondensieren trachtete? Möglicherweise liegt der Schlüssel zum Verständnis dafür gerade in den exzessiven Selbstbetäubungsphantasien mit ihrer suchtähnlichen Grundstruktur. Dahinter nämlich versteckt scheinbar sich die Sehnsucht, endlich in der umtriebigen Unruhe als der Gewinner ein für allemal Ruhe zu finden, und zwar endgültig und total, so absolut und unbedingt, daß sie die Abhängigkeit von Besitz und Eigentum ersetzen könnte durch die Regression zum wahren Ursprung aller Suchttendenzen: zu der in Kindertagen schon vermißten Ruhe und Geborgenheit im Schoß und in den Armen seiner Mutter. Schon die soeben noch gezeigte Anfälligkeit für jähzornige Wutausbrüche erinnert auffallend an das entnervende Gekreisch von Kindern, die, aus Angst und Hilflosigkeit leicht enttäuschbar, nach der Mutter rufen: sie müßte da sein, doch sie ist nicht da, sie müßte hören, doch sie hört nicht, sie macht es sich scheinbar bequem, statt aufzustehen und zu helfen. Ein Leben lang versucht es manch ein Reicher, die Frustrationen seiner Kindheit einzutauschen gegen die Schein-Selbständigkeit durch Geldbesitz und Macht; nun wo genau dieses Konzept in seine Krise kommt, tauchen die alten Ursprungsphantasien wieder auf und mit ihnen die gleichen Reaktionsbereitschaften, Wünsche und Neigungen. Die Mutter lebt womöglich lange schon nicht mehr, – aber die eigene Frau! Sie wurde oft genug gewählt nach mütterlichem Vorbild mit all den

Widersprüchlichkeiten, die darin in Hoffnung wie Enttäuschung schon enthalten waren. Was also wird geschehen, wenn es zu einer Szene kommt, wie sie im Märchen hier geschildert wird?

Der Reiche fühlte sich bereits so dicht am Ziel all seiner Wünsche, doch dann fing ärgerlicherweise dieses dumme Pferd zu bocken an; daß dieses treue Tragtier nur die Unruhe und Anspannungen aufnahm und ausagierte, die in seinem Reiter sich aufgestaut hatten, sah er nicht, so daß es in ihm selber schließlich explodierte. Dann, nach der eingetretenen Katastrophe, hatte er schwer an sich selbst zu tragen; alle Last lag ganz allein auf seinen Schultern, Wut und Zorn vermischten sich mit Einsamkeitsgefühlen, gottgleiche Allmachtsphantasien mit dem erdrückenden Gefühl der Überforderung, Hilflosigkeit und Ohnmacht; genau diese Mixtur jener verworrenen und verwirrenden Eindrücke und Empfindungen eines allein gelassenen Kindes erstand von neuem und überflutete das Ich, – als brächen bei Platzregen die übergelaufenen Abwasserkanäle einer Großstadt auf und überschwemmten in ungebändigt hervorschießenden Fontänen ganze Straßenzüge. Und da wünscht dieser für erwachsen geltende Mann wie das kleine Kind damals, seine Mutter müsse bestraft werden, parallel zu ihm solle sie ebenso leiden wie er, das heißt, nicht seine Mutter: der verhängnisvolle Wunsch, der mal der Mutter galt, überträgt sich nun auf seine Frau. Diese selbst natürlich kann für seine Psychodramatik so wenig wie seine dienstbare »Liese«, im Gegenteil, ihre Gefügigkeit bisher, die sie in die Nähe einer echten *anima*-Gestalt gerückt hat, zeigt sie selber eher als einen unterdrückten denn als einen verweigernden Teil in den Erfahrungen und Selbstwahrnehmungen dieses armen Reichen; doch die negativen Züge der Mutterimago[90] und die unbewußt verlockenden Sehnsuchtsbilder der *anima* verschmelzen hier zu einer Einheit aus Flehen und Fluch: die Frau, die Mutter sollte dem Manne abnehmen und hätte dem Kinde immer schon abnehmen müssen die unerträgliche Traglast seines Alleinseins, seiner Verlassenheit, seiner Verlorenheit, seiner Vergeblichkeit; sie aber kam nicht, sie tat nichts, sie blieb ungerührt sitzen, wo sie war, und so soll sie zur Strafe jetzt für immer auch da sitzen bleiben; die Last, die sie nicht mitzutragen fähig oder willens war, auf der soll sie jetzt selber fortan kleben bleiben. Oder verdichteter noch ausgedrückt:

Der »Sattel« hat – inklusive seiner sexualsymbolischen Bedeutung, die auch dem »Reiter« auf der »Stute« schon zukommen mochte[91] – eine gewisse Ähnlichkeit mit dem weiblichen Schoß als jenem Ort des Ausruhens und der Geborgenheit, nach dem das urtümliche Streben jedes Neugeborenen zurückwill und wohin jede regressive Sehnsucht sich zurückträumt; nun aber gerade dieser letzte, eigentliche Wunsch hinter den vorgeblichen Habmachtphantasien so spürbar unerfüllt bleibt, schlägt die bittere Frustration um in verbitterte Aggression, der Wunsch wird zur Verwünschung, der »Sattel«, den der Reiche tragen soll, möge zum »Sessel« und zur Fessel seiner Frau (und Mutter) werden. Gleiches bestraft sich so mit Gleichem, ein *Jus talionis* als die Grundform aller primitiven Straf- und Rachephantasien.

Und noch ein Stückchen weiter erlaubt dies Bild zu gehen. Bislang erschien der Werdegang der Seele dieses Reichen als bloße Reaktion auf die erlittenen emotionalen Defizite seiner Kindheit. Jedoch ein Mann, der mit dem Sattel einer toten Stute sein eigenes Mutterbild mitschleppt, ist offensichtlich auch der Träger eines Übermaßes an Verantwortung. Man stelle sich die Märchenszene nur einmal als Traumfragment im Leben eines Mannes vor, der eben noch vermeint hat, nach den Sternen greifen zu können und zu müssen, und der nurmehr nach einem schweren Zusammenbruch sich voller Verdrossenheit abschleppt mit dem verbliebenen Rest von dem, was ihn selbst einmal hätte tragen müssen; ein solcher Mann, der mal als Kind umsorgt sein wollte, wird nicht nur Aggressionen gegen seine Mutter hegen, wofern sie diesem Wunsch nicht hinlänglich entsprach, er wird wohl auch versucht haben, mit eigenen Vorleistungen die Liebe seiner Mutter »einzukaufen«: »Sie tut nicht, was ich möchte«, lautet das strategische Konzept, »doch wenn ich tue, was sie mag, fällt es eventuell ihr leichter, sich mir intensiver zuzuwenden.« Der Wunsch nach Anlehnung verwandelt sich unter dem Eindruck mütterlicher Ablehnung mithin in eine Art Pflicht zur Verantwortung. Der Mutter, die nicht hilfreich sein kann, muß man selber helfen. Alle Gefühle und Beziehungsformen werden dadurch widersprüchlich, und diese innere Ambivalenz von Haß und Liebe, Abwendung und Zuwendung, Versorgungswunsch und Fürsorge erklärt nun ihrerseits, wieso es sinnvoll scheinen kann, reich sein zu wollen: um sich selber abzusichern und auch um durch Verantwortung für andere sich deren Anerkennung zu verschaffen.

Das Endergebnis einer solchen Grundeinstellung malt sich ganz und gar in dem Portrait des armen Reichen, dem wir im grimmschen Märchen hier begegnen: er ist der Typ des schwachen Starken, des ohnmächtig Mächtigen, des unverantwortlich Verantwortlichen, – einer Person, die stets zu viel will, weil von ihr zu viel verlangt wird, die Ruhe sucht und dabei nur die Unruhe vermehrt, die alles Glück der Erde mit nach Hause bringen möchte und dabei nur den eigenen Schatten von Verzweiflung und Verwünschung auf den andern wirft. Ein solcher Reicher sucht als Süchtiger ein Glück, das er mit allem Geld nicht schaffen kann, weil es sich nur in einer wechselseitig sich ergänzenden Beziehung finden ließe; auf diese Weise wiederholt sich immer nur das Geflecht jenes Unglücks, das schon in Kindertagen seine Wurzeln fand und sich nun von der Mutter damals auf die Gattin heute überträgt. »Soll sie doch auf dem Sattel sitzen bleiben, wenn sie nicht selbst kommt, um ihn mit mir zu tragen. Soll ihre Unbeweglichkeit ihr Schicksal sein! Und möge sie in Ewigkeit bestraft sein durch das, was sie war und ist: die Frau, die nichts tut und sich nur bedienen läßt!«

Schon der Gedanke, daß es *»seine Frau jetzt gut«* hat – sie sitzt *»daheim in einer kühlen Stube«* und läßt *»sich's wohl schmecken«* –, macht den Reichen ärgerlich und wütend, und so wünscht er, sie möge auf dem Sattel so passiv gebunden bleiben, daß sie davon nie mehr herunterkommt. Es war sein »Geiz«, der ihn bestimmte, sich mit dem Sattel abzuschleppen; jetzt aber wünscht er diesen »Sattel« der Frau an den Leib, die sein Verlangen nach der Schoßgeborgenheit eines mal unbeschwerten Kinderlebens abwies; für sie und von ihr angestachelt hat er den Ritt hinter dem »lieben Gott« her angetreten, jetzt fährt der Fluch der Selbsterleichterung in all der Plackerei auf sie zurück.

Doch kann ein Mensch, mag man sich fragen, dadurch erleichtert sein, daß es ein anderer, der ihm nahe steht, auf immer um so schwerer hat? An dieser Stelle schließt sich der Gedankengang der Deutung des Märchens von dem *Armen und dem Reichen*: Nur dann, muß man zur Antwort geben, wenn dieser andere die eigentliche Schuld am eigenen

Unglück trägt; nur daß die Schuldzuweisung unbewußt erfolgt und eigentlich gar nicht der Ehegattin heute gilt, sondern der Mutter damals. Bewußt und überlegt würde der Reiche einen solchen Vorwurf gegen seine Gattin nie erheben, doch niemand, wenn er wütend wird, agiert bewußt und überlegt; er folgt vielmehr Gedanken und Gefühlen, die grundgelegt wurden in Kindertagen und die, je primitiver und je infantiler seine Reaktionen ausfallen, sich um so ungehemmter und um so unverfälschter zu Wort melden. Sie unterbrechen die situationsgerechte Realitätswahrnehmung in der Gegenwart, aber sie geben Kunde von dem Magma, das unter der Oberfläche des oberen Erdmantels brodelt.

Hat nun, des »Sattels« ledig, der Reiche seinen Frieden mit sich selbst gefunden? Das möchte er, doch so, wie er's versucht, kann's nicht gelingen. Er hat – mit infantilen Projektionen – seinen Konflikt: die notwendige Frustration maßlosen Wünschens, vom eigenen Ich weg verschoben auf die Frau an seiner Seite; damit hat er sich für den Augenblick – zu Lasten des ihm nächststehenden Menschen – Erleichterung verschafft, doch hat er sich selbst nicht verändert. Im Gegenteil, er nutzt den jetzt gewonnenen Spielraum einzig und allein dafür, im nunmehr dritten Anlauf endgültig einen Volltreffer zu landen. Was soll er wünschen, das ihn wunschlos glücklich macht? Die Frage hält ihn unter Dampf, muß er doch merken, *»daß sein zweiter Wunsch auch in Erfüllung gegangen war«*. Spätestens jetzt kommt es drauf an, das Richtige zu wünschen. Doch was soll das sein? Mehr denn je bedürfte er eines gewissen Teils an Weisheit, und wirklich: er will in sich gehen, das heißt, er will *»sich daheim ganz einsam in seine Kammer hinsetzen und auf etwas Großes für den letzten Wunsch sinnen«*. Dieses Verfahren und der Vorsatz selbst sind ohne Zweifel richtig, doch zweierlei macht dabei mißtrauisch: Der Druck, der ihn vorantreibt, ist unverändert noch derselbe, ja, es *»ward ihm erst recht heiß«*, und *»er fing an zu laufen«*. Mit einem Wort: Der Reiche nutzt seine jähzornige Erleichterung nur zu dem Zweck, die ihm verbliebene Energie restlos im alten Ofen zu verbrennen. Und außerdem kann er nicht anders denken, als *»etwas Großes«* auszuhecken. »Groß« ist in jedem Fall ein Wort, das ein gewisses Quantum anzeigt; wirkliche Lebensqualität indessen kann nicht in »Größe« meßbar sein. »Groß« umgekehrt kann eine Menge Geld und Gold im Kasten sein – Reichtum ist allemal als

Quantum meßbar; aber Glück? Nichts scheint der Reiche aus seinem bisherigen Desaster dabeigelernt zu haben. Immerhin: er möchte jetzt allein sein, er möchte zu sich selber kommen, er möchte nicht gestört werden. Dieser Entschluß ist wohl verständlich; jedoch er ist ganz undurchführbar bei einem Menschen, der sich selber derartig im Wege steht wie dieser Reiche.

Und typisch nun: es kommt auch gar nicht mehr dazu! Kaum nämlich kommt er heim und macht die Stubentüre auf, da *»sitzt ... seine Frau mittendrin auf dem Sattel und kann nicht herunter, jammert und schreit«*. Die Immobilität, die er vor lauter Ärger auf ihren Leib gewünscht hat, ist nach wie vor Teil seiner selbst, er findet sie nun lediglich in objektivierter Gestalt im eigenen Hause vor, personifiziert in seiner – wie man mitunter von der Ehefrau auch sagt – »besseren Hälfte«, und er muß sich damit auseinandersetzen. In gewisser Weise liegt darin eine Chance, die eigene Lage realistischer zu sehen. Was will er wirklich? Doch kann er diese Frage positiv zu Ende bringen? Gegeneinander steht das maßlose Verlangen nach endgültigem Reichtum auf der einen Seite und auf der anderen das deutliche Gefühl für die Gefangenschaft und unglückliche Gebundenheit an eine eigentlich längst überlebte Motivation zu wünschen und zu handeln. Und da ist es erstaunlich, daß ein Teil in ihm – er selbst, sein Ich – nach wie vor sich damit zufrieden geben möchte, wenn er nur *»alle Reichtümer der Welt herbeiwünschen«* und seiner Frau zum Angebinde machen könnte. Dabei war er doch schon beim Nachdenken über den zweiten Wunsch ein ganz erhebliches Stück weiter: *»Wenn ich mir auch alle Reiche und Schätze der Welt wünsche«*, erkannte er da, *»so fällt mir hernach noch allerlei ein, dieses und jenes, das weiß ich im voraus.«* Wie soll es bei dieser Erkenntnis seine Frau zufrieden stellen, genau dieses stets Ungenügende: *»alle Reichtümer der Welt«*, herbeizuwünschen? Zum Glück läßt sich die Frau auf das Ansinnen nicht ein. *»Was helfen mir alle Reichtümer der Welt«*, spricht sie, *»wenn ich auf dem Sattel sitze?«* Reichtum, der nichts als Plage und als Plackerei bedeutet und jetzt auch noch erkennbar Fesselung und Unfreiheit, – was daran soll als wünschenswert erscheinen? Alles käme darauf an, die Klageworte dieser Frau zu einer Grundentscheidung auszuformen: Es lohnt sich nicht, sein Leben nur als Jagd nach Geld und Reichtum zu verbringen! Erst hetzt man dem vermeintlich großen Reibach hinterdrein, dann verwirbelt die Illusion von Glück alle Gedanken und Gefühle, dann schleppt man sich mit dem Rest ab, der davon bleibt, und schließlich sitzt man drauf und kommt davon nicht runter …! Es ist ein letzter Akt der Selbstbefreiung, die Frau – und mit ihr auch das eigene Ich – von der Gefangenschaft des »Sattels« zu erlösen; es ist jedoch zugleich der letzte Wunsch, der auf dem Weg zum großen Glück zu äußern bleibt. Der Reiche *»mochte wollen oder nicht, er mußte den dritten Wunsch tun, daß sie vom Sattel ledig wäre und heruntersteigen könnte«.*

Damit ist dieses psycho-religiöse Lehrstück zu dem Thema »Reichtum« abgeschlossen. Selbst wenn ein Reicher alles, was er wünschen könnte, auch bekäme, es brächte ihm kein Glück. Denn unvermeidbar würde er zu seinem Reichtum nur immer mehr an Reichtum wünschen, – so unersättlich gierig wie ein kleines und frustriertes Kind. Das also ist die Art des »lieben Gottes«, wenn er »straft«: er gibt den Menschen, was sie unbedingt, trotz aller Warnungen, erbitten; doch dann zeigt sich, daß »gute« Menschen Wünsche in sich tragen, deren Erfüllung Segen mit sich bringt, während, was »schlechte« Menschen wünschen, sich von allein bestraft, indem es – meistens – anders ausfällt, als man sich's erträumte, oder indem – wie hier im Märchen – man gar nicht erst auf etwas wirklich Wünschenswertes sinnt und schon den Weg dahin mit wütenden Ersatzwünschen verstolpert. Um wieviel besser geht es da dem Armen! Er lebt *»vergnügt, still und fromm«* bis an sein selig Ende, wohingegen die Lebensführung jenes Reichen sich nichts einhandelt *»als Ärger, Mühe, Scheltworte und ein verlorenes Pferd«.*

»Du mußt mir auch wieder herunterhelfen«

Dabei nun könnte man's belassen, und manche Märchenfreunde, Theologen, Tugendlehrer und auch Pädagogen möchten hiermit denn auch die Betrachtung schließen. Was für ein feinsinnig milder Humor sich doch in einer solchen Erzählung ausspricht! Und welch ein erbaulicher Gleichklang auch zu den Hauptgedanken der Bergpredigt Jesu! Wie bildend für das sittliche Bewußtsein allzumal! Empfehlenswert besonders für den Unterricht im Vorschul- und im Grundschulalter! Aber: so einfach ist nicht Religion, so einfach sind die Märchen nicht, wenn sie vom »lieben Gott« erzählen, und insbesondere: so einfach sind die Menschen nicht, die sie symbolisch portraitieren. Lehrreich ist dabei gerade der Weg, den die hier vorgelegte Deutung selbst genommen hat: Wir gingen aus von der sozial recht einfach scheinenden Entgegensetzung zwischen Arm und Reich und ließen uns dabei von der im Märchen selber als Klischee schon angelegten Gleichsetzung des Armen mit dem Guten (Bescheidenen, Frommen, Gütigen und Hilfsbereiten) und des Reichen mit dem »Bösen« (Maßlosen, Egoistischen, Habgierigen, Hartherzigen) leiten. Sehr bald dann zeigte sich, daß auf der sozialen Ebene eine derartige Verschmelzung der Begriffe nicht statthaben kann; nur religiös (oder existenzphilosophisch) betrachtet läßt sich »Armut« als eine Grundstruktur des Daseins (als ein Existential) bestimmen und in bezug darauf das Postulat einfühlender Barmherzigkeit als Hauptmerkmal von Menschlichkeit erheben. So erst trat Gott in dieses Märchen ein – als unerkannter heimatloser Bettler, der Haus für Haus um Einlaß bittet. Wie man sich einem solchen Menschen gegenüber einstellt, entscheidet indirekt darüber, in welcher Stellung man zu Gott steht. Jemand, der um die Armut und Armseligkeit des Daseins weiß, kann gar nicht anders, als dem Herberge Suchenden die Tür zu öffnen. Derjenige hingegen, der diese Wahrheit leugnet – der »Reiche«, der seinen Besitz Verteidigende –, muß einem Bettler notwendig die Türe weisen. Doch mit der Menschlichkeit, die er verweigert, lehnt er zugleich auch Gott ab!

Man kann im Sinn des GRIMMschen Märchens diese Auffassung kaum eindringlich genug betonen. So ist es religiös gesprochen! Und noch ergänzen muß man, daß die Mitleidlosigkeit des Reichen nicht, wie geglaubt, den Weg zum Glück, sondern in Wirklichkeit den Weg allein zu immer neuem Leid beschreibt. Engherzigkeit trägt ihre Strafe in sich selbst, genauso wie Weitherzigkeit sich selbst belohnt. Das ist, laut Märchen, ganz die Art, wie Gott im Menschenleben »richtet«; denn nur weil er so ist, zeigt sich in letzter Konsequenz, was Armut und was Reichtum wirklich ist – als Einsicht in die Wahrheit unseres Daseins. Das alles stimmt, doch ist damit die eigentliche

Problematik allererst bezeichnet, nicht bereits gelöst: Wie bringt man einen »Reichen« dahin, zumindest aus dem so offensichtlichen Desaster seines Lebenskonzepts nachzulernen, welch ein Segen darin liegt, die eigene Armut zu bejahen und die innere Verbundenheit mit allen »Armen« als absoluten (göttlichen) Handlungsauftrag zu Gastfreundschaft und Hilfsbereitschaft zu begreifen?

Deutlich geworden ist bei der Auslegung des vorliegenden Märchens, daß es ein schwerer Fehler wäre, den »Reichen« als einen fertigen »Charakter« zu betrachten, der typologisch so ist, wie er ist; seine Verhaltensweisen, seine Wünsche, seine Lebensart verweisen zurück auf die Faktoren des Erlebens in der frühen Kindheit; aus der erfahrenen Lieblosigkeit der Mutter kann sich, wie gezeigt, suchtartig das Verlangen bilden, durch Gewinn von Geldbesitz Macht, Autarkie und Anerkennung zu erzielen. Und schon aus dieser Tatsache allein folgt etwas äußerst Wichtiges: Es ist relativ einfach, Gott im Märchen zu beschreiben als ein Postulat der Menschlichkeit im Umgang mit Bedürftigen; doch bliebe man, wie theologisch üblich (!), bei diesem Punkt der Deutung stehen, so könnte man den Reichen nur dafür verurteilen, daß er ist, wie er ist. Er darf schlicht so nicht sein, er kann sich aber auch aus eigenen Mitteln nicht von Grund auf ändern; man kann ihn nur verurteilen, und »Gott« dient unter derartigen Denkvoraussetzungen nur dazu, ihn *absolut* moralisch zu verdammen. Die Güte, die sich gerade in dem Märchen von dem *Armen und dem Reichen* mit dem Erscheinen Gottes im *inkognito* der menschlichen Beziehungen vermitteln möchte, kehrte sich im Kontrast zu diesem »Reichen« in ihr konträres Gegenteil: in die vollkommen gnadenlose Ablehnung dieses Gott selbst abweisenden Geldgierigen und Geizigen. Um die Gefahr einer derartigen Dialektik in der Wirkung des »Göttlichen« im Märchen zu vermeiden, hängt alles davon ab, sich der Person des »Reichen« selber zuzuwenden und (mit den Mitteln der Psychoanalyse) die »Armut« und Armseligkeit im Hintergrund der demonstrierten Pose: »ich bin wer, weil ich hab' was« freizulegen. Erst wenn man sieht, wie notvoll er das wurde, was er ist, kann man ihm helfen, sich selber besser zu verstehen und aus seinem offenbaren Unglück, aus dem Nullsummenspiel all seiner Anstrengungen, die »richtigen«, vermenschlichenden Folgerungen abzuleiten. Am Ende bedarf gerade dieser Reiche einen Ort im Hause aller Armen, da er im Namen Gottes Heimat findet. So erst kehrte »der liebe Gott« ins Haus des Reichen bei der »Rückreise« noch einmal ein: es hätte sich gewandelt in des Armen Haus, wie RILKE es beschrieb.

Eine indische Erzählung verdeutlicht auf ihre Weise die Tragikomödie dreier falscher Wünsche. – Es war einmal ein Mann, der so viel Klagen und Gebete an den Gott Shiva richtete, daß dieser endlich seine Ruhe haben wollte. »Du hast«, sagte er, »drei Wünsche frei, doch dann ist Schluß für immer.« Der Mann bedachte sich nicht lange und wünschte, aus seiner leidvollen Ehe befreit zu werden – indem seine Frau alsbald versterben möge. So geschah's. Dann aber am Grabe gedachte man der Verstorbenen so rührend, – was war sie für eine Seele von Mensch gewesen! Den Mann reute sein Wunsch, und er bat, seine Frau wieder aufzuerwecken. So waren zwei Wünsche bereits vertan, und beim dritten versuchte er's besser zu machen. »Was soll ich nur wünschen?« fragte er seine Freunde. – »Ein Mann wie du, so arm wie eine Kirchenmaus – Geld natürlich!« sagte der erste. – »Nicht doch«, sagte der zweite, »was hilft das Geld, wenn du allein bist? Freunde mußt Du wünschen!« – »Ach was,« erklärte der dritte, »was nutzen Freunde, wenn du krank bist? Gesundheit, darauf kommt es an.«

Dem Manne ward so wirr im Kopfe, daß er Shiva schließlich bat: »So sage mir doch, was ich wünschen soll!« Da lachte der Gott laut und sagte: »Du – daß du mit dem Leben einverstanden wirst, so wie es ist.«

Der Schneider im Himmel (KHM 35) oder: Vom einsichtigen Vergeben

Macht man die Weltsicht aus dem Märchen von dem *Armen und dem Reichen* sich zu eigen, so gibt es letztlich keine Armen mehr und keine Reichen, sondern nur noch Menschen, die um ihre Armut wissen, und solche, die sich dieser Einsicht weigern. Alles, was Menschen sind, ja, daß sie überhaupt sind, ist ein Geschenk, das, religiös gesprochen, sie sich nicht selbst verdanken, sondern das sie in die Pflicht nimmt, denen sich zu schenken und von dem Eignen mitzugeben, die im Moment oder auf Dauer bedürftig fremder Hilfe sind. Ist unser ganzes Leben eine Gabe, so läßt sich darin nichts als Eigentum festhalten und verteidigen, man kann's nur weitergeben und gemeinsam teilen. Da ist gar nichts, was einzig uns gehört, – wir selbst gehören alle mitsammen der Erde, die uns trägt.

Religiös ist dies eine nur konsequente Art zu leben und zu denken, und allein schon deshalb kann es nicht verwundern, daß »Gott« auch in den Märchen die Stelle kennzeichnet, an welcher diese Wahrheit unübersehbar deutlich wird. Gastfreundschaft mit den Fremden, Obdachlosen, Heimatlosen – sie erscheint selbstverständlich jedem, der seine Lage recht begreift, und gerade Völker, die am Rande dessen, was uns »Zivilisation« heißt, als »Primitivkulturen« angesprochen werden, weil sie urtümlich noch in Mythen und in Märchen denken und erzählen, vertreten ausnahmslos diese Idee einer Gemeinsamkeit und Gegenseitigkeit in allen Fragen von Besitz und Eigentum.

Exemplarisch mag als Sprachrohr dieser Einstellung der berühmte Häuptling der Shawnee-Indianer (einem Stamm der Algonkin im Ohio-Tal, heute in Oklahoma), *Tecumseh* (um 1768–1813), gelten, der in zahlreichen Reden sich entschieden gegen die Siedlungspolitik der weißen Eindringlinge wandte, mit der Begründung, daß nur demjenigen ein Anspruch auf die Besiedlung und Nutzung eines

Landes zukomme, der es als erster für sich in Anspruch genommen habe; ansonsten sei alles allen gemeinsam – ein Grundsatz, der im Neuen Testament die Haltung auch der frühen Christen wiedergibt[92]. Im Jahre 1810 traf *Tecumseh* in Vincennes mit dem Gouverneur des Territoriums Indiana, General *William Henry Harrison*, zusammen, der im Vertrag von Fort Wayne ein Jahr zuvor die Vereinigten Staaten bei einem »umstrittenen« (das heißt räuberischen) Landkauf vertreten hatte: *Tecumseh* focht die Gültigkeit des Vertrags mit den Worten an: »Wenn mein innerstes Ich mit der Vergangenheit Verbindung sucht, sagt es mir, daß einst kein weißer Mann auf diesem Kontinent war und daß damals alles Land dem Großen Geist gehörte. Er bevölkerte es mit der gleichen Rasse, die das Land hüten und auf ihren Wanderungen seine Reichtümer genießen sollte – einst eine glückliche Rasse, aber unglücklich gemacht von den Weißen, die nie zufrieden sind und in ihrer Gier stets vertragsbrüchig werden – … dieses Land einst war … nie geteilt, und gehörte allen zum Nutzen jedes Einzelnen, so daß niemand das Recht hat, es zu verkaufen, selbst nicht untereinander und noch viel weniger den Fremden – jenen, die alles begehren und sich mit weniger als allem nicht zufrieden geben. Die Weißen haben kein Recht, den Indianern das Land wegzunehmen, denn wir besaßen es zuerst, es gehört uns … Es können nicht zwei Völker Besitzer ein und desselben Bodens sein. Die erste Besitznahme schließt alles andere aus. Beim Jagen oder Umherziehen ist es nicht so, weil dann der gleiche Boden vielen dient … doch das Camp ist ortsgebunden … es gehört dem ersten, der sich auf seiner Decke oder seinen Fellen niederläßt, die er auf den Boden geworfen hat, und bis er es aufgibt, hat niemand ein Anrecht darauf.«[93]

Ein solches religiöses Grundwissen der Menschheit bedeutet, wie sogleich erkennbar, einen radikalen Umsturz der bestehenden ethischen wie materiellen Formen des »modernen« Zusammenlebens im Rahmen des von den »christlichen« Kirchen proklamierten Rechts auf Eigentum[94] und des im kapitalistischen Wirtschaftssystem logisch unvermeidbaren Zwangs zu ständigen Steigungsraten der Rendite. Doch als wäre das nicht schon genug, existiert in der Märchensammlung der BRÜDER GRIMM ein Märchen, das wie selbstverständlich die Grundhaltung des *Gebens* gegenüber dem Bedürftigen um die Maxime des *Vergebens* gegenüber dem Schuldigen erweitert und damit eine noch weit tiefer greifende Revolution auslöst. Diese Erzählung ist das ebenso nachdenkliche wie humorvolle Märchen von dem *Schneider im Himmel* (KHM 35). Ging es in dem *Armen und dem Reichen* um die Art Gottes zu »strafen«, so geht es hier um die Art Gottes zu »richten«. Die Geschichte erzählt:

Es trug sich zu, daß der liebe Gott an einem schönen Tag in dem himmlischen Garten sich ergehen wollte und alle Apostel und Heiligen mitnahm, also daß niemand mehr im Himmel blieb als der heilige Petrus. Der Herr hatte ihm befohlen, während seiner Abwesenheit niemand einzulassen. Petrus stand also an der Pforte und hielt Wache. Nicht lange, so klopfte jemand an. Petrus fragte, wer da wäre und was er wollte. »Ich bin ein armer ehrlicher Schneider«, antwortete eine feine Stimme, »der um Einlaß bittet.« »Ja, ehrlich«, sagte Petrus, »wie der Dieb am Galgen, du hast lange Finger gemacht und den Leuten das Tuch abgezwickt. Du kommst nicht in den Himmel, der Herr hat mir verboten, solange er draußen wäre, irgend jemand einzulassen.« »Seid doch barmherzig«, rief der Schneider, »kleine Flicklappen, die von selbst vom Tisch herabfallen, sind nicht gestohlen und nicht der Rede wert. Seht, ich hinke und habe von dem Weg daher Blasen an den Füßen, ich kann unmöglich wieder umkehren. Laßt mich nur hinein, ich will alle schlechte Arbeit tun. Ich will die Kinder tragen, die Windeln waschen, die Bänke, darauf sie gespielt haben, säubern und abwischen und ihre zerrissenen Kleider flicken.« Der heilige Petrus ließ sich aus Mitleiden bewegen und öffnete dem lahmen Schneider die Himmelspforte so weit, daß er mit seinem dürren Leib hineinschlüpfen konnte. Er mußte sich in einen Winkel hinter die Türe setzen und sollte sich da still und ruhig verhalten, damit ihn der Herr, wenn er zurückkäme, nicht bemerkte und zornig würde. Der Schneider gehorchte, als aber der heilige Petrus einmal zur Türe hinaustrat, stand er auf, ging voll Neugierde in allen Winkeln des Himmels herum und besah sich die Gelegenheit. Endlich kam er zu einem Platz, da standen viele schöne und köstliche Stühle und in der Mitte ein ganz goldener Sessel, der mit glänzenden Edelsteinen besetzt war; er war auch viel höher als die übrigen Stühle, und ein goldener Fußschemel stand davor. Es war aber der Sessel, auf welchem der Herr saß, wenn er daheim war, und von welchem er alles sehen konnte, was auf Erden geschah. Der Schneider stand still und sah den Sessel eine gute Weile an, denn er gefiel ihm besser als alles andere. Endlich konnte er den Vorwitz nicht bezähmen, stieg hinauf und setzte sich in den Sessel. Da sah er alles, was auf Erden geschah, und bemerkte eine alte häßliche Frau, die an einem Bach stand und wusch und zwei Schleier heimlich beiseite tat. Der Schneider erzürnte sich bei diesem Anblick so sehr, daß er den goldenen Fußschemel ergriff und durch den Himmel auf die Erde hinab nach der alten Diebin warf. Da er aber den Schemel nicht wieder heraufholen konnte, so schlich er sich sachte aus dem Sessel weg, setzte sich an seinen Platz hinter die Türe und tat, als ob er kein Wasser getrübt hätte.

Als der Herr und Meister mit dem himmlischen Gefolge wieder zurückkam, ward er zwar den Schneider hinter der Türe nicht gewahr, als er sich aber auf seinen Sessel setzte, mangelte der Schemel. Er fragte den heiligen Petrus, wo der Schemel hingekommen wäre, der wußte es nicht. Da fragte er weiter, ob er jemand hereingelassen hätte. »Ich weiß niemand«, antwortete Petrus, »der dagewesen wäre, als ein lahmer Schneider, der noch hinter der Türe sitzt«. Da ließ der Herr den Schneider vor sich treten und fragte ihn, ob er den Schemel weggenommen und wo er ihn hingetan hätte. »O Herr«, antwortete der Schneider freudig, »ich habe ihn im Zorne hinab auf die Erde nach einem alten Weibe geworfen, das ich bei der Wäsche zwei Schleier stehlen sah.« »O du Schalk«, sprach der Herr, »wollt ich richten, wie du richtest, wie meinst du, daß es dir schon längst ergangen wäre? Ich hätte schon lange keine Stühle, Bänke, Sessel, ja keine Ofengabel mehr hier gehabt, sondern alles nach den Sündern hinabgeworfen. Fortan kannst du nicht mehr im Himmel bleiben, sondern mußt wieder hinaus vor das Tor: da sieh zu, wo du hinkommst. Hier soll niemand strafen denn ich allein, der Herr.«

Petrus mußte den Schneider wieder hinaus vor den Himmel bringen, und weil er zerrissene Schuhe hatte und die Füße voll Blasen, nahm er einen Stock in die Hand und zog nach Warteinweil, wo die frommen Soldaten sitzen und sich lustig machen.

daß der liebe Gott … sich ergehen wollte

Mit Sicherheit wird's Theologen geben, die nach drei Zeilen dieses Märchens schon in ihrem Urteil sich bestätigt finden, daß es nicht lohne, sich mit Geschichten dieser Sorte zu befassen, es sei »unprofessionell«, wie da von Gott geredet werde; ja, unverantwortlich, leichtfertig, läppisch und verführerisch sei es, das Religiös-Erhabene derart zu profanieren, zu vulgarisieren, zu banalisieren, zu remythisieren, zu folklorisieren … Schließlich, man lese nur die Geschichte von der Berufung des Propheten Ezechiel (Ez 1,1-29)[95], zeige die Bibel beispielhaft, wie man den »Himmel« würdig und angemessen beschreiben könne – in Wahrung des *tremendum et fascinosum* (des Verschreckenden und Verlockenden), das dem Mysterium des Göttlichen innewohne.

Freilich, auch Bibeltheologen kommen nicht umhin, einzugestehen, daß an vielen Stellen der Heiligen Schrift Gott in vermenschlichender Art (»anthropomorph«) geschildert wird. Auch in der Paradieserzählung geht er im »Garten« seiner Welt spazieren (Gen 3,8a)[96] und scheint er nachfragen zu müssen, was sich ereignet hat, daß Adam und Eva vermeinen, im Gebüsch vor ihm sich verstecken zu müssen (Gen 3,8b)[97]; vor allem wenn Jesus im Neuen Testament Gott als »Vater« anredet (Mt 6,9)[98], will er ganz offensichtlich, daß man Gott als menschennah empfinde und Wünsche und Gefühle an ihn richte wie ein Kind an die Gestalten seiner Eltern[99]. Doch das ist nun die Frage: ob das Märchen von dem *Schneider im Himmel* auf seine Weise nicht genau dasselbe unternimmt – Gott zu vermenschlichen, auf daß er in den Menschen Menschlichkeit begründe.

Wahr ist's, der Ton der Brüder GRIMM ist von Beginn an heiter und humorvoll, wie in der Bibel äußerst selten, – das Büchlein *Jona*[100] und etliche Gleichnisse im Munde Jesu ausgenommen. Was aber sollte so gefährlich daran sein, die Religion durch Lachen aufzuhellen? UMBERTO ECO (geb. 1932) hat augenscheinlich in seinem Roman *Der Name der Rose* das Richtige getroffen: »Das Lachen«, läßt er den um der theologischen Wahrheit willen seine eigenen Mitbrüder mordenden Pater Jorge sagen, »vertreibt dem Bauern für ein paar Momente die Angst. Doch das Gesetz verschafft sich Geltung mit Hilfe der Angst, deren wahrer

Name Gottesfurcht ist … Was wären wir sündigen Kreaturen … ohne die Angst, diese vielleicht wohltätigste und gnädigste aller Gaben Gottes? … Das Volk Gottes würde zu einer Versammlung von Monstern, ausgespieen aus den Schlünden der Terra incognita (sc. der unbekannten Erde, an deren Grenze man auf den Karten eintrug: von hier an wohnen Ungeheuer, d.V.) … Die Knechte würden das Gesetz diktieren, und wir … müßten blind gehorchen in totaler Gesetzlosigkeit … Wenn das Lachen die Kurzweil des niederen Volkes ist, so muß die Freiheit des niederen Volkes in engen Grenzen gehalten, muß erniedrigt und eingeschüchtert werden durch Ernst. Denn das Volk besitzt keine Mittel, um sein Leben zu verfeinern und es zur scharfen Waffe zu schmieden gegen den Ernst der Hirten, die es zum ewigen Leben führen sollen und daher bewahren müssen vor den Verlockungen des Bauches, der Scham, der Tafelfreuden und all seiner schmutzigen Begierden. Würde jedoch eines Tages jemand … die Kunst des Lachens zur schneidenden Waffe schmieden, würde alsdann die Rhetorik des Überzeugens ersetzt durch die Rhetorik des Spottens, würde die Topik des geduldigen Aufbauens und Zusammenfügens von Heilsbildern der Erlösung verdrängt durch eine Topik des ungeduldigen Niederreißens und Auf-den-Kopf-Stellens aller heiligsten und verehrungswürdigsten Bilder.«[101]

Was Jorge fürchtet – und mit ihm jede inquisitionsgestützte Form von »Glauben« –, ist die Zerstörung von erzwungenem Respekt und auferlegter Repression, ist der Aufstand des »Volkes«, das sich nur mit den Mitteln der Einschüchterung beherrschen läßt, ist die Gefahr der Anarchie und Amoralität. Ein Mann wie Jorge vermag die pragmatische Klugheit der katholischen Kirche durchaus zu rühmen, die, etwa in den Tagen des Karnevals, dem Volke eine Faschings-Fröhlichkeit gestattet, um durch die kontrollierte Ausnahme ein Ventil zu eröffnen, gefährliche Spannungen abzulassen, doch eine solche Ausnahme hat die Regel (das »Gesetz«) zu bestätigen, nicht zu ersetzen. Ein Humor, der das Bild Gottes selbst ins Lächerliche zöge, wäre identisch mit der Auflösung von allem, was dem Menschen heilig zu sein hat, – darauf steht nach Jorges fester Überzeugung die Todesstrafe.

In diese Geistesart aus Dogma, Angst und Terror spricht heilend nun hinein das Märchen von dem *Schneider im Himmel*. Es redet nicht ironisch, eher schon irenisch, es will versöhnen, indem es uns lehrt, nicht über Gott, sondern über uns selbst zu lachen. Nicht Gott wird zum Gespött gemacht, wohl aber wir mit unserer Neigung, bei jeder sich bietenden Gelegenheit uns auf Gottes Thron setzen zu müssen und über alles, was wir sehen, zu Gericht zu sitzen. Aus der Theologie wird auf diese Weise Anthropologie: man muß vom Menschen sprechen, um Gott »richtig« zu verstehen, und dann kann man von Gott her auch unser menschliches und allzu menschliches (oder besser: unser unmenschliches) Verhalten korrigieren. Mit anderen Worten: das GRIMMsche Märchen trägt sich im Himmel zu, doch spielt es mit Versatzstücken auf Erden; bewußt zeichnet es einen (allzu) menschlichen Gott, um zu verhindern, daß Menschen mit ihren Vorstellungen von Recht und Unrecht sich weiter allzu »göttlich« aufführen. Zum Lachen ist kein Gott, der mal bei schönem Wetter ausgeht, jedoch ein Schneider auf des Gottes Thron wird allemal zur Witzfigur. So sieht man es im »Volk«, so sagt man es im »Volk«.

Die Eingangsszene der Geschichte folgt bereits dem Genre, das sich im Volksglauben gebildet hat: Weil in Mt 16,19 die »Schlüssel des Himmelreiches« Petrus übergeben werden, ist er zum Pförtner an der Himmelstür geworden. Selbst die *Legenda aurea* deutet die Stelle so, daß Petrus »löst die Fesseln unsrer Sünden, das tut er mit den Schlüsseln, die er vom Herrn empfing«.[102] Aus einer Tat, die nur im Inneren geschehen kann, wird in der Überlieferung des Volks also eine Funktion im Äußeren; doch dafür erhält der Apostel nun so etwas wie den Auftrag der Entscheidung darüber, wer vor Gott in den Himmel zugelassen wird und wer auf keinen Fall. Damit rückt »Petrus« in den Rang eines obersten Richters über Heil und Unheil ein. Auch diese Vorstellung vom »Richten« (der zwölf Stämme Israels, Lk 22,30)[103] taucht im Evangelium auf, sie gilt dort aber allen zwölf Aposteln, nicht einem einzigen als ihrem Ersten oder Oberen; deutlich hinterläßt in diesem Bild, welches das Volk von Petrus als dem Richter über Himmelseinlaß oder -ausschluß sich da malt, das Dogma von der Papstautorität in der »Nachfolge« Petri seine Spuren: der Papst, er und nur er, entscheidet, wer zu Gott gehört, wer nicht, er ist auf Erden Gottes und auch Christi Stellvertreter, und wenn Petrus tatsächlich einem solchen »Nachfolger« »vorausging«, dann muß doch auch er selbst schon ähnliche Funktionen übernommen haben. –

Doch gerad an dieser Stelle beginnt das Märchen von dem *Schneider im Himmel* das Petrusbild der Kirche auf seine Art zu korrigieren, und wie es die Retuschen aufträgt, hat direkt auch zu tun mit dem Humor, den es ins Gottesbild einträgt. Ein Märchen, das, gestützt auf die Vorstellungen des Volkes, die herrschenden Lehrmeinungen der Kirche ins Humane transponiert, – ein solches Märchen müßte zweifelsohne alle Theologen interessieren.

Die wichtigste Veränderung, die die Geschichte gleich zu Anfang an den Vorstellungen von dem »lieben Gott« und seinem Himmelspförtner vornimmt, ist die sympathische Gemütlichkeit, mit der es die Gestalten ausstaffiert. Der »himmlische Garten«, in dem »der liebe Gott« sich da ergehen möchte, verlegt das »Paradies« vom Schöpfungsmorgen in den Himmel oder umgekehrt: das Märchen weiß, daß alles Überirdische nur in den Spiegelungen irdischer Erfahrungen vorstellbar ist, nur daß es »aufgehoben« wird in eine Sphäre, die kein Unheil und kein Unrecht kennt, wie es Apk 21,4 heißt, daß »Gott wird abwischen alle Tränen von ihren Augen, und der Tod wird nicht mehr sein, noch Leid noch Klage noch Schmerz wird mehr sein.« Zu jener Welt jenseits des »Tals der Tränen« geht in den Worten eines Kirchenlieds[104] die Sehnsucht und die Hoffnung all der »verbannten Kinder Evas«, und es ist diese Gleichheit der Bilder von »Paradies« und »Himmel«, die dazu einlädt, auf Erden bereits so zu leben, daß es das Dasein zu Gottes Wirklichkeit hin öffnet und drum die Himmelstüre aufschließt.

Die »Menschlichkeit« des »lieben Gottes« zeigt sich zu Anfang freilich nur erst äußerlich – in seiner Menschenähnlichkeit, noch nicht in der Erfüllung einer menschenfreundlichen »Moral«. Als wäre er nicht selbst der Herr der Wolken und des Wetters, ist offenbar auch er abhängig von der Gunst des Sonnenscheins; sein »Himmel« liegt demnach nicht, wie gewöhnlich, oberhalb der Stratosphäre, sondern so dicht hienieden, daß auch er von Regenwolken überschattet werden kann. Das ist nur logisch, denn ein »Garten« braucht die Feuchtigkeit, den Wechsel auch von Tag und Nacht, und ein Gott, der darin spazieren geht, muß, wie ein Mensch auf Erden, warten auf die Heiterkeit des Klimas, bis es zu einem Ausflug günstig ist.

Schon dieser Zug des Märchens grenzt den »lieben Gott« von manchen »Gartengöttern« der Antike[105] ab, die ständig an der Stätte sich bewegten, zu deren Fruchtbarkeit sie ihren Beitrag leisteten. Der »liebe Gott« dieser Geschichte, darf man denken, hat alles, auch den Himmel, so geschaffen, daß er in allem, was er auf- und angebaut hat, sich wohlfühlt wie ein Bauer, der sein Haus und seinen Hof in Ordnung hält. Und er ist kollegial, der »liebe Gott«, – kein Hagestolz und Einzelgänger; so nimmt er *»alle Apostel und Heiligen«* mit auf seinen Spaziergang; unter »hochherrschaftlichen« Verhältnissen wären die Apostel und die Heiligen sein Hofrat und seine Bediensteten, die mit Ihro Majestät im Schloßpark zu lustwandeln besonders gewürdigt würden, – ein gesellschaftliches Ereignis erster Klasse; hier hingegen handelt es sich um eine gutbürgerliche Ruhepause ohne spektakuläre Darbietungen. Die Szene selbst bedeutet deshalb für sich selber nicht sehr viel; sie ist nur nötig, um die Abwesenheit Gottes zu begründen und damit die nachfolgende Geschichte zu ermöglichen.

Daß, nebenbei gesagt, Gott eben nicht, wie theologisch unerläßlich, allüberall in Raum und Zeit anwesend ist und sich ein Ort nicht findet, wo er nicht ist, gehört mit zu den starken Anthropomorphismen der Erzählung, – unter »modernen« Verhältnissen müßte man mit diesem »lieben Gott« per Handy »kommunizieren«, um seine »Allgegenwart« mitzuerleben. Doch ging es in der Bibel wirklich um eine Metaphysik der »Omnipräsenz« des Göttlichen? »Wohin soll ich gehen vor deinem Geist, und wohin soll ich fliehen vor deinem Angesicht?« fragt der Psalm 139,7-12 und fährt fort: »Führe ich gen Himmel, so bist du da, bettete ich mich bei den Toten (sc. in der Unterwelt, d.V.), sieh, so bist du auch da. Nähme ich Flügel der Morgenröte und bliebe am äußersten Meere, so würde auch dort deine Hand mich führen und deine Rechte mich halten. Spräche ich: Finsternis möge mich decken und Nacht statt Licht um mich sein (sc. im Westen nach Sonnenuntergang, d.V.) –, so wäre auch Finsternis nicht finster bei dir, und die Nacht leuchtete wie der Tag.« Ob Oben oder Unten, ob Ost ob West, ob Hell ob Dunkel – ständig und überall demnach begleitet Gott mit seiner Gegenwart den Menschen, der auf ihn vertraut. Die ganze Gottes»lehre« dient hier einzig der Begründung eines Daseins, das sich von »allen Seiten«, *wesentlich*, in Gott geborgen glauben darf. Ein fernes Echo dieser Überzeugung klingt auch in der »Topographie« des »Himmels« in dem GRIMMschen Märchen nach.

Gott also ergeht sich jetzt im »Garten«, auch die Apostel und die Heiligen sind nicht da, und einzig Petrus ist schier unabkömmlich in seinem Amt als Türhüter. Wenn *er* somit entschiede, wer da in den Himmel kommt, wer nicht, so drohte er die Züge jenes Türhüters in der Parabel von FRANZ KAFKA (1883–1924) einzunehmen, der dem Mann vom Lande den einzigen Zugang zum »Gesetz« versperrte, der für ihn bestimmt war[106]. Der »liebe Gott« auch in dem Märchen befiehlt seinem türhütenden Petrus in der Tat, *»niemanden einzulassen«*, – das scheint zunächst noch ärger als bei KAFKA, ist es aber ganz und gar nicht. Denn diese Dienstanweisung erläßt Gott nur *»während seiner Abwesenheit«*, und das kann nur bedeuten, daß Petrus eben das nicht ist, wozu die Rückwärtsprojektion des Papsttums ihn gern stilisieren möchte: ein Mann, der über Menschenschicksale in alle Ewigkeit verfügt. Gleichviel, wie lange man die »Zeit« im »Himmel« messen möchte[107] und auf wie lange also Neuankömmlinge am Himmelstor zu warten haben, – entscheidend ist, daß ohne Gottes Gegenwart ein Petrus gar nichts, Gutes nicht und Böses nicht, entscheiden darf; er hat gewissermaßen eine nurmehr praktische Funktion, er ist der »Schließmeister« der Himmelstür, mehr nicht; der »Richter« ist und bleibt ausschließlich Gott allein. Wenn also Petrus jemandem nicht sogleich Einlaß gibt, ist darin nicht ein Vorentscheid zu sehen. Unterschiedslos hat Petrus niemanden durchs Himmelstor zu lassen, bis daß Gott wiederkommt und aufträgt, was zu tun ist. In keiner Weise demnach hat der Apostel»fürst« Gott zu »vertreten«, er ist im Gegenteil in allem, was er tut, weisungsgebunden und zu jeder Stunde abhängig von dem, was Gott ihm sagt.

Doch nun ereignet sich etwas sehr Sonderbares: Petrus weicht ab von seinem Auftrag! Darf das ein Heiliger, der »Felsen« unter den Aposteln?[108] Für alles Weitere ist es von allergrößter Wichtigkeit, daß Petrus hier entgegen Gottes ausdrücklichem Auftrag handelt! Er wagt es, eine Ausnahme zu machen! Und warum tut er das? Des »Schneiders« wegen! Der da klopft an die Himmelspforte und gibt mit einer *»feinen«* Stimme sich als *»ein armer, ehrlicher Schneider«* zu erkennen. Darauf einzugehen hätte Petrus keinen Grund. Die »feine« Stimme nämlich wird man wohl betont einschmeichelnd, leise und in hohen Tönen (zur Nachahmung des Kindchenschemas) vorgetragen hören müssen, und wo jemand es nötig findet, schon bei der Vorstellung sich zu verstellen, muß man kein Petrus sein, um mißtrauisch zu werden.

»Arm« – ja, gewiß. Wie sollte auch ein »Handwerker« im Dorf es je zu Reichtum bringen? Selbst wenn er ohne Konkurrenz, als einziger am Ort, seiner Tätigkeit nachgeht, wird sie so einträglich nicht sein, – grad daß er kaum sein Leben davon fristen kann. Doch »ehrlich«? Das Vorurteil im »Volk« nimmt gerne an, daß es ein Reicher nur durch Lug und Trug zu Wohlstand und zu Wohlergehen bringt, – es ist ja »evident«: man selber arbeitet und arbeitet und kommt zu nichts! Wie soll es da mit rechten Dingen zugegangen sein, daß jemand – offensichtlich mit weit weniger an Mühe! – ungeahnte Gelder einfährt? Und so im Umkehrschluß: wer arm bleibt, hat zumindest nicht mit Gaunereien sich bereichert, und irgendwie geht ihm deswegen der Geruch der Ehrlichkeit voraus. Doch ob das auch so stimmt? Ein Armer muß versuchen, sich durch Sparsamkeit, wie man so sagt, »über die Runden zu retten«. Das Leben ist für ihn ein Kampf, bei dem er nicht gewinnen kann, es ist schon viel, wenn er nicht »auf die Bretter« muß. Doch es gehört schon Glück dazu, wenn es ihn nicht »erwischt«.

Doch nun zu diesem Schneider hier am Himmelstor. Zur Gründung einer eigenen Familie hat es bei ihm erkennbar nicht gereicht – ein solcher Hausstand hätte sein Vermögen überfordert –, von Frau und Kindern geht deshalb die Rede nicht; doch auch er selbst – ein bißchen Krankheit vielleicht langte schon mal aus, die wenigen Rücklagen aufzuzehren, und was dann? Als Armer mußte er's halt nehmen, wie es kam, und manchmal wird er haben nehmen müssen, was ihm nicht gegeben ward, doch vor die Füße fiel. Ein »armer« Schneider? Ja. Jedoch ein ehrlicher? Das gilt im »Volk« gemeinhin für nicht ganz gewiß. Die Leute brauchen ihn bei allen Kleidungsstücken, die nicht am eigenen Herde herzustellen sind, aber die Preise! Da zählt nicht Stundenlohn noch Stückzahl wie im späteren Maschinenzeitalter; ein Schneider, der in jenen Tagen einen Anzug »baut«, macht einen Schätzvertrag aus, der nur ganz ungefähr zu kalkulieren ist und ihm gewisse Spielräume nach oben offen läßt.

Nun aber Petrus! Als der Himmelspförtner legt er bei den volksüblichen Vorwürfen erst richtig zu, – es ist, als spräche er den Zorn der vielen kleinen Leute aus, wenn er in bitterem Hohn den Schneider anfährt: *»Ja, ehrlich, … wie der Dieb am Galgen, du hast lange Finger gemacht und den Leuten das Tuch abgezwickt.«* Das ist der übliche Verdacht, daß so ein Schneider hin und wieder mehr an Tuch berechnet, als er wirklich aufgewandt hat, – wer von den Laien wollte einem echten Handwerker schon auf die Finger schauen! Doch Petrus macht den Zweifel zur Behauptung und deutet gleich die schlimmste Form und auch die schlimmste Strafe dafür an: *»wie der Dieb am Galgen«* – das spielt mit einem todeswürdigen Verbrechen, das greift die Wut auf die halsabschneiderischen Praktiken und Preise eines Ortsschneiders als Wunsch auf, ihn gehenkt zu sehen. Da, ohne Zweifel, tut Sankt Petrus so, als sei er selbst der »liebe Gott« und folglich Staatsanwalt und Richter in Dualunion, und fällt im voraus schon sein Urteil: *»Du kommst nicht in den Himmel.«* Als wenn er es zu sagen hätte! Erst angehängt, kaum hörbar für den armen Schneider, fügt er den eigentlichen Grund hinzu: *»der Herr hat mir verboten, solange er draußen wäre, irgend jemand einzulassen.«* Mit dieser Nachricht könnte der Schneider sich vorerst recht ruhig zufrieden geben; doch hier hat er es noch nicht mit dem »lieben Gott« zu tun, sondern, in dessen Abwesenheit, mit seinem subalternen Amtsmann, der weidlich die Gelegenheit benutzt, selber den »Chef« zu spielen. Und offenbar hat er Erfolg damit!

Wer, wenn man ihn streng nach Gesetz und nach Gerechtigkeit dazwischennehmen würde, hielte dem Druck schon stand! Reinen Gewissens! Ohne Fehl und Tadel! Wer wäre so! Gerade die einfachen Leute, wenn man sie hart anfaßt, werden selber nach den Gründen suchen, um sich anzuklagen, – wer ihnen schimpfend zusetzt, hat gewiß auch recht. Wie ein eingeschüchtertes Kind, das am Ende jeden Fehler eingesteht, selbst einen solchen, den es gar nicht selbst begangen hat, nur um den Zorn des Anklägers zu mildern, bricht der Schneider hier in Anklagen und Wehklagen zusammen. Die Anweisung des »lieben Gottes« an diesen türhütenden Petrus hat er, wie auch beabsichtigt, gar nicht gehört, doch um so lauter schallt ihm das Geschimpfe des Petrus in den Ohren, und das macht ihn »geständig« auf der Stelle. – Der russische Dichter FJODOR MICHAILOWITSCH DOSTOJEWSKI (1821–1881) beschreibt in seinem Roman *Schuld und Sühne* exemplarisch einmal, wie ein völlig Unschuldiger, der Häftling Mikolaj, sich eines Doppelmordes anklagt, während der wahre Täter, Rodion Raskolnikow, zäh darum kämpft, als

Mörder nicht entlarvt zu werden; in seinen Augen liegt in dem Geständnis Mikolajs »etwas Unerklärliches, an ein Wunder Gemahnendes …, dessen Begreifen ihm vorderhand noch völlig verschlossen war«.[109]

Doch eben das macht jetzt den Unterschied, daß manche Menschen ihre Schuldgefühle vollkommen verdrängen, wohingegen andere buchstäblich umkommen vor Schuldgefühl. Der Schneider hier hält irgendwie dazwischen in der Mitte: er sieht wohl, daß er nicht ganz ohne Schuld dasteht, doch leistet er moralisch auch nicht einen Offenbarungseid. Er war nicht alle Zeit pedantisch sorgfältig, – »*kleine Flicklappen, die von selbst vom Tisch herabfallen, sind nicht gestohlen und nicht der Rede wert*«, erklärt er, und für solche Kleinigkeiten sollte auch Petrus wohl Verständnis zeigen. Andererseits glaubt sich der Schneider seine Unschuld oder auch nur die Geringfügigkeit seiner Taten offensichtlich selber nicht. Es ist und bleibt wie im Psalm 130,3.4: »Wolltest du, Herr, der Sünden gedenken, – Herr, wer könnte dann noch bestehen. Doch bei dir ist Vergebung zu finden, daß man in Ehrfurcht dir diene.« Jedoch »Vergebung« kann man nicht mit Gründen der »Gerechtigkeit« erstreiten, man kann sie nur erflehen und erbitten. Und das ist jetzt der erste Hauptakzent, den dieses Märchen von der Art des »lieben Gottes« setzt: Wenn es drauf ankommt, vor dem Richterstuhle Gottes, ist niemand »gerecht« genug, stolz nach Gerechtigkeit zu rufen; er kommt damit nicht durch.

Wesentlich wäre bereits zu bemerken, daß, wenn ein Mensch zum »Guten« sich für fähig zeigt, er dies der Güte anderer verdankt; er selbst kann gerad so gut sein, wie er an Güte in sich aufgenommen hat, – die »Gnadenlehre« MARTIN LUTHERS (1483–1546) geht im Gefolge der Gedanken Pauli in gerade diese Richtung[110]. Hier in dem Märchen aber geht es nicht um die Bedingungen des Guten, sondern um das immer mangelhaft ausfallende Bemühen um Rechtschaffenheit in allem Tun von Menschen. Die »kleinen« Unterschleifungen des Schneiders spielen sich halt in dem kleineren Maßstab seiner Wirkungsstätte ab, – bei »Größeren« und »Höheren« wird auch die Dimension von »Gut« und »Böse« nach oben wie nach unten auf einer erweiterten Skala einzutragen sein; qualitativ jedoch ändert sich nichts: Kein Mensch, beurteilt nach dem Maßstab der »Gerechtigkeit«, stünde »gerechtfertig« mit seinem Leben da. Insofern hat Torhüter Petrus recht: kein Mensch hat rechtlich einen »Titel«, einen Anspruch, in den Himmel einzuziehen. Was aber bleibt dann noch?

Vergebens, daß der Schneider seine Fehlgriffe als Bagatellen darzustellen sucht; wenn es für ihn noch Hoffnung geben soll, so nicht, indem er sich denn doch als »nicht so schlimm« verkaufen möchte; das einzige, worauf er sich verlegen kann, verlegen muß, besteht im Flehen um Gnade. Es ist nicht mal Vergebung für begangene Schuld, um die er anhält – selbst das scheint ausgeschlossen! –, worum er bettelt, ist Erbarmen mit der Erbärmlichkeit, die er bereits rein physisch ist: »*Seht*«, spricht er, »*ich hinke und habe von dem Weg daher Blasen an den Füßen, ich kann unmöglich umkehren.*«

Wenn man diese Darstellung wörtlich nimmt, verstärkt sich noch der Eindruck schon vom Anfang der Geschichte: von der Ähnlichkeit oder gar Gleichheit zwischen »Paradies« und »Himmelsgarten«; denn wenn es möglich ist, zu Fuß bis an die Himmelspforte zu gelangen, ist dieser »Himmel« selbst ein – wenn auch weit entfernter – Ort auf Erden. Die Vorstellung ist seltsam und höchst ungewöhnlich: »Normalerweise« tritt man »Petrus« gegenüber im Augenblick des Todes, – erst der Gestorbene, die »Seele«, hebt sich hinauf zum »Himmel«. Hier ist der »Himmel« so ganz und gar »irdisch«, daß er nichts weiter ist als eine rein im Raum gedachte Fortsetzung des Lebens »hier«, nur ohne all das Leid und all die Plackerei des Alltags. Man gelangt physisch vollkommen intakt zu ihm »hinüber«, – so wie in manchen Mythen das Jenseitsland des »Himmels« am andern Ufer eines Großen Stroms gedacht wird[111]. Der Weg dorthin ist freilich weit und offenbar beschwerlich – die »*Blasen an den Füßen*« zeigen es. Natürlich aber »weiß« das GRIMMsche Märchen, daß der »Weg« zum »Himmel« keine geographische Realität beschreibt, – er ist ein Bild für unseren Lebensweg, der nach gehöriger Plackerei bejammernswert genug am »Himmelstore« ankommt.

Das aber ist jetzt ein ganz neues »Argument« des »Schneiders«, um sogleich zum Himmel Einlaß zu erhalten: der lange »Weg«, die Alltagsqual des Lebens, hat ihn genug gekostet! Seine Erklärung: »*ich kann unmöglich wieder umkehren*«, hört sich erneut nach einer bloßen Rückwanderung im Raume an, die seine ohnehin nur schwachen Kräfte – er ist ein Schneider[112], kein Athlet – bei weitem überfordern müßte; bildlich gelesen aber, ertönt hier eine kummervolle Klage: *»ich kann unmöglich … umkehren«* heißt dann so viel wie: Einmal dieses Leben ist genug! Ein zweites ist nicht mehr zu wünschen, nicht mehr zu ertragen, es »geht« nicht – weder vor- noch rückwärts. Es ist das Ende aller Kräfte, die verbraucht sind. Man hat sich hingeschleppt und müd' gelaufen, jetzt muß Schluß sein. Man ist fertig. Es ist aus. Mehr ist nicht möglich. – Was sich in solchen Worten darstellt, ist die erschütternde Beschreibung eines Zustands, den keineswegs nur Altgewordene und Depressive schildern. Von der Parole FRIEDRICH NIETZSCHES (1844–1900): »War dies das Leben – wohlan noch einmal«[113], ist absolut gar nichts geblieben. Eher trifft die Beschreibung zu, die in dem Negro-Spiritual der Sklaven auf den Baumwollfeldern in den Südstaaten der USA erscholl: »Lay down your burden down by the riverside«[114] – Leg deine (Lebens)Last am Flußufer ab! »Du hast es hinter dir«, mit einem Wort; was jetzt noch kommt, ist die Erlösung von der Qual des Daseins. – Und wirklich, hört man Menschen zu, wie sie, bruchstückhaft, ungeordnet, gewissermaßen ohne roten Faden und dennoch irgendwie auch folgerichtig, die endlose Misere ihrer Geschichte schildern, beginnt man sie zu mögen schon für die Mühsal, die sie durchzustehen hatten. Sie waren, weiß Gott, keine Heiligen, sie haben Fehler aller Art begangen, sie waren oft genug vom Schicksal überfordert, aber sie haben unter allen Umständen doch immer wieder getan, was sie konnten. Sie haben es stets von neuem versucht. Sie haben sich bemüht, ihre Aufgaben durchzustehen. Sie sind jeden Tag ein paar Kilometer weiter in Richtung »Himmel« gewandert. Und diese Geschundenen, Gebeugten, Aufgezehrten und Ausgezehrten, die mit den kraftlosen gichtigen Händen und den immer noch gütigen Augen, die mit den schmerzenden Füßen und gebeugten Gliedern, – wie soll man sie nicht ins Herz schließen schon der Härte und der Herzlosigkeit wegen, welche die Welt ihnen auferlegte!

Wie wenig speziell der Schneider in dem Märchen bös gesonnen ist – und wie sehr Petrus mit seinen zynischen Aussprüchen vom *»Dieb am Galgen«* also sich vertut –, zeigt sich vor allem jetzt, wenn er den Himmelspförtner anfleht: *»Laßt mich nur hinein, ich will alle schlechte Arbeit tun.«* Er weiß, daß er den Himmelsaufenthalt sich nicht »verdient« hat; wenn er dort aufgenommen wird, dann wie im Märchen von dem *Ar-*

men und dem Reichen: weil er bereits so viel gewandert ist, – aus reiner Gastfreundschaft! Und es ist jetzt an Petrus (oder an Gott selbst), dem armen Fremdling, der er stets auf Erden war, ein Obdach zu gewähren. Er will sich auch gar nicht bedienen lassen. Im Gegenteil, er möchte sich – im Rahmen seiner Möglichkeiten – so nützlich machen, als es irgend geht. Das sind nicht schwere, aber »schlechte« Arbeiten, die er gern übernehmen möchte.

Pauschal ließe sich sagen, daß er im Himmel nunmehr seiner Hauptkundschaft von einst: den Frauen und Müttern, all jene Tätigkeiten abzunehmen gelobt, die er im Leben bisher eher abgelehnt hat: Eine Frau etwa beim Anprobieren eines neuen Kleides – war er als Schneider da verpflichtet, ihr Kind auf den Arm zu nehmen, statt, wie er sollte, ordentlich bei ihr Maß zu nehmen? Jetzt aber wird er ihr behilflich sein, unaufgefordert, ganz von selbst! Er wird den Menschen und die Mutter in ihr sehen, nicht nur die Kundin, die ihn bald entlohnen soll. – Und dann die schlimmsten Szenen: Kinder koten ein! Früher womöglich hat er solche Frauen ausgeschimpft, – sie sollten besser aufpassen, schließlich sei seine Werkstatt nicht die Latrine des gesamten Dorfes; jetzt aber wird er den Kindern selbst *»die Windeln waschen«* und sogar *»die Bänke, darauf sie gespielt haben, … abwischen.«* Wie oft mag er früher sich geweigert haben, Tuchreste als Putzlappen abzugeben oder gar eigens Putztücher herzustellen, – bis zu dem Zeitpunkt, da mechanisch betriebene Nähmaschinen in die bürgerlichen Haushalte Einzug hielten, bedeuteten selbst Wisch- und Trockentücher mit einer Nahtumrandung eine kleine Kostbarkeit; er jetzt wird ganz von sich aus all die Bänke säubern, auf denen Kinder saßen und, wie üblich, Durcheinander hinterlassen haben. – Und wie war's mit den abgetragenen Kleidern? Oft konnten seine Kunden sich nicht leisten, bei ihm ein neues zu bestellen; dann mochte er geneigt sein zu erklären, daß er kein Flickschuster, sondern just: ein ehrbarer, solider Schneider sei; der Stoff sei viel zu dünn, – es sei wie in der Bibel: man setze keinen neuen Flicken auf ein altes Tuch, wenn doch, so reiße es nur an den Rändern aus (Mk 2,21)[115]; jetzt aber wird er freiwillig, wie selbstverständlich, alle *»zerrissenen Kleider flicken«*. Er wird fortan nur noch ganz hilfsbereit und ganz entgegenkommend sein, und so wird er den Aufenthalt im Himmel nachverdienen, wo er ihn doch auf Erden nicht verdient hat, wie er selber weiß …

Fast ausnahmslos sind so die Worte all der Menschen, die nicht weiterwissen. Sie würden ganz bestimmt das Geld, das sie so dringlich brauchen, prompt, am nächsten Dienstag schon, zurückbringen – mit Zinsen, wenn es sein soll. Nur jetzt benötigten sie's auf der Stelle, es dulde keinen Aufschub; aber auch sonst schon würden sie nach Kräften sich erkenntlich zeigen … Fast mildert es das Schamgefühl des Bettelns, noch irgendeine Gegenleistung zu versprechen. Ganz ernst sind solche »Rückzahlungsvorschläge« meistens nicht gemeint, – sie sind fiktiv, es wäre schön, wenn es so ginge; mehr soll da nicht gesagt sein. Doch ist das wirklich ausschlaggebend? Auch Petrus scheint durchaus zu wissen, daß es sich so verhält: Er läßt den Schneider nicht hinein, um ihn zur Putzkolonne einzustellen oder als (ganz modern!) männliche Pflegemutter in einer Kindertagesstätte unterzubringen. – Noch einmal, nebenbei gesagt, geht in diesem Märchenhimmel das Leben offensichtlich ganz so weiter wie auf Erden: Kinder kommen da zur »Welt« und müssen großgezogen werden … Das Bild ist deutlich unterschieden von der Erläuterung, die Jesus an die Sadduzäer richtet, um ihren Spott über den Auferstehungsglauben zu widerlegen: »Wenn sie … von den Toten auferstehen, heiraten sie weder noch lassen sie sich heiraten, sondern sie sind wie die Engel in den Himmeln.« (Mk 12,25)[116]

Das Märchen, ohne Zweifel, denkt sich den Himmel nach der Art der Sadduzäer und achtet nicht darauf, welche logischen Unvereinbarkeiten es sich damit einhandelt; sein »Weiterleben« in der anderen Welt, im Himmel, ist keine Auferstehung von den Toten, sondern nur die Fortsetzung, das »Fortgehen« im Irdischen; dafür jedoch weiß es in seiner Unbedarftheit theologisch etwas, das in keiner neunmalklugen Kirchenlehre je so intensiv verkündet ward: Zutritt zum Himmel erhält dieser Schneider – und in seiner Person jeder, der es recht begreift! – einzig und allein dadurch, daß sich der *»heilige Petrus … aus Mitleiden bewegen«* läßt und *»dem lahmen Schneider die Himmelspforte so weit«* öffnet, *»daß er mit seinem dürren Leib hineinschlüpfen«* kann. Es ist, als sähen wir erst jetzt – mit Petri Augen! – diesen Schneider richtig: wie ausgezehrt sein Körper ist! Ein Spinnewipp, wie man so sagt, der schon von der Statur her dem Genrebild des »Schneiders« nahekommt; deshalb also, versteht man jetzt, konnte er selbst bei all den Arbeiten, die er versprach für den Fall, daß er in den Himmel kommen dürfte, nichts aufzählen, was körperliche Kraft erfordert hätte, – vom Gartenbau zum Beispiel ließ er offenbar wohlweislich kein Sterbenswort verlauten; und seine Lahmheit – keinesfalls nur Blasen an den Füßen! Es könnte sein, daß er vor Petrus sein Gebrechen sogar hat verschweigen müssen, ist's doch im Alten Testament nicht ausgemacht, ob Krüppel oder Lahme überhaupt das Heiligtum Gottes betreten dürfen[117]. Hier nun entscheidet gerade nicht die »Würdigkeit«, weder die physische noch die moralische Integrität, daß dieser Schneider in den Himmel kommt; zu seinen Gunsten spricht im Gegenteil das Elend, in dem er sich befindet. Einzig seine Bedürftigkeit – weil er nicht weiter kann! – erzeugt ein solches Mitgefühl, daß Petrus selbst, trotz des ausdrücklichen Gebotes Gottes, niemanden hereinzulassen, ein Auge zudrückt und die Himmelspforte einen Spalt weit öffnet[118], auch so das Ausnahmsweise seines Handelns unterstreichend. Dabei ist eben diese Ausnahme, zu welcher ihn das Mitleid nötigt, nicht einfach eine Maßnahme, die ihm so unterläuft, in ihr geschieht ein Rechtsbruch von enormer Tragweite.

Was hier auf dem Spiel steht, läßt sich an einem Vergleich aus der Gegenwart verdeutlichen. Ein Beamter in der Ausländerbehörde unterliegt der strikten politischen Anweisung, allen aus bestimmten arabischen Staaten stammenden Asylsuchenden das Aufenthaltsrecht in Deutschland zu verweigern, – er soll die allfälligen »Abschiebe«maßnahmen verfügen; das tut er auch, bis er auf einen »Fall« stößt, bei dem die Durchführung der ergangenen Weisung auch in seinen Augen einer menschlichen Tragödie gleichkäme: Eine Familie irakischer Kurden ist vor Jahren nach Deutschland gekommen unter der fingierten Angabe, aus Syrien zu stammen; aus dieser Familie sind inzwischen ein achtjähriger Junge und ein zehnjähriges Mädchen hervorgegangen, die beide deutsche Schulen besuchen und Deutsch als zweite Muttersprache beherrschen; jetzt, wo der erschlichene Einwanderungsgrund behördlich aufgedeckt worden ist, entfällt selbstredend die Berechtigung der Eltern, in Deutschland zu verbleiben; auch die Geburt der Kinder in Deutschland hat keine Rechtswirkung zugunsten eines Bleiberechts, – ein klassischer Fall, die »Rückführung« einer gesamten Ausländerfamilie zu verfügen. Doch nun sitzen die vier in der Amtsstube, und ihre Angst, ihr Flehen sind nicht zu übersehen und nicht zu übergehen. Es ist nicht recht und wird kein Recht, gegen geltendes Gesetz zu verstoßen und eine »Ausnahme« zu verfügen. Wenn aber der zuständige Beamte es dennoch tut? – Dann müßte er so ähnlich handeln wie hier Petrus: es dürfte nur klammheimlich sein, die Sache darf nicht ruchbar werden, andere sollten davon nichts erfahren, auf daß sie nicht einen Präzedenzfall daraus konstruieren können; nur ein ganz wenig, spaltbreit, und nur ganz kurz darf diese »Tür« geöffnet werden, um hindurchzuschlüpfen, und dann, hinter der Türe, müssen die Betroffenen *»sich in einen Winkel … setzen und … sich da still und ruhig verhalten«*, damit es keinen Ärger bei den Vorgesetzten gibt. Für eine solche unbotmäßige Maßnahme gibt es ein einziges Motiv: das menschliche Mitleid. Er würde, das spürt dieser Beamte, unmenschlich handeln, wofern er diese kurdische Familie »ausschaffen« ließe; er würde dann ein Deutschland repräsentieren, in dem er selbst nicht länger leben möchte; mit der erzwungenen Heimatlosigkeit dieser Familie verlöre auch er selbst sein eigenes Zuhause.

So analog hier Petrus. Das Mitleid mit dem armen Schneider nötigt ihn zu einer »Ausnahme«, doch damit auch zu einer Art Grundsatzentscheidung: Der Himmel wäre ihm kein Himmel, ließe er den armen Schneider vor der Himmelstüre stehen. Wie aber dann versteht man Gottes Anweisung? Was sie besagt, das hat der »liebe Gott« ganz klar und unzweideutig kundgetan; doch wäre er wohl wirklich noch der »liebe Gott«, wenn er die mitleidlose Aussperrung des armen Schneiders »richtig« fände? – In Indien erzählt man sich, daß mal ein Maharaja war, der in den Tagen einer schweren Hungersnot seine Statthalter anwies, die Nahrungsmittelkammern zu verschließen und jede weitere Auslieferung von Reisrationen an die Ortsbevölkerung zu untersagen. All seine Gouverneure setzten das Wort des Maharaja aufs genaueste in ihre Praxis um, nur einer nicht. Er dachte, der Befehl kann nicht von meinem Maharaja sein; entweder ist er tot und ein ganz anderer hat seinen Thron bestiegen oder man hat ihn mißverstanden. Solange es noch Nahrung gibt, soll die Bevölkerung sie auch erhalten. In vielen

Regionen Indiens verstarben damals viele Leute, nur in dem Amtsbezirk dieses Verwalters fiel nicht ein einziger dem Hungertod zum Opfer. Schließlich hatte die Not ein Ende, und als der Maharaja bald darauf sein Land bereiste, um die Lage zu erkunden, erfuhr er auch von dem Verhalten dieses Mannes. Allgemein dachte man, er werde ihn in aller Schärfe zur Rechenschaft ziehen, jedoch – er tat das Gegenteil: Er lobte den Verwalter seines Ungehorsams wegen. »Du«, sprach er, »hast mir mehr gedient als alle anderen. Denn eher hieltst du mich für tot als für den Urheber eines Erlasses, dessen Durchführung in deinen Augen unmenschliche Folgen hätte haben müssen. Besser hast du mich erkannt als alle, ja, du hast in Wahrheit mit deinem Ungehorsam mir gehorcht, da du nicht nach dem Wortlaut meiner Anweisung gehandelt hast, sondern den Sinn, der in ihr lag, erfüllen mochtest. Hiermit, wenn ich einst wirklich sterben sollte, ernenne ich dich deshalb heute schon zu meinem Thronnachfolger. All meine Söhne haben nur die gleichen Augen wie ich selbst, du aber siehst die Welt mit meinen Augen.«

Ganz so noch einmal: Wäre Gott denn wirklich Gott, wenn Petrus glauben könnte, es sei in seinen Augen wohlgetan, den armen Schneider vor der Himmelstüre auszusperren? Der »Oberste« der zwölf Apostel hat die Stirn, gegen ergangenes Geheiß das Gotteswort nach Gottes Art zu deuten. Wohl fürchtet er den Zorn des »Herrn«, *»wenn er zurückkäme«*, – am besten soll der »liebe Gott« den Schneider gar nicht erst bemerken; und doch spürt jeder Leser, was im Grunde Petrus selbst voraussetzt: an sich wird Gott das Mitleid seines Türstehers nicht tadeln, selbst wenn es »normabweichende«, »gesetzeswidrige« und gebotsfremde Unbotmäßigkeiten zeitigt. Und in der Tat gibt die spätere Geschichte der Einschätzung Petri diesbezüglich recht: als Gott zurückkehrt, fragt der den Apostel zwar, ob er jemanden eingelassen habe, doch als er das bejahen muß, verzichtet Gott auf jeden Vorwurf; die Frage ist allein, wie wohl der Schneider in der Zwischenzeit sich aufgeführt hat.

Da sah er alles, was auf Erden geschah

Der, kaum im Hause seines »Herren« und am Ziele seiner Sehnsucht angelangt, bricht nicht, wie man vermuten könnte, ob solchen Glücks in lauten Jubel aus, vielmehr muß er auf Weisung Petri hin *»sich in einen Winkel hinter die Türe setzen und ... sich da still und ruhig verhalten«*. Sein Aufenthalt im Himmel ist in gewissem Sinne »illegal«, – was, wenn Gott zornig würde, daß er eingelassen wurde! Kann man also im »Himmel« sein und immer noch verängstet bleiben? Eigentlich sollte spätestens dort die Angst vor Gott vergangen sein. Doch was das Märchen schildern will, ist eben nicht ein »Schneider« bereits im Status seiner Seligkeit, sondern etwas, das man *wesentlich*, nicht nur rein psychologisch, deuten muß. Wesentlich liegt der GRIMMschen Geschichte daran, daß der Schneider – und mit ihm jeder Mensch – grundsätzlich nicht durch Verdienst und Würdigkeit in Gottes Himmel aufgenommen wird, sondern allein durch einen rein aus Mitleid geschehenden Gnadenakt; und jetzt ist es die Frage, wie der Schneider – als Exemplarfigur des Menschen überhaupt – mit diesem Wissen umgeht. Die Gefahr ist ganz groß, sich zu verhalten, wie der Schneider es hier vormacht: Er könnte sich in diesem Augenblick als ein für allemal »gerettet« und ans Ziel gekommen fühlen; doch statt darüber sich von aller Angst befreit zu finden, bleibt er ganz und gar in seinen Ambivalenzgefühlen gefangen, und wie dieser Widerspruch des Fühlens in zwei vollkommen widersprüchlichen Verhaltensweisen sich zerlegt, wird sich sogleich im folgenden ergeben.

Das erste ist: der Schneider bleibt in seiner Furchtsamkeit gefangen; noch mag, ja, darf er scheinbar sich sein Glück nicht wirklich glauben; noch fühlt er sich gebunden an die Weisung Petri, doch nicht aus Einsicht und aus Überzeugung, aus Demut und Bescheidenheit, wie sie ihm wohl anstehen müßten, sondern nur weil er die Worte Petri fürchtet, – aus Angstgehorsam, unter Zwang von außen also. Denn der Beweis: Kaum geht *»der heilige Petrus einmal zur Türe hinaus«*, da sieht der Schneider auch schon seine Chance gekommen, sich im Himmel ohne Einschränkungen umzutun. Was seinem Handeln Grenzen setzt, ist nicht – als Icheinstellung – der Spruch des eigenen Gewissens, sondern allein die Fügsamkeit gegenüber der fremden, furchteinflößenden Autorität der Amtsperson des Petrus, und auch das nur, solange dieser vermeintliche Stellvertreter Gottes gegenwärtig ist. – Indessen kann man den Schneider nicht ohne weiteres für diese mangelnde Entwicklung zu Mündigkeit und Freiheit schuldig sprechen; er fühlt und er verhält sich simpel so, wie wohl die meisten »Kirchengläubigen« in allen Religionen: Sie glauben, was zu glauben ihnen vorgeschrieben wird; sie glauben nicht so sehr an Gott als daran, daß ihr Kirchenoberhaupt oder ihr Landesfürst von Gott gesetzt ist; und so glauben sie vor allem, daß, wenn sie dieser Kirche, dieser sozialen Gruppe angehören, sie ganz von selbst zu Gott gehören. Die Frage, was sie selber denken, selber fühlen, selber sind, ist dabei gänzlich auszuklammern, – es wäre geradewegs aufrührerisch, sie ernsthaft zu lancieren. Die »Wahrheit« ist in solchen Kirchen und Verbänden objektiv vorgegeben und wird von der Hierarchie, der Obrigkeit präsentiert, ausformuliert, dogmatisiert, – vom Subjekt wird verlangt, daß es hört und gehorcht.

Psychoanalytisch läßt sich diese Haltung des näheren noch ein Stück weit genauer bestimmen und psychogenetisch begründen. Die Religionspsychologie einer »Kirche« (oder einer sonstigen Gruppierung), die auf die geistige Gleichschaltung ihrer Gläubigen in bezug zu ihrer gottstellvertretenden Zentrale ausgerichtet ist, hat *eines* sicher nicht zum Ziel: die Reifung der Persönlichkeit ihrer Mitglieder zu so etwas wie eigener Entscheidungskompetenz und Selbstvertrauen, – persönliche Ich-Stärke auszubilden empfindet sie nicht als Gestaltung von Verantwortung, sondern in Richtung auf sich selber als Gefahr von Abfall und Verrat. Dagegen gibt es für sie nur *ein* Mittel: sie kann und muß in der Persönlichkeitsstruktur ihrer »Gläubigen« *das Überich* verstärken, – jenes Ensemble von verinnerlichten Dressaten aus den Weisungen der Eltern schon in Kindertagen, das wie eine Mechanik stetiger Kontrollaufsicht *das Ich*, wenn nicht Entscheidendes passiert, das ganze Leben lang begleiten soll und wird. Kult und Außenlenkung möglichst schon in Familie und Kindertagesstätten zählen deswegen zu den wichtigsten Erziehungsmitteln einer solchen »Ordnung« der Frühanpassung und der nach Möglichkeit nie endenden Abhängigkeit. – Das alles sollte man beachten, um unseren armen Schneider im Himmel zu verstehen – und damit die verheerende Ambivalenz, durch die ein ganzer Religionstyp ausgezeichnet ist.

Zuvörderst nämlich werden wir zu Zeugen einer Unterwürfigkeit, die fromm und fügsam aussieht, während sie doch nichts ist als Angst, bei normabweichendem Verhalten entdeckt und angezeigt zu werden: würde Petrus im Inneren der Himmelshalle(n) bleiben, hätte den Schneider sicher nicht die »*Neugierde*« gepackt, auf eigene Faust den Wohnsitz Gottes und am Ende gar den Thronsitz Gottes zu erkunden. Neugierde, geistiges Interesse, Forscherdrang sind eigentlich wichtige Instrumente zur Ichentfaltung und -erweiterung, und sicher wären sie das auch in diesem Falle. Doch äußerst skeptisch stimmen muß bei diesem Schneider, wie nicht anders zu erwarten, das Verstohlene, das Doppelbödige und Unaufrichtige, das ihn erschreckend klar als Opfer seiner Angst und Unterdrückung zeigt und damit völlig unfähig zur Abschätzung der Folgen eigenen Verhaltens für seinen Wohltäter. Da hat ihn Petrus aus Gnade in den Himmel eingelassen; doch statt ihm dafür treu zu sein und innerlich mit ihm sich als verbunden zu empfinden, geht er buchstäblich bei erst-bester Gelegenheit schon seine eigenen Wege. Er will den Himmel sich besehen und kennenlernen, wo er sich befindet? Da hätte er nur Petrus fragen und im übrigen sich gedulden müssen! Was ist das für ein Mensch, muß man sich fragen, der eben noch um Mitleid bettelte und dann im Handumdrehen den, der es ihm gewährte, in Mißkredit bei seinem Vorgesetzten bringt?

Es ist so, wie die Brüder GRIMM die Weisung Petri formulieren, erneut nicht eindeutig erkennbar, wie sie ihren Konjunktiv verstehen: der Schneider »*sollte sich da still und ruhig verhalten, damit ihn der Herr, wenn er zurückkäme, nicht bemerkte und zornig würde*«. Man kann das lesen als Konjunktiv der Vergangenheit, – dann hätte man es mit den Überlegungen des Petrus zu tun, in welche der Leser, aber nicht ohne weiteres auch schon der Schneider eingeweiht worden wäre, und dann, tatsächlich, könnte man für dessen Betragen gewissermaßen auf mildernde Umstände plädieren: er konnte halt nicht wissen, in welch eine Bredouille er durch seinen Himmelsausflug den heiligen Petrus bringen würde; die Weisung, sich in der Ecke an der Türe zu verstecken, war wohl eindeutig erteilt, sie wäre ihm jedoch in ihrer Absicht nicht erläutert worden. Leider – aus der Sicht des Schneiders – spricht gegen diese Möglichkeit, daß die Wendung grammatikalisch offensichtlich anders gemeint ist: als Konjunktiv der indirekten

Rede an den Schneider selbst, also: »damit ihn der Herr, wenn er zurückkomme, nicht bemerke und zornig werde«. So hätte Petrus denn den Schneider in die »Kosten« seines großzügigen Ungehorsams gegen Gottes Auftrag vollinhaltlich eingeweiht; er hätte ihn gewissermaßen als Komplizen sogar mit in Haft genommen! Um so mehr jetzt müßte er erwarten dürfen, daß sich der Schneider ihm verpflichtet fühlt und einfach tut, was ihm gesagt wird. Doch daß genau das nicht geschieht, zeigt, wie im letzten unbezogen und auch ungezogen dieser Schneider sich verhält: Kaum außer Aufsicht, lebt er nach dem »Lustprinzip«! Er hat zu Petrus, der ihm als Person und Mensch ganz einfach leid tat, keinerlei Mitgefühl von seiner Seite aufgebaut; und diese Unpersönlichkeit und diese Unverbundenheit läßt sich kaum anders deuten denn als das Betragen eines Menschen, der mit den anderen nicht in der Wirklichkeit verkehrt, sondern in ihnen nur Objekte sieht, die überich-gelenkt ihm entweder Angst einflößen oder ihn ganz ohne Aufsicht wirken lassen. Es ist psychodynamisch die innere Bindung an das Überich und damit die fehlende Reifung des Ich, die eine reale Verbundenheit zwischen Ich und Du gar nicht erst aufkommen läßt. Entsprechend narzißtisch oder egozentrisch gebärdet sich der Schneider hier. Was aus seinem Wohltäter Petrus wird, ist ihm egal. Er folgt ihm, wenn er da ist, – und er geht eigene Wege, wenn er weg ist[119]. Doch das ist nur erst der Beginn der Doppelbödigkeiten jedweder bloßen Überich-Moral.

Die andere Seite einer solchen unpersönlichen Kontrollabhängigkeit zeigt sich in der *Identifikation* mit den Dressaten, die im Überich verankert sind. Menschen im Status weitgehender Ichentfremdung glauben eigentlich nicht als selbständige Personen an Gott als an eine eigenständige Person, »Gott« haust vielmehr in ihnen selbst und bewohnt dort eben das Terrain der Seele, das eigentlich sie selber sind, doch ohne selbst zu sein. Kein Wunder deshalb, daß sie nicht darüber nachsinnen, was denn in ihrem Leben die Weisung Gottes wirklich zu besagen hat; sie »haben« Gott mechanisch-magisch, und das führt dahin, daß sie, eben weil sie selbst nicht sind, – am liebsten Gott sind! Sie sagen einfach weiter, was man seit Kindertagen ihnen sagte; doch eben dadurch sagen sie es gar nicht selbst, sondern Gott selber sagt's in ihnen; schon deshalb sind sie selber Gott, wenn sie so sprechen. – Für einen Außenstehenden trifft hier ein außerordentliches Maß an Denkverweigerung auf ein nicht minder ausgeprägtes Maß an Hochmut, und sprechen könnte man deswegen auch von einer sonderlichen Mischung aus Dummheit und Selbstsicherheit, doch ginge dabei etwas Wichtiges leichthin verloren: *die Tragik*, die in einer derartigen Persönlichkeitsstruktur stets eingebunden ist, und gleichermaßen der immense gute Wille, mit dem sich dieser Schneider hier bis zur Erschöpfung an das Himmelstor geschleppt hat. Gerade die psychoanalytische Betrachtung eines Menschen sollte nicht ein neues Herrschaftswissen zur Beurteilung und zur Verurteilung anderer Menschen an die Hand liefern, sondern im Gegenteil: sie sollte dem Verstehen und dem Helfen dienen; sonst wäre die Gefahr ganz groß, den gleichen Fehler zu begehen, dem unser Schneider jetzt sehr bald zum Opfer fallen wird.

Der nämlich geht nunmehr *»voll Neugierde in allen Winkeln des Himmels herum«* und besieht sich *»die Gelegenheit«*. Dabei gelangt er wie von selbst *»zu einem Platz, da standen viele schöne und köstliche Stühle und in der Mitte ein ganz goldener Sessel, der mit glänzenden Edelsteinen besetzt war«*; dieser Stuhl *»war auch viel höher als die übrigen Stühle, und ein goldener Fußschemel stand davor.«* – Jemand, der etwas mehr sich in der Bibel auskennt als der Schneider, käme beim Anblick dieses himmlischen Designs wohl ohne Schwierigkeit von selbst auf die Idee, was es mit dieser sonderlichen Sitzgruppe im Himmel auf sich hat: Als Jesus Abschied nahm von seinen Jüngern, lobte er sie dafür, daß sie es seien, die mit ihm durchgehalten hätten in all seinen Versuchungen, und er versprach ihnen, sie würden in seinem Königtum an seiner Tafel Platz nehmen und »auf Thronen als Richter Israels« sitzen (Lk 22,28–30)[120]. Diese »Throne« sind es offensichtlich, auf welche der Schneider hier trifft, ohne doch zu wissen, womit er es zu tun hat; sonst müßte er wohl auch erkennen, daß jener besonders schöne Stuhl mit dem goldenen Fußschemel davor eben der *»Sessel«* ist, *»auf welchem der Herr saß, wenn er daheim* (sc. also im Himmel, d.V.) *war«*. Was er wirklich nicht wissen kann und was auch den Leser überraschen muß, ist freilich die Erklärung, welche das Märchen für diesen Thron bereit hält: der eben sei der Platz, *»von welchem er* (sc. Gott, d.V.) *alles sehen konnte, was auf Erden geschah«*. Diese Bemerkung stellt den Dreh- und Angelpunkt der gesamten weiteren Erzählung dar, aber er ist erkennbar hoch mythologisch und bedarf eben deshalb einer entsprechenden Auslegung.

An sich ist es die Wesenseigenschaft des Sonnengottes, »allsehend« beziehungsweise »allwissend« zu sein[121]; diese Fähigkeit besitzt er allem gegenüber, sogar gegenüber den anderen Göttern. Als zum Beispiel in der griechischen Mythologie Ares und Aphrodite »sich im Haus des Hephaistos / Heimlich vereinten«, »tat es / Helios kund; der gewahrte die beiden in Liebe Vereinten«.[122] Der Gott der Schmiede und Gemahl der Aphrodite, Hephaistos, der gerade abwesend ist, erführe so wenig wie all die anderen olympischen Götter von der erstaunlichen Verpaarung des Kriegs(gottes Ares) mit der Liebe(sgöttin Aphrodite), aus welcher als Frucht die Harmonia hervorgehen wird, ohne daß der Sonnengott (Helios) es ihnen anzeigen würde. Der Gott des Himmels oder des Lichtes besitzt von Natur aus Übersicht und Aufsicht über alles, was im Himmel und auf Erden sich ereignet. Wie aber verhält es sich da mit seinem Repräsentanten auf Erden, mit seinem »Sohn«, als welchen etwa der ägyptische Pharao sich betrachtete? Natürlich war ein orientalischer König *nicht* allwissend – er schwebte auch als »Sohn der Sonne« nicht wie ein Falke scharfäugig am Himmel hin –, und doch liefen bei ihm alle Informationen zusammen, lagen in seiner Hand alle Entscheidungen, gingen von ihm aus alle Befehle. Wissen, Verantwortung und Macht gewannen Gestalt in ihm, dem »Großen Haus«, dem »Pharao«, wie man ihn nannte[123]. Zu dieser Stellung und an diese Stelle kam er freilich erst am Tag der Thronbesteigung; erst von dem Tage an, da er Platz nahm auf dem Thron der beiden Länder von Ober- und Unterägypten, gewann er Gottähnlichkeit, hatte er Teil an der Allwissenheit des Wind- und Lichtgottes Ammun-Re, – ganz wie der Papst in Rom »unfehlbar« nur dann ist, wenn er *ex cathedra* verkündet. – Vor dem »heiligen Stuhl« des Pharao stand ganz wie in unserem Märchen ein Schemel. Auf diesem waren klassischerweise die Feinde abgebildet, die, nach dem Wortlaut von Ps 110,1, Gott ihm zur Bestätigung seiner »Sohnschaft« – zum absoluten Machtbeweis also – zu Füßen gelegt hat[124]. (Vgl. *Tafel 6a, b.*)

Aus einem solchen Denken offensichtlich stammt die Vorstellung des Märchens hier, daß auch Gott selbst, geschildert ganz nach Art eines Königs am Nil oder am Zion, »allsichtig« erst wird, wenn er, heimgekehrt von seinem Ausflug, sich wieder auf seinen Thron setzt. Dieser Thron selber ist mithin nicht länger nur ein Sitzmöbel, er ist vielmehr ein durch und durch magischer Gegenstand, der von sich aus Kraft verleiht, alles zu sehen, was auf Erden geschieht. Dabei schenkt er diese Fähigkeit wohlgemerkt jedem, der auf ihm Platz nimmt. Der Unterschied zwischen Gott und Mensch ist in einer derart magischen Weltsicht nicht begründet in der Wesensdifferenz von Geschöpf und Schöpfer; was sie beide voneinander trennt, ist einzig der Besitz des Thrones der Allwissenheit, – ähnlich wie die »Unsterblichkeit« der Götter in den Mythen nicht ohne weiteres eine Wesenseigenschaft ihrer göttlichen Natur darstellt, sondern aus dem Genuß von »Ambrosia«, der Speise der Unsterblichkeit, hervorgeht[125], oder mit dem Kraut verbunden ist, das der sumerische Gilgamesch auf der Suche nach ewigem Leben gewinnt und verliert[126]. Solche Grenzüberschreitungen zu magischer Allmacht sind indessen das Werk von Heroen der Urzeit (»ein Drittel Mensch, zwei Drittel Gott«, wie es von dem König in Uruk, von Gilgamesch, heißt)[127], oder sie kommt zustande als Geschenk einer Göttin an ihren Günstling – so wie Eos, die Göttin der Morgenröte, unsterblich machte ihren Geliebten, den Tithonos[128], oder wie die (Halb)Göttin Kalypso anbot, Odysseus an ihrer Seite die Gaben der Alterslosigkeit und der Unsterblichkeit zu schenken[129]. – Zum Kreis solcher Erlesener und Erlauchter gehört zweifelsfrei nicht unser Schneider im Himmel.

So viel zumindest muß man ihm gerade deshalb aber jetzt zugute halten: er will nicht, wie die Titanen im griechischen Mythos, die Götter von ihren Thronen vertreiben, um selbst ihren Platz einzunehmen. Was ihn antreibt, hat nichts zu tun mit Revolution und Aufruhr; es ist nichts als ein staunender, unbändiger kindlicher »*Vorwitz*«, der ihn auf Gottes Throne Platz zu nehmen heißt. Allerdings ist auch dieser »Vorwitz« alles andere als »harmlos«: er verstößt, wie wir wissen und wie der Schneider sich bewußt bleiben sollte, gegen die ausdrückliche Weisung Petri, und blinde Unbedachtsamkeit, gepaart mit solchem Mutwillen, kann allenthalten schlimme Folgen haben! Die Folge *hier* ist eine alle Grenzen wegsprengende Überheblichkeit. Der gleiche Mann, der gerad vorhin noch kläglich darum bettelte, er möge in den Himmel aufgenommen werden, glaubt sich nun aller Fesseln ledig, – als säße er in einer Montgolfiere und stiege nach dem »Leinen los« bis zu den höchsten Höhen auf. – Dies, zweifellos, ist die nur allzu häufig übersehene Kehrseite aller *Gefühlsambivalenz* in Sachen Religion: die ständige Selbstunterdrückung erzeugt als Gegenreaktion inwendig einen »Gasdruck«, der, wenn die »Halteseile« aus den Bindungen entlassen werden, die »Gondel« wie von selbst über den »Wolken« schweben läßt. Ein und dieselbe Person, die eben noch in ihren eigenen Augen wie ein Nichts war, erscheint sich selber jetzt als Gott. Es war die Angst vor Gott, die sie zu Boden drückte, und es ist jetzt die Identifikation mit Gott, die alle Angst beseitigt und einen Zustand höchsten Glücks in Machtbesitz und Seinsvollkommenheit beschert. Wohl wahr: der Schneider steigt nicht auf den Thron, um, wie die Menschen in der Paradieserzählung unter der Einflüsterung der Schlange, »wie Gott sein« zu wollen (Gen 3,5), aber indem er meint, den »leeren« Himmel mit sich selber ausfüllen zu sollen, sitzt er mit einem Mal genau dort, wo sonst Gott regiert und residiert. Und da nun »gehen ihm die Augen auf«, tatsächlich wie Adam und Eva, als sie vom Baume der Erkenntnis aßen (Gen 3,6), doch nicht, um – in Entsprechung zu Gen 3,5 – Einsicht zu gewinnen, was für uns Menschen »gut« und was für Menschen »übel« ist[130], sondern um ansichtig zu werden aller Dinge, die auf Erden Menschen tun. Derselbe Mann, der auf der Erde mühsam immer weiter gehen mußte, um (am Ende seines Lebens) an der Himmelstüre anzukommen, fühlt plötzlich sich in einer Position der absoluten Überlegenheit. Er ist vermeintlich wirklich jetzt »wie Gott«, nur daß er dessen Weisheit nicht besitzt und daß, wie er jetzt dasitzt, ihn um so mehr in seiner »Menschlichkeit« entlarvt: Der »Schneider im Himmel« wird nunmehr zu der Farce von einem (Un)Menschen, der sich vermaß, an Gottes Statt zu *richten.*

Was sich im folgenden begibt, kann schwerlich ernst genug genommen werden. Denn es stellt nicht ganz einfach eine spaßige Allüre dieses Schneiders dar, es lauert vielmehr als Gefahr und Neigung in der Seele aller Menschen, die mit sich nicht im reinen sind, – und wer von uns wäre das schon? Was tun wir, wenn wir andere »Böses« tun sehen? Richtig: wir wollen es verhindern, ahnden, strafen, wofür auch sonst befänden wir uns schon rein ethisch und juristisch auf dem Throne Gottes! – Da muß dem Schneider in dem GRIMMschen Märchen doch aus seiner luftigen Höhe augenblicklich *»eine alte häßliche Frau«* auffällig werden, *»die an einem Bach stand und wusch und zwei Schleier heimlich beiseite tat«*. Und was tut da nun er?

Daß eine Frau als »alt und häßlich« geschildert wird, erfüllt klischeehaft das Portrait der Hexe, und zwar nicht nur in deutschen Landen und in GRIMMschen Märchen, sondern weltweit in der Überlieferung der Völker[131]. Die Tatsache allein schon, daß eine einstmals wunderschöne Frau im Fortgang ihrer Jahre all den verlockenden Reiz der Jugend nach und nach verliert, muß für sie selbst und alle, die sie sehen, zutiefst irritierend wirken, und es erinnert zudem noch unübersehbar an die Grundtatsache, daß eine Frau ihr Kind nie nur zum Leben, sondern letztlich auch zum Tod gebiert. Es ist ein Stück weit diese neuerliche Zwiegesichtigkeit des Daseins selbst, die das Bild einer jeden Frau als Urgestalt des Lebens, als »Eva«, als die Mutter aller Lebenden (Gen 3,20)[132], ins Unheimliche, Trügerische, Bösartige und Hexenähnliche verformen kann. In jedem Falle lieben es die Märchen aller Völker, die ethische und die ästhetische Bewertung einer Frau aufs engste miteinander zu verschmelzen. Was schön ist, gilt da auch für gut, wenngleich man irgendwie auch weiß, daß es manch Gutes gibt, das nicht als »schön« gefällt.

Hier in den Augen dieses Schneiders scheint es, als habe bereits der Anblick der alten häßlichen Frau ihn mit (ästhetischem) Abscheu erfüllt und ihn auch ethisch nichts Gutes erwarten lassen; und wirklich, er muß die Szene nur ein wenig noch weiter verfolgen, da wird er zum Zeugen eines dreisten Diebstahls. Ausgerechnet diese Alte, Häßliche stiehlt beim Wäschewaschen am Bach *»heimlich« »zwei Schleier«*. »Heimlich« – das heißt, sie wähnt sich unbemerkt, sie muß nicht fürchten, daß man ihr nachstellt und sie des Eigentumsdeliktes überführt; aber da irrt sie sich: Vom Himmel her erspäht der Schneider ihre Freveltat, und er *»erzürnte sich bei diesem Anblicke so sehr, daß er den goldenen Fußschemel ergriff und durch den Himmel auf die Erde hinab nach der alten Diebin warf«*.

Es ist ein Bild, ganz wie im Alten Griechenland man den »hochdonnernden« und »blitzefreudigen« Gott Zeus auf dem Olymp sich vorstellte[133], wenn er, gewitterdräuend, richtend und strafend auf alles Frevlerische niederfuhr. Auch hier muß man sich den Wurf mit dem Fußschemel als eine – wenn auch nur angedeutete – Todesstrafe, wie das Herabfallen der Guillotine, vorstellen: *»der alten Diebin«* soll definitiv das Handwerk gelegt werden; und das sogar noch mit gesteigertem Anspruch auf den Richtspruch der »Gerechtigkeit«. Denn wenn das Märchen jetzt nicht mehr von einer alten häßlichen Frau, sondern von *»der alten Diebin«* spricht, so will es damit offensichtlich noch betonen, daß die Frau seit eh und je, von »alters her«, diebisch und hinterhältig war. So eine muß man fragen, wie sie es nur geschafft hat, jahraus, jahrein ihre Gefährtinnen am Bach – oder wo sonst noch – zu bestehlen, ohne aufzufallen. Wie war es möglich, daß man ihr nicht längst schon den Garaus gemacht hat? Jetzt jedenfalls wird es die höchste Zeit! So richtet, urteilt und vollstreckt sein Urteil dieser Schneider. Er ist der »Polizist« im Himmel, dem die Untat nicht entgeht und der schon keinerlei Formalitäten wie Anklageerhebung, Zeugenvernahme, richterlichen Beschluß und Strafzumessung auf Grund von Schöffen- oder Geschworenenentscheidungen bedarf. Er sieht, er weiß, er handelt. Nur, warum, wenn er schon in der Rolle eines obersten Gerichtsherrn auftritt (oder dieser Rolle »aufsitzt«), hört er nicht, wie doch auf Erden »rechtsstaatlich« geboten, sich wenigstens die Gründe der Verteidigung der »alten häßlichen Frau« Diebin an? Es fiele nicht sehr schwer, sich solche vorzustellen!

Denn sonderbar: sie nimmt sich nicht von all den Wäschestücken, die auf der Bleiche ausgebreitet sind, etwas tatsächlich Nützliches – ein Laken, Betttuch, Kopfkissenbezüge, Kleider, Hemden, Röcke, was auch immer –, sie tut *»zwei Schleier heimlich beiseite«*. – Dem Worte nach sind »Schleier« zum Verschleiern da, doch ganz gewiß will diese Frau die Schleier niemals tragen wie die Afghaninnen die Burka oder wie eine Nonne ihren »Schleier nimmt«, um ihre Weiblichkeit vor Gottes und der Menschen Augen zu verhüllen. Man kann den Schleier auch so tragen, daß er das Gesicht, die Stirn, das Haar verhüllt, indem er es verschönert, und gerade das scheint diese Frau, die in des Schneiders Augen alt und häßlich ist, sich zu ersehnen. – Wie denn, wenn auch die andern alle mehr oder weniger des Schneiders Urteil teilen? Wie lebt wohl eine Frau, die einmal schön gewesen ist, mit der Verachtung und dem Spott der jungen Dinger, die sie selbst nur noch beneiden kann um dieses Glücks blühenden Lebens willen? Vor allem wenn dies Wissen um die eigene Schönheit einmal wichtig für einen Rest an Selbstbewußtsein war – ein wenig Würde lag darin, auch ein geheimer Stolz –, so wird es unerträglich schwer, mitzuerleben, wie die ersten Falten sich in die Augenränder, um den Mund und in die Stirn eingraben, wie das, was einmal fest war, nach und nach erschlafft, und wie man aufhört, noch die Blicke gleichaltriger Männer zu erhaschen. Der Wunsch von einst, sich schön zu zeigen, verkehrt sich in den Wunsch, sich zu verstecken, und wie ginge das besser, als durch die Kleidung zu ergänzen, zu ersetzen, was dem Körper langsam abgeht? – In unseren Tagen greifen Millionen Frauen in der gleichen Lage zu Anti-Aging-Mitteln aller Art, lassen sich liften, operieren, runderneuern und feiern es als schmeichelnden Triumph, zu hören, daß sie immer noch so aussehen wie fünfzig (höchstens!).

Der Frau hier stehen solche Mittel absolut nicht zur Verfügung; jedoch ein Schleier … Wenn sie den besäße! Symbolisch läge in dem Schleier wie bei einem orientalischen Tanz auch ein Stück Selbsterweiterung, – man wäre wer … Doch wenn sie gar kein Geld hat, sich ein solches Stück zu kaufen …? Was wäre Diebstahl anderes als das Sich-Borgen einer Anerkennung, die man nicht bezahlen kann? Gewiß wird sie sich obendrein kein allzu vornehmes und teueres Stück Tuch genommen haben, – es kann für sie ja überhaupt einzig ein Allerwelts-Tuch passend sein, so wie es viele tragen, schließlich lohnt es nicht, ein Objekt zu entwenden, dessen Benutzung sofort auffällt. Alter und Armut und die Last verblühter Schönheit – kann man da nicht verstehen, warum die Frau so handelt? Weit eher müßte man sie streicheln, als nach ihr mit Gottes Fußschemel zu werfen, und gerade von dem »allsehenden« Schneider auf dem Throne Gottes könnte man erhoffen, daß er bei der Handlung eines Menschen wie dieser alten Frau nicht nur die Hände sähe, die das böse Tun verrichten, sondern auch das Herz. Genau das aber tut er nicht, und, recht verstanden, kann er es auch nicht.

Denn sicherlich ist es kein bloßer Zufall, daß ihm von all dem, was da auf dem weiten Erdenrund geschieht, einzig die Szene eines Diebstahls von Textilien ins Auge springt. Hatte er selbst am Himmelstor, als Petrus ihm zum Vorwurf machte, er habe *»wie der Dieb am Galgen … lange Finger gemacht und den Leuten das Tuch abgezwickt«*, nicht immerhin von sich aus eingestanden, *»kleine Flicklappen, die von selbst vom Tisch herabfallen«*, an sich genommen zu haben? Das sei *»nicht gestohlen«* gewesen, hatte er erklärt, und sei im übrigen auch *»nicht der Rede wert«*. Tatsächlich aber hatte Petrus ihm die »Unschuld« damals nicht geglaubt, – er hatte diese Selbstrechtfertigungen einfach abgebrochen; ausschlaggebend, um den Schneider trotzdem in den Himmel einzulassen, war einzig seine demonstrierte Hilfsbedürftigkeit, nicht etwa die Geringfügigkeit seiner Schuld. Auch dem Schneider selber sollte dieser Umstand noch erinnerlich geblieben sein. Doch gerade das scheint nicht der Fall. Die Schuld*verleugnung* an der Himmelstür, die Bagatellisierung seines Tuns, hat jetzt im Himmel sich anscheinend zur kompletten Schuldgefühl-*Verdrängung* hin gemausert[134]. Da sieht er nun vom »Himmel« her, unangefochten in der Selbstgewißheit seiner Ehrbarkeit, auf Erden genau das, was er seinerzeit selbst getan hat: Übergriffigkeit bei Stoffen und bei Tuchen! Gewiß, *»Flicklappen«* sind noch keine *»Schleier«*; doch konnte er nicht einmal Petrus davon überzeugen, daß er die vorwerfbaren Tatbestände nicht zur Selbstentlastung kleingeredet hätte; er selber war ein *armer* Schneider, nicht ganz viel anders als er es in der Gestalt der »Alten« vor sich sieht.

Im Grunde müßte er daher wie selbstverständlich sich in ihr selbst wiedererkennen. Statt dessen aber sieht er nurmehr *ihre* Schuld und seine eigene *Un*schuld, und dieses Auseinander-Reißen des an sich Verbundenen darf man getrost als Endergebnis aller Zerspaltenheit im Schatten einer bloßen Überich-Moral und -Frömmigkeit betrachten: Das eigene Ich kann – durch *Verdrängung* aller Schuld – dem inneren Gerichtshof seiner Selbstzensur erklären, daß es nichts gibt, wofür noch Strafe zu verhängen wäre, – ein in der Tat ganz »himmlisches« Gefühl gottgleicher Gutheit und Gerechtigkeit. Doch ganz umsonst ist nichts zu haben. Wohin mit der verdrängten Schuld? Es ist so ähnlich wie beim Schneefegen im Winter: damit der Gehweg vor der eigenen Haustür »rein« ist, muß man die Schneemassen dem Nachbarn auf dem Hof zuschieben. Das notwendige Gegenstück zu der Verdrängung eigener Schuldgefühle ist deren *Projektion* auf andere[135]. Denen, vergrößert (!), gelten jetzt die Vorwürfe, die ursprünglich dem eigenen Ich gegolten haben, und um so besser fühlt man sich jetzt selber, als man den anderen nach Herzenslust zum Bösewicht abstempeln kann.

Am Ende seiner »Bergpredigt«, in Mt 7,3–5, bringt Jesus den entsprechenden Zusammenhang von Schuldverdrängung und von projektiver Schuldverschiebung in einem für ihn typischen Bildwort ebenso pakkend wie plastisch auf den Punkt: »Was siehst du«, spricht er dort, »den Splitter in dem Auge deines Bruders, aber den Balken in deinem eigenen Auge siehst du nicht?«[136] Gemeint ist mit dem Vorwurf einer solchen »asymmetrischen Wahrnehmung« natürlich die generelle Neigung, die Verfehlungen anderer übergroß und die eigenen Fehler mikroskopisch klein zu betrachten; doch ist der Sachverhalt, den Jesus ausspricht, weit präziser: Wir sehen gerade diejenigen Schwächen an anderen Menschen überdeutlich, an denen auch wir selber laborieren, – im Falle dieses Schneiders die Neigung, mal fünf gerade sein zu lassen, wenn es um Eigentum von Tüchern geht: Er ist *»erzürnt«* über den Diebstahl jener Alten, weil er – unter der drohenden Anrede Petri, er selber sei ein ganz gemeiner Dieb – zu Recht befürchten muß, mit seinen Unterschleifungen Gott selbst erzürnt zu haben, und die Totalität des Vorwurfs (die Todesstrafe stand darauf!) führt jetzt zu der bekannten Reaktion: »haltet den Dieb!« – »Ich bin grundehrlich, denn ich habe den Unehrlichen gestellt und der gerechten Strafe übergeben!« – »Ich bin auf Gottes Seite, weil ich an Gottes Stelle richte.« – »Ich brauche mich für meine eigene Bosheit weder zu hassen noch zu schämen, indem ich eben diese Bosheit im andern hasse und bekämpfe.« – *Den* Vorteil hat der Abwehrmechanismus der Projektion, daß man den inneren Konflikt nach außen setzt und dann mit sich im reinen ist; der Nachteil besteht darin, daß zum einen der eigene Widerspruch (von Überich und Ich) zu einem Widerspruch wird zwischen Ich und Du und daß zum anderen der ursprüngliche Konflikt, der in der eigenen Psyche an sich lösbar wäre, nach draußen verlegt, keiner weiteren Bearbeitung mehr zugänglich ist: Das in den anderen Verlagerte ist kaum mehr in das eigene Ich zurückzuholen.

In bewundernswerter Leichtigkeit drückt das Märchen diesen Sachverhalt damit aus, daß der Schneider den *»Schemel«* vor dem Throne Gottes, einmal nach der Alten geworfen, *»nicht wieder heraufholen«* kann, – das Projektil seiner Projektion ist ihm abhanden gekommen, und er steht da als das, was er ist: als »Heuchler«, wie Jesus in Mt 7,5 derartige Leute nennt, die um den »Balken« in dem eigenen Auge sich durchaus nicht kümmern, doch um so mehr vorgeben, sich darum zu bemühen, das Böse »draußen«, bei den »andren«, zu bekämpfen. Dieser Ersatzkrieg oder »Stellvertreterkrieg« ist in der ganzen Anlage verfehlt; er ist ein unheilvoller Selbstbetrug, den niemand glauben kann, der recht bei Troste ist.

Doch um so wichtiger ist es, noch mal hervorzuheben, daß auch die Neigung, eigenes Fehlverhalten zu verdrängen und in die anderen zu projizieren, nicht einfach böswillig daherkommt; subjektiv wird sie ganz im Gegenteil begleitet von dem Verlangen und Empfinden, alle Gebote Gottes bestens zu erfüllen und sich vorbildlich aufzuführen. Man bedarf unbedingt, um eine solche »Pharisäer«-Haltung zu verstehen, im Hintergrund eines gewissen Einblicks in die Wirkung, welche Angst im Menschen hinterläßt, die in Furcht vor Verurteilung wohl gut sein möchten und es auf ihre Art vielleicht auch sind, die aber im Gefängnis ihrer Doppelbödigkeit und Zerrissenheit unfähig bleiben, gütig im Umgang mit sich selbst und anderen zu werden. Am Ende kann der Schneider sich nur noch unberechtigter als vorher fühlen; er muß so weiterexistieren, wie das Märchen es auch darstellt, wenn es von ihm sagt: er *»schlich … sich sachte aus dem Sessel weg, setzte sich an seinen Platz hinter die Türe und tat, als ob er kein Wasser getrübt hätte.«* Es ist ein Dasein wirklich im Herumgeschleiche, im Um-keinen-Preis-auffallen-Wollen, im ständigen »So tun, als ob«, – eine Chronifizierung heuchlerischen Verhaltens im Charakter. – Damit sitzt dieser Schneider nicht hinter der Türecke im Himmel, er sitzt, wie man so sagt, vollkommen in der Patsche, doch das weiß er noch nicht. Sein neuer Abwehrmechanismus ist das *Ungeschehenmachen*, – es hat, was stattgefunden hat, einfach nicht stattgefunden; das in Vergangenheit Gewesene wird zu dem Unwesen der Gegenwart, das Leben zum Unleben, die eigene Wirklichkeit zum Schein, um etwas Gutes, Wahres und Gerechtes darzustellen, von dem man doch nur allzu genau weiß, daß es durchaus nicht existiert.

Nun sind derartige Märchen nie nur Darstellungen des Schicksals Einzelner; in ihnen kommen Grundkonflikte unseres Daseins (wie Arm und Reich und Schuld und Unschuld und noch vieles andere) zur Sprache, und die Gestalten und Figuren, die an ihrer Lösung arbeiten, sind in der Regel ebenfalls als Typen in Charakter und Verhalten zu verstehen. Speziell das Märchen vom *Schneider im Himmel* aber verrät mit der Symbolik seiner Ausgangsszene eine geistesgeschichtlich ganz besondere Bedeutung: Gott selber, so beginnt es, hat sich – für eine Weile wenigstens – aus seinem Himmel entfernt und läßt einstweilen all seine »Regierungsgeschäfte« ruhen; und in der Zeit geschieht es, daß ein Schneider, daß *der Mensch* (!), auf seinem Throne Platz nimmt, bis er wiederkommt. Was wird in einem solchen Interim passieren? Genau das, was das Märchen darstellt: Egal, ob nur aus Neugier oder aus planvoller Absicht, – das Resultat besteht darin, mitzuerleben, wie der Mensch sogleich beginnt, sich selbst auf Gottes Thron zu setzen und in seinem Namen zu Gericht zu sitzen.

Am eindrücklichsten dafür sind die Tage aus dem Jahre 1789 in Paris, als die Französische Revolution in MAXIMILIEN DE ROBESPIERRE (1758–1794) den »Unbestechlichen« hervorspülte, der nach dem Abdanken der Unvernunft des Kirchengottes den »Terror der Vernunft« zu etablieren trachtete, auf daß die Vernunft ihre Macht und die Macht ihre Vernunft unter Beweis stelle[137]. Vernunft – das sollte ganz im Geist der Aufklärung die sittliche Autonomie des Menschen sein, bestehend auch in der Erkenntnis, daß alles »Recht« der Ort sein müsse, an dem die Willkür des einen an der Willkür des andern ihre Grenze finde; Auftrag des Staates sollte es, sittlich gesehen, sein, das Recht – entsprechend dem Sittengesetz – als Ordnung des Zusammenlebens aller verbindlich auszuformulieren und nach Maßgabe der Gerechtigkeit zu schützen. Selbst IMMANUEL KANT (1742–1804) fand in seiner Rechtsphilosophie, daß etwa ein Mörder zwingend durch die Todesstrafe hingerichtet werden müsse, und zwar als Forderung eben jener gerechten Ordnung an sich selber, so daß, wofern ein Staat sich heute nachmittag noch auflöse, er in der Pflicht sich fände, am Vormittag noch alle ergangenen Todesurteile strikt und pünktlich auszuführen[138]. ROBESPIERRE erkannte, daß es für die Vernunft der Revolution weit schlimmere Verbrechen geben mochte, als einen Menschen zu ermorden; schädlicher und gefährlicher in seinen Augen waren Gedankenverbrechen, Standesverbrechen, das Zaudern und Zweifeln am Fortschritt der Revolution, denn all das erachtete er als Vergehen an der Vernunft. An die Stelle Gottes trat daher bald schon das Schafott, und so mußte es kommen, nachdem man die Religion konsequenterweise durch Ethik ersetzt hatte. Der Versuch,

Gott zu beurlauben und sein Regiment in die Hände des absolutistischen Staates zu legen, hatte – in etwa von Kaiser KONSTANTIN (um 280–337, Kaiser ab 306) bis LUDWIG XIV. (1638–1715, König ab 1643) – lange gebraucht, um sich durchzusetzen, doch an den Folgen seines Erfolges leiden wir Heutigen mehr denn je. Denn im Unterschied zur Ethik des Sittengesetzes und zur Justiz des Staatsgesetzes enthält die Religion ein Prinzip, das es außerhalb ihrer nicht gibt: eine Daseinsbegründung in Gnade und damit einen Raum, an welchem jenseits der Strafegerechtigkeit eine Hoffnung wächst auf Vergebung, und es ist diese Feststellung, an welcher das Märchen vom *Schneider im Himmel* jetzt alles aufbietet, was es an Weisheit und Humor vermitteln möchte.

»wollt ich richten, wie du richtest«

Kaum nämlich kommt »*der Herr und Meister mit dem himmlischen Gefolge wieder zurück*«, da kann es ihm nicht unverborgen bleiben, daß sein Schemel nicht mehr da ist. Von ganz allein kann er wohl kaum verschwunden sein; der Himmel war vollkommen menschenleer, als Gott und seine Entourage ihn verließen,– es nährt sich der Verdacht, daß Petrus seines Wächteramtes an der Himmelspforte nicht so nachkam wie befohlen. Also fragt Gott seinen Himmelspförtner, ob er wisse, »*wo der Schemel hingekommen wäre*«, doch »*der wußte es nicht.*« Jedoch der »liebe Gott« kann es von sich her offenbar genauso wenig wissen. Wenn er auf seinem Throne Platz nimmt, sieht er wohl alles, was geschieht, doch alles sehen ist in diesem Fall nicht alles wissen: in die Vergangenheit kann niemand sehen, auch nicht der »liebe Gott« im Märchen; was zeitlich früher sich ereignet hat, läßt sich nicht sehen, sondern nur erinnern, und es ist die Erinnerung, die uns befähigt, Geschehnisse, die wir behalten haben, als Geschichten zu erzählen und zur Geschichte zu verbinden. Das gilt hier auch für Gott: er muß Zeugen befragen und ist von deren Aussagen abhängig. Es geht hier nicht wie in der Bibel zu: Wenn dort die Gottheit Adam fragt: »Wo bist du?« (Gen 3,9), so nichts um sich zu informieren, sondern um den Menschen zur Besinnung über seine Lage anzuhalten[139]; im Märchen ist Gott wirklich darauf angewiesen, daß ihm ein anderer sagt, was sich ereignet hat: Nein, Petrus hat nicht, wie Gott annimmt, jemanden hereingelassen,– das heißt *doch*: da war *»ein lahmer Schneider, der noch hinter der Türe sitzt«*. So spricht Petrus, weil er nicht weiß, daß der Schneider nicht »noch« sondern schon wieder in der Eingangsecke des Himmels hockt, und er kann sich auch nicht ohne weiteres vorstellen, wie leichtfertig und leichtsinnig dieser Günstling seiner Güte sich in der Zwischenzeit verhalten hat. Doch führt die Spur alsbald zu ihm als zu dem einzigen, der mit dem Verschwinden des Schemels zu tun haben kann, und so befragt ihn Gott direkt heraus, *»ob er den Schemel weggenommen und wo er ihn hingetan hätte«*.

Von Gott befragt zu werden heißt in aller Regel, bis in den Schlaf hinein von Zweifeln, Vorwürfen und Schuldgefühlen, von Selbstverdächtigungen und Unsicherheit geplagt zu werden; da ist etwas passiert, das nicht hätte passieren sollen, da hat sich etwas zugetragen, das jetzt, im Rückblick, schwer erträglich ist, da hat man sich in einer Art verhalten, daß man sich fragen muß, wer man denn selber ist. Wenn Gott so fragt, sind seine Fragen unabweisbar, – sie sind Infragestellungen unseres gesamten Lebensaufbaus; so äußerlich in der Symbolsprache des Märchens sich das Verhör des Schneiders durch den »lieben Gott« auch ausnimmt, es ist ein ganz und gar im Inneren sich abspielender Vorgang, der eigentlich zu einem äußerst kleinlauten Geständnis schweren Fehlverhaltens führen müßte. Statt hocherfreut und in gebotener Bescheidenheit und Dankbarkeit in der ihm zugewiesenen Himmelsecke zu verbleiben, stach diesen Schneider schier der Übermut; doch dient seine Gestalt jetzt wesentlich als Ausdrucksmittel eines Gleichnisses über uns selbst, – das Märchen zeigt sich als eine Parabel, die etwas äußerst Wichtiges zum Verständnis unseres Daseins sagen will. Der Schneider – das kann jeder sein, wie bereits deutlich wurde; wie er sich aufführt, ist's als Neigung in uns allen angelegt; und die Lokalität des Himmels ist nurmehr die Bühne eines Experiments, das ganz in Richtung auf uns selber abgehalten wird.

Denn: Wer von uns würde es anders machen als der Schneider hier? Im Grunde dürften wir mit etwas Ehrlichkeit wohl wissen, daß wir, wenn's zum Ende geht, nur darum betteln können, in Gottes Himmel Aufnahme zu finden. Doch dieses Wissen läßt sich allzu leicht verdrängen, und die Gefahr ist groß, daß wir so tun, wie wenn es Gott im Augenblick oder auf lange Zeit in unserer Nähe gar nicht gäbe. Wenn wir nicht aufpassen, sitzen wir plötzlich selbst auf Gottes Thron; dann wissen wir von eigener Schuld durchaus nichts mehr, wir sehen nur noch die der anderen, und *die* empört uns ehrlich, ja, um so »ehrlicher«, als wir unehrlich mit uns selbst sind. Da schlägt's beim Anblick fremder Fehler aber Dreizehn, wie man zu sagen pflegt, und es wird höchste Zeit, nach Kräften dreinzuschlagen, am heftigsten an gerad den eigenen Fehlerstellen. Und wir sind wie erleichtert, – nun endlich finden wir Gelegenheit, unsere Schwächen in den anderen zu bekämpfen. Wie gut wir sind, wie wunderbar wir uns doch fühlen, wenn wir die Schuld von Fremden, die uns letztlich nicht viel angehen, verurteilen und strafen können! Wie himmelweit sind wir, auf Gottes Throne sitzend, entfernt von jenen Niederungen! Und haben wir nicht geradewegs die Pflicht, für Recht und Ordnung einzutreten, so viel in unseren Kräften steht? Schließlich ist es »nicht hinnehmbar«, daß eine Frau die andere bestiehlt.

Es geht wie stets da, ums Prinzip, es gibt da selbstverständlich keine Kleinigkeiten, gefordert ist »Null-Toleranz«. Wer könnte einem anderen noch trauen, wenn das Ganoventum zum Volkssport wird? – Nein, eine Frau zum Beispiel, die mehr schon als ihr halbes Leben an der Kasse eines Supermarktes Dienst getan hat, zerstört, wenn sie ein einziges Mal nur einen Wertgutschein für 80 Cent vom Boden aufhebt und für sich selber einlöst, irreparabel das Vertrauen ihres Arbeitgebers, – sie muß fristlos entlassen werden, – so zu Beginn des 21. Jhs. von einem BRD-Arbeitsgericht für Recht befunden. Auch wenn ein Aufsichtsangestellter eines Arbeitsamts entdecken sollte, daß etwa ein Hartz-IV-Empfänger auf der Straße sitzt und bettelt, so müssen ihm natürlich die geschätzten Einnahmen aus seiner illegalen Nebentätigkeit von den Sozialausgaben abgezogen werden, – Diebstahl am Volksvermögen durch unerklärte Einkünfte muß schon aus Gründen purer Abschreckung in aller Härte rigoros geahndet werden; vor allem die Kampfpresse der Kapitaleigner propagiert in der Leserschaft gerade der Unterschichten diesen Standpunkt moralischer-juristischer Strenge, um den Begriff des Eigentums zugunsten der Besitzenden als unangreifbar hinzustellen. Nur wer sich diesem Urteil anschließt, hat das Recht, sich als korrekt zu fühlen, als ordentlichen Menschen, als ehrlichen und ehrenhaften Bürger …

Von daher jetzt versteht man mühelos die »Freudigkeit« des Schneiders, mit der er auf die Frage Gottes, was eigentlich aus seinem Schemel geworden sei, in einem Rausch der Selbstbegeisterung und der Gewissensunschuld frei heraus erklärt: »*ich habe ihn im Zorn hinab auf die Erde nach einem alten Weibe geworfen, das ich bei der Wäsche zwei Schleier stehlen sah.*« Es war also ein heiliger Zorn, der ihn da überkam, er war und ist, soll auch der Herrgott sehen, ein »Eiferer« für das Gesetz[140], nun endlich, muß er denken, hat er durch Redlichkeit und Rechtlichkeit sich seinen Aufenthalt im Himmel regulär verdient, jetzt endlich zeigt sich doch, was für ein gerader Kerl schon immer in ihm steckte. Chapeau! So feiert auf und an dem Throne Gottes die Gerechtigkeit ihren Triumph. Ein und dasselbe also sind Moral und Frömmigkeit, sind Religion und Ethik, sind Straferwartungen der Menschen und die Strafpraktiken des »lieben Gottes«. Gott selber, recht verstanden, ist ins Unendliche erweiterte Gerechtigkeit, als Grund und als Garant auch der Gesetzgebung der Staaten … Alle Schneidergemüter auf der ganzen Welt sind dieser Ansicht und finden es so richtig. Es kommt dem Einsturz dieses ganzen Denkens gleich, wenn Gott selbst diesen Schneider hier als »*Schalk*« bezeichnet.

Das heute ungebräuchliche Wort bedeutet wohl ursprünglich soviel wie »Knecht« im Sinn von »Springer« oder »Laufbursche« und ist verwandt mit dem Mittelhochdeutschen *schel*, das für »auffahrend«, »aufgebracht« steht; im Neuhochdeutschen ist mit »Schalk« jemand gemeint, der in Heiterkeit und Schadenfreude einem anderen einen Possen spielt[141]; hier offenbar gehen die beiden Wortbedeutungen ineinander: Das »auffahrende« Wesen dieses stets auf dem »Sprung« befindlichen Dieners der Gerechtigkeit des »Herrn« ist selbst ein hoffärtiges Possenstück, das nicht nur, was und wie Gott ist, in krasser Weise mißversteht, sondern vor allem auch sich selbst. Dabei ist »Mißverständnis« harmlos ausgedrückt. In Wahrheit geht der Demonstration solcher »Gerechtigkeit« bei diesem schemelschmeißenden Schneider die komplette Verleugnung und Verdrängung der eigenen Schuld voraus, und dieser Selbstbetrug im

Tafel 1 (vgl. S. 37, 222): GUSTAVE MOREAU: *Der reiche Mann und der arme Lazarus*, Musée Gustave Moreau, Paris.

Tafel 2 (vgl. S. 38, 223): DIEGO RIVERA: *Das Abendmahl der Kapitalisten*, Wandmalerei im Bildungsministerium, Hof der Feste, zweites Obergeschoß, Nordwand, Mexiko-Stadt.

Tafel 3 (vgl. S. 40, 224): DIEGO RIVERA: *Festmahl in der Wall Street*, Wandmalerei im Bildungsministerium, Hof der Feste, zweites Obergeschoß, Nordwand, Mexiko-Stadt.

Tafel 4 (vgl. S. 47, 226): VINCENT VAN GOGH: *Der gute Samariter* (nach Delacroix), Rijkmuseum Kröller-Möller, Otterloo.

Tafel 5 (vgl. S. 50, 228): DIEGO RIVERA: *Unser Brot*, Wandmalerei im Bildungsministerium, Hof der Feste, zweites Obergeschoß, Südwand, Mexiko-Stadt.

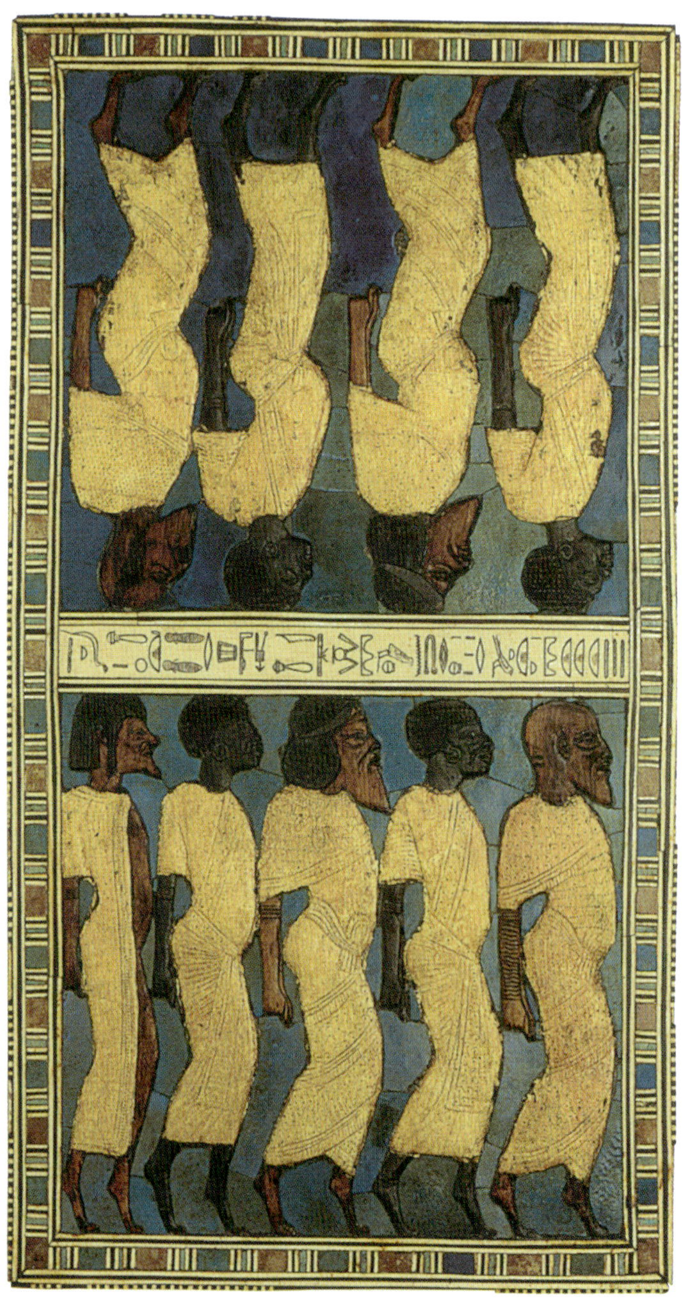

Tafel 6a (vgl. S. 115, 229): *Fußschemel aus dem Grab des Tutanchamun.*

Tafel 6b (vgl. S. 115, 230): *Sandalen aus dem Grab des Tutanchamun.*

Tafel 7 (vgl. S. 154): RENÉ MAGRITTE: *Das Fernglas*, Sammlung Menil Foundation, Houston, Texas.

Tafel 8 (vgl. S. 220): MEISTER BERTRAM: *Die Erschaffung der Tiere*, Grabower Altar, Hochaltar der Hamburger St.-Petri-Kirche.

Kern der Existenz macht ihn jetzt selber unfreiwillig komisch: das Possenstück, das er da aufführt, das ist er.

Was er im folgenden begreifen muß, ist dies: wie anders Gott ist, als man es ihm in Kindertagen schon und folglich später auch er selbst sich vorgestellt hat! »*Wollt ich richten, wie du richtest*«, spricht Gott zu ihm, »*wie meinst du, daß es dir schon längst ergangen wäre?*« Mit diesen Worten stellt der Herrgott uns vor ein absolutes Entweder-Oder: *Entweder* hilft die Religion, an einen Gott zu glauben, der unsere Schuld vergibt, – dann ist es möglich, im Vertrauen zu ihm eigene Schuld einzusehen und einzugestehen, *oder* die Religion verschmilzt selbst mit den Forderungen der Gesetzlichkeit, – dann läßt die bloße Strafangst nur noch Unaufrichtigkeit im eigenen Ich und Unerbittlichkeit im Umgang mit den anderen als »Ausweg« zu. Der letztere »Weg« ist, wie man unschwer sieht, ein einziger Irrweg aus Furcht, Verlogenheit, Hartherzigkeit und Häme, – jede Gesetzesreligion gelangt hier an die Grenze ihrer selbst; hinwiederum erweist der erstere Weg sich als der einzig gangbare. Denn auch noch einmal anders: Wär' es denn denkbar, daß der Himmel noch der Himmel wäre, wenn da ein Gott von solcher kleingeistigen Schneider-Mentalität das Richteramt in Händen hielte? Ein solcher Himmel wäre ganz buchstäblich leer, weil sich längst sein gesamtes Interieur in Waffen zur Vergeltung all der Schuld auf Erden umgewandelt hätte. »*Ich*«, fährt deshalb Gott in seinen Darlegungen fort, »*hätte schon lange keine Stühle, Bänke, Sessel, ja keine Ofengabel mehr ..., sondern alles nach den Sündern hinabgeworfen.*« Und es gäbe nicht nur all diese Gerätschaften im Himmel nicht mehr, es gäbe darinnen vor allem keine Menschen mehr, – den göttlichen Hofstaat einmal ausgenommen. All die »Sünder« wären schon zu Lebzeiten von einem solchen Grimmbart von Gott in die Erde gestampft worden, – niemand hätte zu ihm hinaufzufinden vermocht. Wenn je ein Mensch Eingang zum Himmel erlangt, dann einzig durch einen Gnadenakt, wie Petrus ihn dem Schneider hier gewährte.

Und wenn er diese Grundtatsache seiner »Befindlichkeit« im Himmel ignoriert? Dann fällt das falsche Urteil notgedrungen auf ihn selbst zurück. Dann schließt er mit dem Ausschluß anderer sich auf der Stelle selber aus. Dann kann er »*nicht ... im Himmel bleiben, sondern*« muß »*wieder hinaus vor das Tor*«. Die eigene Ungnädigkeit wird dann als Gnadenlosigkeit auch für ihn selber spürbar: »*sieh zu, wo du hinkommst*«, ruft Gott ihm nach. Jetzt gilt als Strafgesetz, was zwischen Angst und Hochmut des Schneiders Handlungsgesetz war: Ein jeder ist sich selbst der Nächste … Pardon wird nicht gegeben … *fiat justitia, pereat mundus* – Gerechtigkeit geschehe, vergehe auch die Welt … Der Himmel besteht darin, daß niemand anders straft, »*denn ich allein, der Herr*«, spricht Gott; das heißt: er straft gerade nicht, wie Menschen strafen. »Wenn eure ›Gerechtigkeit‹ nicht bei weitem übersteigt die der Schriftgelehrten und der Pharisäer«, sagt Jesus einmal zur Einleitung der »Bergpredigt«, »nein, nimmermehr kommt ihr dann hinein in das Königtum der Himmel.« (Mt 5,20)[142] Die Gerechtigkeit Gottes – das ist nicht die Strafegerechtigkeit im Angesicht menschlichen Tuns, das ist das endlose Bemühen, menschlicher Not in allen Übeln und in allem Unheil von innen hier »gerecht« zu werden, das ist vor allem die Erlösung eines jeden Menschen von der Angst vor Ablehnung und Strafe, das ist das Überlieben der Lieblosigkeit, die in Gesetzen eingefroren ist.

Ist damit der Verweis der Schneiders aus dem Himmel als endgültig zu verstehen? Die kirchliche Dogmatik lehrt dies in der Tat: die Ewigkeit der Höllenstrafe![143] Sie kann sich sonderbarerweise bei ihrer Lehrmeinung scheinbar auch auf ein Gleichnis Jesu selbst berufen, das der Geschichte von dem *Schneider im Himmel* aus Haar gleicht: auf die Erzählung vom »Schalksknecht«, wie MARTIN LUTHER (1483–1546) sie, als sei das GRIMMsche Märchen ihm bereits bekannt gewesen, in seiner Bibelübersetzung 1521 auch bezeichnet hat: In Mt 18,23-35 trägt Jesus einmal die Geschichte eines Ministers vor, der durch Mißwirtschaft in die Kasse seines Königs ungeheuerliche Fehlbeträge eingefahren hat. Der König macht ihn persönlich dafür haftbar und befiehlt ihm, sich selbst mit seiner ganzen Familie und mit seinem gesamten Besitz zu verkaufen, um die aufgelaufene Schuld zurückzuzahlen; doch (wie im Falle des Schneiders) bittet dieser Mann den König auf den Knien um Erbarmen, – er werde seine Schuld schon noch bezahlen, wie er gegen jegliche Wahrscheinlichkeit verspricht. Und wirklich: der König läßt ihm alles nach, – nicht weil er seinem sinnlosen Versprechen glaubt, sondern er verfügt einen kompletten Schuldennachlaß wegen erwiesener Zahlungsunfähigkeit. Das ist die Art, will Jesus sagen, wie Gott mit

Schuldnern in die Insolvenz geht: er vergibt ihnen ganz, weil alle Straf- und Zwangsmaßnahmen angesichts der Größe der längst aufgelaufenen Schuld keinerlei Sinn ergeben. Und was tut nun der überraschend freigesprochene Schuldner? Man müßte glauben, er umarmte alle Welt vor Glück und er vergäbe fortan voller Großmut jedem, der ihm irgend etwas schuldig ist. Jedoch genau das Gegenteil geschieht: Kaum zur Palasttüre hinaus, begegnet er einem privaten Kreditnehmer, der ihm nur einen Kleinbetrag schuldig geblieben ist; den aber fährt er an mit aller Härte: Bezahle! und läßt ihn ins Gefängnis werfen, weil er nicht bezahlen kann. Das allerdings erbost den König, als er es erfährt, so sehr, daß er diesen »Schalksknecht« »den Folterern« übergibt, »bis er zurückgezahlt habe: ganz, die Schuld, an ihn.« – Eben weil das niemals möglich ist, scheint es tatsächlich, als lehre Jesus hier die unwiderrufliche Unversöhnlichkeit Gottes – im Fall der Unversöhnlichkeit der Menschen! Doch so ist es keinesfalls. Was Jesus mit dem Gleichnis sagen möchte, läuft auf die Umkehrung des Grundprinzips aller Gesetzesreligion hinaus: der Grundidee von Verdienst und Gerechtigkeit; ganz sicher will er nicht die Ewigkeit der Hölle lehren. – Doch gerade um das zu verstehen, kann das Märchen vom *Schneider im Himmel* theologisch äußerst hilfreich sein.

Dort nämlich wird dem notwendigen existentiellen Ernst des Jesus-Gleichnisses etwas hinzugefügt, das so wie hier tatsächlich wohl allein der heiter-spielerische Stil von Märchen noch vermitteln kann: Humor! Denn so geht jetzt die Handlung weiter: Auf Gottes Geheiß hin muß Petrus »*den Schneider wieder vor den Himmel bringen, und weil er zerrissene Schuhe hatte und die Füße voll Blasen*«, kann er sich nur gestützt auf einen Stock weiterbewegen; mühsam humpelt er so »*nach Warteinweil, wo die frommen Soldaten sitzen und sich lustig machen*«. Bereits der Name »*Warteinweil*« verrät, daß hier kein Aufenthalt gemeint ist, der auf ewig festgeschrieben werden soll; es ist ein Zwischenzeitraum, der, man weiß nicht sicher, wann, aber ganz sicher irgendwann, ein Ende haben wird; nur daß man darauf einfach passiv »warten« müßte und die Zeit absitzen könnte, wird in dieser Form nicht stimmen. – Die ganze Vorstellung vom Himmelswartesaal verballhornt offensichtlich irgendwie die alte Auffassung vom Fegefeuer[144]. Es sei dahingestellt, wie gerade diese Lehre von der katholischen Kirche dazu mißbraucht wurde, um durch den Ablaßhandel aus der Angst der Gläubigen Gewinne für den Bau des Petersdomes zu erzielen, – der Spuk hat selbst durch den Protest reformatorischer Gnadenlehre sein Ende nach wie vor noch nicht gefunden. Die Kernidee vom »Fegefeuer« muß deshalb jedoch nicht falsch sein: Was nach dem Tode, wenn die Fesseln dieses Erdenlebens fallen, auf uns wartet, ist nicht so ohne weiteres der Einzug in die Herrlichkeit des Himmels, – es gilt vielmehr, zu der Gnade Gottes hinzureifen. In ihrer klassischen Form besagt das Dogma von dem Fegefeuer, daß jemand bereits sicher weiß, daß er zu Gott gehört, nur daß er vorher noch für seine Sünden büßen muß, – ein wenig innerlicher ausgedrückt: daß er sich sehnt nach einem Dasein reiner Güte, jenseits der Grenzen von Gewalt und Grausamkeit – im Namen »göttlicher« Gerechtigkeit sowie im Rahmen der von ihr gegebenen Gesetze –; doch daß er gerade deshalb um so mehr darunter leidet, wie oft er unterhalb dieses Niveaus gelebter Menschlichkeit geblieben ist. Im »Fegefeuer« seiner Seele fühlt jemand sich bereits ganz eins mit Gott, der, wie es in 1 Joh 4,16 heißt, »die Liebe« ist; aber ihn quält eben deswegen all die Lieblosigkeit, die er begangen hat; sie tut ihm leid, doch gerade dieses Leid der Reue läßt ihn wachsen in die Wahrheit. Nicht »warten« also, sondern wachsen … Befreiend kann in solcher Lage wirken, wenn andere mit ihrem Sein und Tun an den Fehlstellen eigenen Verhaltens in die Bresche treten und auszugleichen suchen, was sonst wohl wie verloren wäre; es ist ein unschätzbarer Trost zu sehen, daß die alte Schuld sich nicht in alle Zeit zum Schaden auswirkt. – Das war einmal der Inhalt der leidigen und obsoleten Ablaßlehre: – ein Mehr an Solidarität, Verbundenheit und Einheit über den Tod hinaus, in alle Ewigkeit …!

Und all das soll man lernen ausgerechnet nun im Kreis »frommer Soldaten«, die sich in »Warteinweil« so köstlich *»lustig machen«*?

Gewiß, wenn irgendein Berufsstand ist, der schon auf Erden durch die Hölle geht, so ist es dieser Kreis von Leuten, die man dafür bezahlt, daß sie bei ständiger Gefahr für Leib und Leben auf den Schlachtfeldern feudaler Auftraggeber Menschen in Massen morden müssen. Wie keine Menschengruppe sonst steht das Soldatentum für Roheit, Rauflust und für rabiate Rücksichtslosigkeit. »Da drüben ist jemand, der will mich töten, weil er weiß, daß ich ihn töten werde, wenn er mir nicht zuvorkommt. Also muß ich rascher und geübter sein als er. Ich muß ihn töten, nur so rette ich mein Leben. Er oder ich, – so ist's nun mal.« Man kann in Werbebroschüren des Militärs viel von den Aufstiegschancen und Versorgungsleistungen des Staates lesen, und stets beschwören die Politiker, welche die Kampfeinsätze ihrer Truppe durch Beschluß ermöglichen, die Bürger, all die zu unterstützen, die ihre »Freiheit«, ihre »Sicherheit« und ihren »Wohlstand« in der Welt »verteidigten«; doch auf die eigentliche menschliche Unmöglichkeit, Soldat zu sein, geht kaum jemand von ihnen ein: das ist der potentiell stets gegenwärtige und dann mitunter faktisch sich ergebende monströse Zwang zum Töten.

An diesen Punkt äußerster Gegenmenschlichkeit, an diesen Ort der gut besoldeten und vorsätzlichen Todespraxis der einen an den anderen indessen schleppt sich am Ende seiner Möglichkeiten der aus dem Himmel fortgewiesene Schneider. Für ihn verbindet sich damit ein steiler Abstieg oder, richtiger: ein Absturz weg vom Throne Gottes hinunter in die Schlucht der Inhumanität, vom Himmel der Barmherzigkeit hinunter in die bare Barbarei auf Erden; was da das eine mit dem anderen gemein hat, ist allenfalls die mitleidlose, triumphale Grausamkeit, mit welcher dieser Schneider hoch im Himmel saß und auf »Todesschuld« erkannte, während diese Soldaten hier auf Erden sich vollkommen im Recht vorkamen, wenn sie für ihre »gute« Sache töteten: es war halt ihre Art, um sich am Leben zu erhalten. Fast möchte man deshalb schon meinen, der Schneider, wenn er derart richtet, gehörte der Gesinnung nach auch irgendwie zu den Soldaten in ihrem Kampf, wie man sie glauben macht, gegen das Böse. Und doch wirkt dieser Aufenthalt des Schneiders mit seiner schmächtigen Figur unter den grobschlächtigen Gestalten ausgebildeter Soldaten geradezu grotesk. Dafür aber kann er gerade deshalb wie in einem Spiegel sein eigenes Portrait von zornentbrannter Mitleidlosigkeit im Urteil über andere erkennen: Im Anblick dieser tötungsfähigen und tötungswilligen Verrohung des Soldatenstandes im Kampfe aller gegen alle muß er sich fragen, ob eine solche Welt tödlicher Grausamkeit tatsächlich das ist, was er will. Wo nicht, kann er sie nur noch lachhaft finden; dann aber wird er gerad von den Soldaten etwas lernen, das ihm bisher vollkommen abging: die Kunst, über sich selbst mit seiner Neigung zum Hau-drauf zu lachen.

Warum und auch worüber Soldaten ihre Späße machen, sei dahingestellt, – sie haben eigentlich nicht viel zu lachen, haben sie doch schon auf gewisse Weise mit dem Leben abgeschlossen. Es sind in aller Regel zynische, obszöne, grenzwertige Witze, die im Munde von Soldaten ihre Runde machen. Und gegen diesen »Spaß« latenter oder offener Verzweiflung gilt es ein anderes zu lernen: menschliche Schuld nicht länger tödlich ernst zu nehmen.

Das Gleichnis Jesu von dem »Schalksknecht« endete mit einer Drohung: wer anderen nicht vergibt, nachdem ihm selber eine kolossale Schuldenlast – von Gott – erlassen wurde, vertut die letzte Chance, mit sich und seiner Lage »gerecht« umzugehen. Mit einer solchen Warnung ist in keiner Form zu spaßen. So ernst, wie sie gemeint ist, ist es auch. Einem *»Schneider im Himmel«* indessen, der ohnehin schon mit der Strenge seines Überichs nicht klar kommt, kann mit noch mehr Angst wohl kaum geholfen werden. Er müßte – und sei es an seinem so sehr im Widerspruch verwandten Gegenteil: an den Soldaten – erst mal lernen, wie es ist, die Fehler anderer Menschen und dann auch die eigenen nach und nach ein wenig besser zu verstehen; erst dann verlagert sich beim Anblick der vielen tragikomischen Seiten unseres Lebens der Akzent mehr und mehr vom Trostlos-Traurigen hinweg ins Lachhafte. Ein Schneider auf dem Throne Gottes – das ist an sich bereits urkomisch, und das ist es denn eigentlich, was ihm der Herrgott sagen will, wenn er ihn aus dem Himmel wirft, – ein jeder Leser muß an dieser Stelle schmunzeln: Gott ist so gründlich anders, als die Moral des Überichs es haben will, und alles wird unendlich leicht und frei, sobald man es begreift. Was man Humor nennt, besteht wesentlich in der Erleichterung und der Befreiung von dem bitterbösen Ernst des Urteilens und des Verurteilens angesichts der Fehlbarkeit von Menschen.

In den *Erzählungen der Chassidim* berichtet MARTIN BUBER (1878–1965) einmal, daß der RAW VON KOLBISCHOW, als er in Mesritsch weilte, »sah, wie ein alter Mann zum Maggid (sc. dem »großen Maggid«, DOW BÄR VON MESRITSCH, gest. 1772, d.V.) kam und ihn bat, ihm eine Sündenbuße aufzuerlegen. ›Geh heim‹, sagte der Maggid, ›schreib all deine Sünden auf ein Blatt und bringe es mir.‹ Als der Mann es ihm brachte, warf er nur einen Blick darauf, dann sagte er: ›Geh nun wieder heim, es ist gut.‹ Später aber sah der Raw, wie Rabbi Bär das Blatt las und bei jeder Zeile laut auflachte. Das verdroß ihn: Wie kann man über Sünden lachen! Jahrelang konnte er die Erinnerung nicht überwinden, bis er einmal diesen Spruch des BAAL-SCHEM-TOW (sc. ISRAEL BEN ELIESER, 1700–1760, Lehrer von RABBI BÄR, d.V.) anführen hörte: ›Es ist bekannt, daß niemand eine Sünde begeht, es sei denn der Geist der Narrheit ist in ihn gefahren. Was tut aber der Weise, wenn ein Narr zu ihm kommt? Er lacht über all seine Narrheiten, und wie er lacht, kommt der Hauch der Mildigkeit über die Welt, die Strenge schmilzt, und was lastete, wird leicht! Der Raw besann sich. ›Nun verstehe ich das Lachen des heiligen Maggids‹, sprach er in seiner Seele.«[145]

Damit wäre zu dem Märchen der Brüder GRIMM vom *Schneider im Himmel* das Nötige gesagt, gäbe es nicht auf dem Niveau der Weltliteratur ein Märchenspiel, das gleichermaßen an dem Thema Strafen und Vergeben sich aufrankt zu einer klassischen Tragikomödie: das Bühnenstück von WILLIAM SHAKESPEARE (1564–1616), *Der Kaufmann von Venedig*. Im Zentrum der Geschichte steht dem Titel nach der reiche Händler Antonio, der sich mit 3000 Dukaten bei dem Juden Shylock verschuldet, um seinem Freund Bassanio die Werbung um die schöne, reiche Porzia zu ermöglichen. Die Heirat zwischen beiden kommt zustande, doch als Antonio finanziell vor dem Ruin steht und sein Darlehen nicht fristgerecht zurückzahlen kann, verlangt Shylock vertragsgemäß, ein Pfund Fleisch in der Nähe des Herzens aus dem Körper seines Schuldners schneiden zu dürfen – zur Rache auch für seine Tochter Jessica, die aus Liebe zu dem Christen Lorenzo sich aus seinem Hause fortgestohlen hat, die aber, wie er meint, arglistig entführt wurde. Als Richter verkleidet, sucht Porzia den haßerfüllten Gerechtigkeitswillen Shylocks zu besänftigen, jedoch vergebens; als freilich Shylock das Angebot gütlicher Einigung ablehnt, kehrt sich das Urteil gegen ihn: er wird verklagt wegen des hinterhältigen Anschlags auf das Leben eines Bürgers von Venedig und aller seiner Güter strafweise enthoben, – vom Herrn über Leben und Tod im Namen von Recht und Gesetz sinkt er hinab in die Rolle eines Mannes, der wegen seiner Gnadenlosigkeit auch keine Gnade zu erwarten hat. Doch um so gültiger bleiben die Worte Porzias als Mahnung zur

Versöhnlichkeit, mit denen sie Shylock erklärt, daß er »Gnad ergehen lassen« *muß*:

> Die Art der Gnade weiß von keinem Zwang:
> Sie träufelt wie des Himmels milder Regen
> Zur Erde unter ihr, zwiefach gesegnet:
> Sie segnet den, der gibt, und den, der nimmt;
> Am mächtigsten in Mächt'gen zieret sie
> Den Fürsten auf dem Thron mehr als die Krone!
> Das Zepter zeigt die weltliche Gewalt,
> Das Attribut der Würd und Majestät,
> Worin die Furcht und Scheu vor Kön'gen sitzt.
> Doch Gnad ist über diese Zeptermacht,
> Sie thronet in dem Herzen der Monarchen,
> Sie ist ein Attribut der Gottheit selbst,
> Und ird'sche Macht kommt göttlicher am nächsten,
> Wenn Gnade bei dem Recht steht. Darum, Jude,
> Suchst du um Recht schon an, erwäge dies:
> Daß nach dem Lauf des Rechtes unser keiner
> Zum Heil käm; wir beten alle um Gnade,
> Und dies Gebet muß uns der Gnade Taten
> Auch üben lehren.[146]

Die Sterntaler (KHM 153) oder: Vom freiwilligen Hergeben

Vom gastfreundlichen Geben gegenüber Fremden und vom einsichtigen Vergeben fremder Schuld war die Rede in dem Märchen vom *Armen und vom Reichen* und in der Geschichte vom *Schneider im Himmel*; deutlich wurde dabei, wie beide Haltungen oder Wahrheiten aus der gleichen Quelle fließen: der Orientierung des Lebens an der Not des anderen. Beides sind zutiefst religiöse Einsichten in die Grundlagen unseres Daseins. Im Grunde gilt es, entsprechend dem Wahlspruch Jesu zu leben: »Umsonst habt ihr empfangen, umsonst gebt.« (Mt 10,8) Wo das geschieht, kommt der Himmel der Erde nahe.

So erzählt man von Rabbi SCHMUEL VON BRYSOW, »dass er sehr reich und angesehen war. Eines Abends kam eine Gruppe von Kaufleuten nach Brysow. Und weil es kurz vor Schabbatanbruch war, beschlossen sie, den Festtag in der Stadt zu bleiben. So kamen sie an seine Tür und erkundigten sich, ob sie in seinem Haus Herberge finden und das Schabbatmahl mit ihm teilen dürften. Rabbi Schmuel erwiderte, er könne ihnen beides anbieten – allerdings nur gegen Bezahlung. Und dann nannte er noch einen sehr hohen Preis. Befremdet nahmen die Reisenden das Angebot an. Und so aßen sie und tranken sie über den Schabbat zu Genüge, verlangten noch erlesene Weine und ausgesuchte Speisen und hatten alle möglichen Sonderwünsche – für den hohen Preis, den sie zu entrichten hatten. Als der Schabbat vorüber war, wollten sie Rabbi Schmuel die vereinbarte Summe bezahlen. Der aber brach in ein Lachen aus und fragte sie, ob sie den Verstand verloren hätten – wie könne er für das Privileg der Gastfreundschaft Geld annehmen. Verständnislos fragten ihn die Kaufleute nach dem Grund seiner ursprünglichen Bedingung einer hohen Bezahlung. Da erklärte Rabbi Schmuel: ›Ich fürchtete, es könnte euch peinlich sein, genug zu essen und reichlich zu trinken, wenn ihr euch nur als meine Gäste fühlt. Und – seid ehrlich –

hatte ich nicht recht?‹«[147] Gastfreundschaft und die Vermeidung von Selbstvorwürfen treten in dieser Anekdote zusammen zu dem Gesamtbild eines wahren »Frommen«, eines »guten Menschen«.

Aber, mag ein Einwand lauten, der Rabbi hier war reich, »sehr reich« sogar; »wenn ich das wäre«, könnte ein Kritiker erklären, »so wollte auch ich gerne wohltätig sein.« Zwar zeigte sich bereits in dem Märchen von dem *Armen und dem Reichen*, daß es gerade den Vielbesitzern fast unmöglich fällt, noch einen Platz für einen Aufnahmebedürftigen zu finden; doch scheinbar bleibt's dabei: Man kann nur geben, was man hat. Und daraus folgt vermeintlich, daß man erst einmal Eigentum erwerben muß, um hilfreich sein zu können. Doch gegen dieses »Zweimal zwei ist vier« des »Realitätssinnes« wendet sich seit jeher eine Gruppe von Legenden, die das Gegenteil betonen: Man gibt nicht, was man hat, – man hat nur, was man gibt, behaupten sie; was Menschlichkeit ist, läßt sich nicht rein wirtschaftlich berechnen, es ist dazu bestimmt, die wirtschaftliche Rechnerei zu übersteigen. Legenden bilden eine eigene Erzählgattung, die nicht im Nachrichtenteil einer Zeitung unterzubringen ist, sondern eher im Feuilleton zu stehen kommt; ihr Sinn besteht nicht darin, die »Realität« abzubilden, sondern wirksam die Wirklichkeit zu widerlegen; sie ist ein Fenster, das ins Freie zeigt, inmitten eines steinernen Gefängnisses lichtloser Kälte, das wir gemeinhin als die faktische Gegebenheit betrachten.

Eine Legende dieser Art ist beispielsweise die Geschichte des Propheten Elija: Als einmal eine Hungersnot ausbrach in Israel, erging eine Gottesstimme an ihn, sich nach Zarpat bei Sidon zu begeben und dort eine Witwe aufzusuchen. Als er sie traf, war sie gerade dabei, ihr letztes Mehl und Öl für sich und ihren Sohn als Speise zuzubereiten; doch zuerst gab sie dem Gottesmann davon, und der Prophet segnete sie dafür: »Das Mehl im Topf«, sprach er, »soll nicht verzehrt werden, und dem Ölkrug soll nicht mangeln bis auf den Tag, an dem der Herr regnen lassen wird auf Erden.« (1 Kön 17,7–18) Ein ähnliches geschieht dem Elija-Schüler Elischa, als er auf wunderbare Weise die Ölkrüge einer Witwe füllt, – nur so kann er sie davor bewahren, daß ein wucherischer Schuldherr ihre zwei Söhne zu leibeigenen Knechten nimmt (2 Kön 4,1–7). Geschichten gegen die Geld- und Gewinngier sind dies, die gegen das Kalkül des ewigen »was habe ich davon« darauf verweisen, wie »gewinnend« statt wie gewinnträchtig es sein kann, Großzügigkeit walten zu lassen statt Engherzigkeit und Engstirnigkeit. Im Neuen Testament entsprechen diesen Vorbildern die beiden Legenden von der sogenannten wunderbaren Brotvermehrung in Mk 6,30–44 und 8,1–9; auch sie besagen: wer gibt, der wird nicht ärmer, sondern reicher[148]. Nicht finanziell gilt das, wohl aber menschlich. Nur: was sind das für Menschen, die eine solche Form der Menschlichkeit erwerben? *Eine* Antwort darauf bietet das Märchen *Die Sterntaler*.

Es war einmal ein kleines Mädchen, dem war Vater und Mutter gestorben, und es war so arm, daß es kein Kämmerchen mehr hatte, darin zu wohnen, und kein Bettchen mehr, darin zu schlafen, und endlich gar nichts mehr als die Kleider auf dem Leib und ein Stückchen Brot in der Hand, das ihm ein mitleidiges Herz geschenkt hatte. Es war aber gut und fromm. Und weil es so von aller Welt verlassen war, ging es im Vertrauen auf den lieben Gott hinaus ins Feld. Da begegnete ihm ein armer Mann, der sprach: »Ach, gib mir etwas zu essen, ich bin so hungrig.« Es reichte ihm das ganze Stückchen Brot und sagte: »Gott segne dir's«, und ging weiter. Da kam ein Kind, das jammerte und sprach: »Es friert mich so an meinem Kopfe, schenk mir etwas, womit ich ihn bedecken kann.« Da tat es seine Mütze ab und gab sie ihm. Und als es noch eine Weile gegangen war, kam wieder ein Kind und hatte kein Leibchen an und fror: da gab es ihm seins; und noch weiter, da bat eins um ein Röcklein, das gab es auch von sich hin. Endlich gelangte es in einen Wald, und es war schon dunkel geworden, da kam noch eins und bat um ein Hemdlein, und das fromme Mädchen dachte: »Es ist dunkle Nacht, da sieht dich niemand, du kannst wohl dein Hemd weggeben«, und zog das Hemd ab und gab es auch noch hin. Und wie es so stand und gar nichts mehr hatte, fielen auf einmal die Sterne vom Himmel, und waren lauter harte blanke Taler: und ob es gleich sein Hemdlein weggegeben, so hatte es ein neues an, und das war vom allerfeinsten Linnen. Da sammelte es sich die Taler hinein und war reich für sein Lebtag.

Und weil es so von aller Welt verlassen war

Legenden sind – oder können doch sein – wie Leuchttürme, die helfen, richtig Kurs zu halten, doch sagen sie nichts über Wind und Wellen und nichts über den Zustand eines Schiffes, das gerad die hohe See gewinnen will. Legenden, anders ausgedrückt, können nur allzu leicht dazu verführen, das Handeln jener »Heiligen«, die sie verklären, als Vorbild und Verpflichtung festzuschreiben. Man sitzt auf einem solchen »Leuchtturm« dann wieder wie auf Gottes Thron: man sieht, wie Menschen handeln, und man weiß, wie Menschen handeln sollten, und dazwischen spricht das Maß der Kursabweichungen das Urteil. Damit Legenden keinen Schaden stiften, muß man die Lage, die Gefühle, die Geschichte der Menschen reflektieren, von denen sie erzählen und auf die sie zu beziehen sind, sonst droht Gefahr, daß sie sich in »Prinzipien« der »praktischen Vernunft« verwandeln oder in starre Idealbildungen, die eher der Selbstunterdrückung als der Selbstentfaltung dienlich sind[149]. Legenden können die Fesseln der Vorstellung sprengen, indem sie die »Realität« als Aufgabe und nicht als Preisgabe des eigenen Lebens zu sehen lehren, aber sie können auch Fesseln inneren Zwangs auferlegen, indem sie als Rechtfertigung neurotischer Ängste fungieren oder selbst solchen Ängsten entstammen. Es ist bei Legenden mithin nicht anders als bei dem Reden von »Gott«: man muß schauen, was psychologisch gemeint ist und in welcher Weise es sich seelisch auswirkt. Die Märchen sind als an sich rein profane Erzählgattungen dem seelischen Erleben zumeist näher als die Idealbilder frommer Legenden[150], doch läßt sich zwischen beiden nicht scharf trennen, und insbesondere ein Märchen wie *Die Sterntaler* vermag, indem es so ausführlich die Lage seiner »Heldin« schildert, mit Nachdruck darauf hinzuweisen, daß man auch »Heilige« in ihren Motiven und Gefühlen erst einmal verstehen sollte, statt sie zu verherrlichen. Wer menschlich ferngerückte Ideale wirklich leben möchte, entfernt sich leichthin von sich selbst, während die allermeisten Menschen ihre Idole vor allem deshalb zu den Sternen heben, auf daß sie mit dem selbstgeschaffenen Abstand zwischen sich und jenen die Unveränderlichkeit ihres »weiter so« rechtfertigen. Es wäre ja Vermessenheit, nach solchen »Überirdischen« sich zu bemessen! – Wie also legt man die Geschichte von den »*Sternta-*

lern« so aus, daß sie ihre Verbindlichkeit nicht einbüßt, indem sie ihre Menschlichkeit bewahrt?

Manchmal in einer Anamnese von Klienten ist es hilfreich, sich nach dem »Lieblingsmärchen« zu erkundigen; was man als Kind besonders gern gehört hat, stellte in aller Regel Szenen und Gefühle dar, die eigene Erfahrungen aufgriffen, und so lassen die »Lieblingsmärchen« von damals sich heute lesen als symbolisch verschlüsselte Erinnerungen an die prägenden Eindrücke und Gestimmtheiten, welche der Formung der eigenen Persönlichkeit zu Grunde lagen. Wenn jemand speziell das Märchen von den *»Sterntalern«* als Kind gemocht hat, so darf man deshalb wohl ein Stück weit in ihm selbst das Mädchen (oder den Jungen) wiedersehen, von dem die Einleitung dieser Geschichte spricht.

Natürlich klingt bereits der erste Satz melodramatisch, und man ist leicht geneigt, ihn als ein kitschiges Klischee von Sozialromantik und von Mitleidheischerei[151] von sich zu schieben: – *»ein kleines Mädchen, dem war Vater und Mutter gestorben«*. Doch Märchen wollen nicht Sozialgeschichte schreiben, sie malen Seelenbilder, und seelisch gibt es viele Arten, in denen einem Kind der Vater und die Mutter »sterben« können. – Um 1945 etwa war es ein Millionenschicksal: Der Vater war »im Feld geblieben«, wie man sagte, er war »fürs Vaterland gefallen«, wie es auch wohl hieß, oder er war »vermißt«. Zu Hause saßen Mütter, die ihre Kinder kaum ernähren konnten. Mit Kriegsende brach die bis dahin noch erstaunlich gute Versorgung der Bevölkerung mit Nahrungsmitteln und Gebrauchsgütern abrupt zusammen; die Hoffnungen, daß es mit »Deutschland« nach dem »Endsieg« »aufwärts« gehe, hatten als bloße Propagandalügen sich herausgestellt; Ängste, Verlassenheitsgefühle, bittere Enttäuschungen, Hilflosigkeit und Ausweglosigkeit bestimmten die Empfindungen der meisten Mütter damals. Wohin nur mit den Kindern? Man mußte sie durchbringen, aber wie? Etwas zu essen war das Wichtigste. Man konnte auf dem Feld bei einem Bauern in der Ernte mitarbeiten. Man konnte sich als Putzmagd oder Aushilfe verdingen. Man konnte und man mußte alles machen, was irgend etwas Geld einbrachte. Am Abend kam die Mutter dann nach Hause mit ein wenig Mehl, ein paar Kartoffeln, Obst, Gemüse … es war die Frucht eines für Kinderaugen endlos langen Arbeitstages. Die ganze Zeit hatten die Kinder warten müssen, – die Oma paßte auf sie auf oder die Nachbarin oder sie hatten irgendwo mit auf der Arbeitsstelle rumgesessen. Der Vater, den sie nie gesehen hatten, war verstorben, und die Mutter war nicht da. Auch sie war für die Kinder »tot«, begraben unter ihren Sorgen, Nöten und nur mühsam zu bewältigenden Aufgaben.

Da war buchstäblich *»ein kleines Mädchen«* oder auch ein kleiner Junge, *»dem war Vater und Mutter gestorben«*, das heißt, da war ein Kind, das kaum ein Kind sein durfte, – es mußte viel zu früh und viel zu umfangreich »erwachsen« werden; es durfte *eines* sicher nicht: noch zusätzliche Ansprüche ans Leben stellen. Sich anzupassen, einzufühlen in die Wünsche anderer, durchs Leben mehr zu schweben als zu schreiten und dabei keinesfalls mit Nachdruck aufzutreten, folgsam den Forderungen anderer geflissentlich und fleißig zu entsprechen, – aus lauter Not entstand daraus die »Tugend« eines Generalverzichts auf eigenes Wollen oder Wünschen und umgekehrt der Sehnsucht geradezu nach Hingabe und Selbstaufopferung. Nicht wie man das bekommt, was man sich selber wünschen könnte, war die Frage, sondern wie man die eigenen Wünsche in den anderen herausahnt und ersatzweise befriedigt, bildete das Hauptziel aller seelischen Bemühungen. Wann immer jemand etwas wollte, ward es zur Pflicht, dem zu entsprechen. Die Mutter, wenn sie abends wiederkam, durfte man nicht mit dem Verdruß empfangen, daß sie jetzt erst kam, – man wußte doch – man hatte es zu wissen –, wie sehr sie sich den ganzen Tag lang abgerackert hatte für die Kinder, man hatte dankbar für die Zeit zu sein, als sie nicht da war, und noch viel mehr, daß sie nun – endlich – zur Verfügung stand.

Doch stand sie zur Verfügung? Im besten Fall begrenzt! Was hatte sie erlebt, wie ging es ihr, in welcher Stimmung kehrte sie zurück, – *das* entschied darüber, wie es weiterging und wie die Nacht verlief. Sich still zu halten, hilfsbereit zu sein, um Himmels willen nicht noch zusätzlichen Ärger heraufzubeschwören, ein »braves« Kind zu werden ohne Wenn und Aber, – das war die Konsequenz aus dem Erleben einer Welt, in der man bestenfalls geduldet und im Grunde spürbar auch als Last empfunden wurde. Man mußte danach trachten, den Schaden wiedergutzumachen, daß man auf der Welt war, und wie konnte das geschehen, außer für die anderen dazusein, um auszugleichen, daß für einen selber letztlich niemand da war? Da man nicht selber leben durfte, versuchte man, in anderen zu leben. Ihr Glück wurde zum eigenen Glück, ihr Kummer war der stille Auftrag, sich um sie zu kümmern, und ihre Not war die Notwendigkeit zur Selbsteinschränkung bis zum äußersten. Oder zur Selbstentgrenzung: Man hatte sich nicht zu verweigern! Abgrenzung war identisch mit dem Vorwurf purer Rücksichtslosigkeit und unverantwortlicher Selbstsucht.

Es gibt gewiß kein Kind, das als ein »Egoist« zur Welt kommt; jedoch in Umständen, die keinen Platz zur Selbstentfaltung lassen, darf man auf keinen Fall sich »breit machen«, da gilt schon der Versuch, mal nein zu sagen, als ein krasser Fall von Eigensucht, – er kommt ganz einfach nicht in Frage. Und wenn man das erst mal begriffen hat, bleibt nur noch der Verzicht auf jede Form der Selbstbehauptung. »Das möchte ich nicht – nicht so, nicht jetzt, nein, überhaupt nicht«, ist eine Äußerung, die das schier Undenkbare darstellt. »Ich habe mal gehört«, erklärte eine Ordensschwester, »daß ›Nonne‹ im Lateinischen – umgekehrt wie englisch *any* – eine Fragepartikel sei, auf die man stets ein Ja erwarte, – so wie auf deutsch: möchtest du nicht? Tatsächlich bin ich eine solche ›Nonne‹. Ich habe es als Ideal gelernt, nicht an mich selbst zu denken und bedingungslos für andere dazusein.« Und wirklich war sie aufgewachsen wie das Mädchen in den »*Sterntalern*«, – als »eine Waise, deren Eltern lebten« …, wie HERMANN HESSE (1877–1962) es mit 15 Jahren aus der »Irrenanstalt« in Stetten in einem Brief an seinen Vater formuliert hat[152]. Er meinte damit Eltern, insbesondere den Vater, die nicht da waren, wenn er sie gebraucht hätte. Sie fehlten, ja, sie existierten nicht trotz ihrer Gegenwart, – man kann auch an der Eltern Seite elternlos aufwachsen.

Daß Vater und Mutter dem *Sterntaler*-Mädchen gestorben sind, muß demnach durchaus nicht rein physisch zu verstehen sein; es genügt, sich vorzustellen, daß die Eltern für das Kind die Zeit, die Energie, das Geld, die Nerven, die Geduld nicht haben, die es brauchen würde, um sich selbst geborgen und gemocht zu fühlen. Gleichzeitig muß es aber auch erleben, daß die Eltern es trotz allem eigentlich gut meinen. Sie lieben ihr Kind – keine Frage! Sie können es nur nicht so lieben, wie sie möchten. Wäre es anders, träfe das Kind auf eine Welt der kalten Ablehnung oder der völligen Gleichgültigkeit, so würde es niemals in die Verantwortung zu Rücksichtnahme und zu Selbstzurücknahme hineingezogen werden. Es würde eher dann zu Rebellion oder zu Apathie geneigt sein, – nie würde es die Hingabebereitschaft eines *Sterntaler*-Kindes lernen und erwerben. Dazu gehört eine an sich sogar sehr warmherzige Zuwendung, – die Mutter meint es gut! Wo das nicht intensiv erlebt wird, kann nie eine Verbundenheit entstehen, die menschliche Beziehungen als äußerste Verbindlichkeit erfahren läßt. Dann aber tritt die notgedrungene Begrenztheit aller elterlichen Zuwendung dazwischen, und sie nötigt das Kind zur Unbegrenztheit des Entgegenkommens. Man sieht die Eltern stets am Rande ihrer Möglichkeiten sich bewegen; wenn das so ist, muß man als Kind selbst über alle eigenen Abgrenzungen weg ihnen entgegengehen.

Was sich auf diese Weise bildet, hat der Neo-Psychoanalytiker HARALD SCHULTZ-HENCKE (1892–1953) mit einem treffenden Wort als »retentive Gehemmtheit« bezeichnet[153]. Er meinte damit ein charakterspezifisches Unvermögen, einem anderen eine Bitte abzuschlagen, ihm Nein zu sagen, einen Wunsch nicht zu erfüllen, kurz, von der eigenen Energie etwas zurückzuhalten, es mit einem lateinischen Fremdwort zu »retinieren«. »Das ist mein Leitmotiv«, sagte mit leuchtenden Augen einmal eine Frau und überreichte eine Postkarte; darauf zu sehen war ein Dorfbrunnen, aus dessen metallener Mündung ein kräftiger Wasserstrahl austrat. »Immer nur geben, das ist mein Leben«, stand darunter. Es war das Ideal dieser Frau, – so wollte sie sein. Und so wäre sie auch geworden, hätten sie nicht immer wieder Gefühle tiefer Traurigkeit und Niedergedrücktheit heimgesucht. Das Märchen spricht davon, das kleine Mädchen sei *»so arm«* gewesen, *»daß es kein Kämmerchen mehr hatte, darin zu wohnen, und kein Bettchen mehr, darin zu schlafen«*. Ein Kind, das in der äußeren Realität in dieser Weise leben müßte, könnte so nicht *über*leben; jedoch symbolisch beschreibt sich in diesen Worten aufs genaueste die Seelenlage eines solchen Kindes, – in seiner Armut malt sich eindrücklich die Grenzenlosigkeit seiner Armseligkeit. Als Grundgefühl wird eine Frau, die so als Mädchen leben mußte, im Rückblick von sich vielleicht sagen: »Ich hatte nie ein wirkliches Zuhause, und einen Raum für mich gab es schon gar nicht.«

Auch äußerlich mag das der Fall gewesen sein: Die Wohnverhältnisse gestalteten sich sehr beengt, ein einziges Zimmer stand als Wohn-

und Eßzimmer und Küche zur Verfügung und mußte auch zum Teil als Schlafraum dienen. – Auf Menschen, die verliebt sind, mag solch ein Zwang zur Nähe wirken wie ein Paradies der Innigkeit und der Gemütlichkeit; jedoch im Rahmen eines ganz gewöhnlichen Familienlebens kann die Beengtheit schon des Wohnraums sich ausnehmen wie die Überbelegung einer Gefängniszelle: man beginnt, sich empfindlich auf die Nerven zu gehen. Allein die Geräusche! Der eine schneuzt sich oder niest, ein anderer beißt krachend in einen Apfel, wieder einer zieht seinen Stuhl schnarrend über den Holzfußboden, und so geht es weiter bis in die Nacht hinein: der eine schnarcht wie eine Kettensäge, der andere muß gerad mal wieder auf die Toilette, dem einen ist's zu kalt, dem anderen zu warm … Nicht mal ein eigenes Bett hat man für sich, – zwei, drei Personen teilen sich den Platz auf gleichem Lager. – Für viele Kinder ist es eine wahre Wonne, ganz dicht bei Vater und Mutter im gleichen Bett zu kuscheln; doch irgendwann werden die Eltern ungestört allein sein wollen, und dann droht die Aussperrung. Und es ist immer wieder diese Mischung aus mangelnder Distanz und aufgenötigter Isolation, die jede Form von Grenzziehung verwirkt. »Mir gehört gar nichts«, – das ist der Gesamteindruck. »Und wenn ich etwas habe, kann man es um die Ecke mir gleich wieder nehmen.«

Vor allem: wenn Mutter (oder Vater) ausnahmsweise – zum Geburtstag oder auch zur Weihnacht – ein »Geschenk« mitbringen, werden sie sicher gleich dabei betonen, was es sie gekostet hat, – wie lange sie dafür arbeiten oder sparen mußten. Gewiß, sie wollten damit sagen, daß sie ihr Mädchen (ihren Jungen) herzlich lieben, und doch klang es auch wie ein Vorwurf: so viel kostest du uns! Du bist uns teuer, aber eigentlich zu teuer. Drum streng dich an, unsere Mühen zu belohnen durch Anspruchslosigkeit und Bravheit. Gerade wenn die Eltern ganz besonders »lieb« sind, rücken sie in einem Feld der Enge und Beengtheit nicht nahe, sondern fern. Auch so wird Armut zur Armseligkeit. Man hat nichts, aber mehr noch: man hat auch nichts zu wünschen, und weiter: was man hat, ist abzugeben, wenn es jemand anderer benötigt.

Man beginnt daher zu begreifen, daß das *Sterntaler*-Mädchen im Grunde sein Familienverhalten, sozial erweitert, in die Welt mitnimmt, wenn es jedem, der ihm begegnet, buchstäblich bis aufs letzte Hemd weggibt, was es noch auf dem Leibe trägt. – Man rühmt den heiligen

Martin dafür, daß er seinen Mantel mit dem Bettler teilte; er tat das als ein Offizier der Reitertruppe Roms. Dies Mädchen hier ist als ein Arme-Leute-Kind, als Waisenkind der Seele, gewohnt, daß es alles mit allen teilen muß, will sagen: daß ihm nichts gehört, auch nicht »*die Kleider auf dem Leib*«, auch nicht das »*Stückchen Brot in der Hand*«, das ihm »*ein mitleidiges Herz geschenkt hat*«. Ein solches Mädchen »teilt« nicht, es halbiert nicht, es gibt ganz. Bei jedem, den es trifft und der um etwas bettelt, handelt es so, wie es im Umgang mit den eigenen Angehörigen notwendig war.

Da kommt »*ein armer Mann*«, der »*so hungrig*« ist, und so gibt dieses Mädchen »*ihm das ganze Stückchen Brot*« und betet noch darüber: »*Gott segne dir's*«. Es soll kein Groll in ihm, kein Schuldgefühl im anderen über die Rückhaltlosigkeit der Gabe die Annahme des Brots verstören. Und Schritt für Schritt geht es so weiter: »*Da kam ein Kind, das jammerte und sprach: ›Es friert mich so an meinem Kopfe‹*«, da »*tat es seine Mütze ab und gab sie ihm*«; und einem anderen Kind, das friert, gibt es sein »Leibchen« – ein Kinder-Kleidungsstück zum Befestigen der gestrickten langen Strümpfe, das unterm Hemd getragen wurde –, und wieder einem anderen das »*Röcklein*«. Und selbst sein »*Hemd*« schenkt es noch fort, gehemmt nur durch sein Schamgefühl; doch da es »*dunkle Nacht*« ist, meint es, auch auf den Luxus eines Rests an Kleidung, die kaum mehr wärmt, nur noch verhüllt, Verzicht tuen zu sollen, und zieht sich aus bis auf die nackte Haut. Der letzte Rest intimer Abgrenzung geht ihm damit verloren; und selbst ein wenig nur vorausschauender Planung fährt dahin: noch schützt die »*dunkle Nacht*« die Sittsamkeit des Kindes; was aber wird, sobald der helle Tag beginnt?

All das sind Bilder oder, besser, Vorbilder für ein Verhalten, das in der Wirklichkeit in dieser Form nicht denkbar ist; wenn es sich psychologisch dennoch als ein Ideal empfiehlt, so unter jener einzigen Bedingung, die bisher schon zutage trat: Da ist ein Kind, das kein Zuhause hat und das sich deshalb so verhält, als wenn die ganze Welt nun sein Zuhause wäre; es handelt gegenüber jedem Hungernden und Frierenden gerade so, wie es im Kreise seiner Nicht-Familie geboten schien. Und mehr noch: es hat längst gelernt, all die Entbehrungen von einst als gottgegeben anzunehmen. Fast übertrieben schon betont das Märchen, wie »*gut und fromm*« das Mädchen ist und wie es einzig »*im Vertrauen auf den lieben Gott hinaus ins Feld«* geht, doch diese Übersteigerung ist psychologisch ganz und gar korrekt in ihrer Darstellung.

Was soll ein Mädchen tun, das deutlich spürt, daß seine Eltern es an sich gut meinen, doch daß sie für es nicht so dasein können, wie sie gerne möchten, – daß sie lebendig (wie) gestorben sind? Es spürt im Hintergrunde eine Zuwendung, die es im »Vordergrund«, in dem, was wirklich abläuft, auf das schmerzlichste vermißt, doch es erträgt all die Enttäuschungen und Einschränkungen um so leichter, je fester es an diese unsichtbare Rückseite der sichtbaren Realität sich festmacht. Anders gesagt: die positive, doch verborgene Seite im Wesen seiner Mutter beziehungsweise seines Vaters wird in gewissem Sinne wichtiger als alle noch so negativen Erfahrungen mit den real existierenden Eltern; an diese positive Seite zu *glauben* stellt sich als die wichtigste Hilfe dar, um den grauen, tristen Alltag zu bestehen; folglich gilt es, *unbedingt* und unter allen Umständen, gleich, was geschehen mag, an diesem Glauben festzuhalten. Ein *unbedingter* Glaube aber kann nicht mehr auf die ganz an Bedingungen gebundenen Gestimmtheiten der Eltern sich beziehen, er muß sich selbst verlagern in das Unbedingte, – aus dem erfahrenen Defizit im Diesseits wird so ein nicht erfahrbarer, doch absolut zu glaubender Anhalt im Jenseits.

Vor diesem Hintergrund versteht man jetzt die Seelenlage und die Handlungsweise eines solchen *Sterntaler*-Mädchens: Es gibt den anderen, was es hat, weil es an einen Gott glaubt, der ihm selber alles gibt, – das heißt: es handelt an den anderen so, wie die eigenen Eltern an ihm hätten handeln müssen. Gott – das ist hier die abgespaltene, dringend benötigte, all die erzwungene Lieblosigkeit des Alltags widerlegende Hintergrundseite in dem Bild der eigenen Mutter. Sie, die in Wirklichkeit als nicht-vorhandene, als immer schon »gestorbene«, von ihrem Kinde bis zur Selbstaufopferung alles verlangte, ohne ihm dafür mehr geben zu können als die Belobigung: »Du bist ein gutes Kind, – ich hab‹ dich lieb dafür«, – *die* Mutter formt in ihrer Hintergrundgestalt sich zu der Vorstellung von einer Gottheit, welche dem Menschen alles gibt, was er benötigt, wofern er sich entsprechend selbst verhält. Und so tut dieses Kind, wie selbstverständlich, ohne nachzudenken, scheinbar völlig im Einklang mit sich selbst. Doch so mit sich identisch ist es nicht; denn in gewisser Weise ist es seelisch ähnlich aufgespalten in Außen-

und in Innenseite, wie es das Bild der Mutter in Vordergrund und Hintergrund sein mußte.

Die Probe darauf läßt sich unschwer machen am Wechselspiel von Weinen oder Lachen im Leben eines wirklichen *Sterntaler*-Mädchens. – Die Vorstellung ist gänzlich falsch, daß man zu Depressionen neigende Persönlichkeiten einfach daran erkennen könnte, daß sie stets traurig dreinblickten und überall etwas zu granteln und zu mäkeln hätten. Im Gegenteil! Gerade ein Kind, das aufwächst als ein Waisenkind der Seele, wird überdeutlich spüren, daß es den wahren Zustand seiner Seele um keinen Preis verraten darf. Es hat bereits gelernt, auf eigene Wünsche zu verzichten; es hat sich angewöhnt, auf nichts mehr zu bestehen, was als Besitztum gelten könnte; und wie von selber wußte es seit eh und je, daß es am wenigstens ihm zusteht, sich über irgend etwas zu beklagen, – auf keinen Fall hat es mit seinem eigenen Dasein noch die ohnehin schon überlasteten Eltern zu beschweren. Wie soll es da ein Recht haben zu weinen? Weinen – das wäre ja identisch damit, Schmerz und Kummer zu verraten, das wäre mehr als alles andere gerad die Beschwerung und Beschwerde, die es kategorisch zu vermeiden gilt. Ein Kind, das weint, macht, ob es möchte oder nicht, den Eltern seine Traurigkeit zum Vorwurf; sie werden und sie sollen sich ein Stück weit schuldig fühlen. Weinen – das fordert von dem andern, sich ohne weitere Erklärung in die eigene Seelenlage zu versetzen; es ist ein Hilferuf meist nach Verstummen aller Worte, ein Ausdruck reiner Körpersprache, darin jedoch die ganze Seele liegt. – Ein Kind wie das *Sterntaler*-Mädchen hat längst schon ein für allemal begriffen, daß es mit Weinen alles nur verschlimmert: die Mutter fängt dann selber an zu schimpfen, der Vater beginnt gar zu schlagen, – es erntet nicht Verständnis und Gemeinsamkeit, sondern nur um so größere Zurückweisung und Einsamkeit. Schon deshalb wird es stets versuchen, gerade an den Stellen, da ihm eigentlich zum Weinen wäre, sich möglichst nichts von seinem Kummer anmerken zu lassen und tapfer sich sogar ein Lächeln abzuringen. Zumindest in der Gegenwart der anderen wird es den Ausbruch der Gefühle kontrollieren; erst wenn es sich vollkommen außer Aufsicht wähnt, läßt es den Tränen freien Lauf, dann allerdings dammbruchartig, unaufhaltsam, als wenn das Aufgestaute vieler Tage endlich sich in Katarakten Bahn zu brechen suchte. Danach beginnt das neuerliche

Zum-Verschwinden-Bringen des Wein-Anfalls, – niemand darf bemerken, wie man sich gefühlt hat; jetzt ist ja auch schon alles wieder gut, alles war nicht so schlimm, und überhaupt: was will man schon!

Im ganzen stellt sich ein *Sterntaler*-Mädchen mithin als ein Kind dar, das durch die Welt geht, als wenn es mitten in der Hölle wie im Himmel lebte; es lächelt, wo es weinen möchte, es gibt her, was es selbst nur allzu gut gebrauchen könnte, es vertraut Gott, weil es den eigenen Eltern nur begrenzt vertrauen mochte, – es lebt ganz offenbar ein umgekehrtes Leben, das weit entfernt ist von dem, was man einem Kind »normalerweise« wünschen möchte. Wie aber soll man jetzt verfahren, wenn man mit einer Frau, mit einem Mann zusammenkommt, die nach dem *Sterntaler*-Modell noch immer leben? Darf man sie »therapieren«, und wie soll eine solche »Therapie« sich näherhin gestalten? Läßt sich, was in der Psychoanalyse »retentiv gehemmt« heißt, auskurieren? Fragen sind dies von größter Tragweite.

Relativ einfach zu begreifen, doch äußerst schwierig zu behandeln ist ein erster generalisierter Widerstand: Man muß am heftigsten die Hilfe meiden, die man am meisten brauchen würde. Um niemals anderen zur Last zu fallen, darf man im Grunde niemals einen anderen um etwas bitten, und gerade wenn man ihn am meisten nötig hätte, ist die Scheu, ihn in die eigene Bedürftigkeit hineinzuziehen, am allergrößten. Wie soll auf dieser Basis eine Psychotherapie zustande kommen? Es kann nicht anders sein, als daß erst ganz allmählich ein Vertrauen wächst, das es erlaubt, die alten Rücksichtnahmen aufzulockern. Kontinuierlich wird das kaum vonstatten gehen, vielmehr steht zu erwarten, daß jedesmal, wenn es gelingt, ein tieferes Gefühl der alten Einsamkeit und Nicht-Gemochtheit freizulocken, schon wenig später alles wieder ungeschehen gemacht werden soll: »Es bringt ja doch nichts, darüber zu reden«, lautet so eine Nachlauf-Äußerung, – tatsächlich *war* auch eine Lösung nicht im Handumdrehen zu erzielen; »ich hätte das am besten gar nicht sagen sollen, Sie haben sicher anderes zu tun«, – mit solchen Selbsteinwänden meldet sich das früh erlernte Schamgefühl wieder zu Wort, dem anderen verächtlich vorzukommen: Man muß, wie in der »*Sterntaler*«-Erzählung, zwar alles abgeben, was man am Leibe trägt, doch »nackt« sich selbst zu zeigen ist in jedem Fall nur möglich, wenn es »dunkel« ist, so daß niemand zu sehen vermag, wer man in

Wahrheit ist. Wenn jeder Schritt zur Offenheit im Rückblick wie ein Fehler scheint, zu dem man dummerweise sich für den Moment mal hat verführen lassen und dessen man sich jetzt noch viel mehr schämen muß, ist es gewiß nicht einfach, an die Gesprächsinhalte aus der letzten Stunde anzuknüpfen; zu hoffen bleibt nur, daß trotz allem spürbar wird, wie überlebt die Sorge ist, man sei dem andern wieder mal zu viel geworden, – man ist es nicht, doch könnte man es heute manchmal sich und dem anderen leichter machen …

Ein weiteres Problem jeder Behandlung retentiver Hemmungen wird darin liegen, daß subjektiv eine Verhaltensstörung an dieser Stelle gar nicht wahrgenommen wird. Was einem Therapeuten als Symptom einer nicht harmlosen Persönlichkeitseinschränkung vorkommt, erscheint dem Patienten höchstwahrscheinlich als ein beispielgebendes Verhaltensmuster, das aufzugeben er gar keinen Grund sieht. Daß man Geld oder anderen Besitz nicht zweimal ausgibt, daß einem selbst die fortgegebene Summe fehlen wird, wenn man nicht realistisch sein Vermögen kalkuliert, daß man nicht blind und rein mechanisch seine Taschen leeren sollte, um die anderer zu füllen, – das alles sind Vorhaltungen, die, so berechtigt sie auch sind, den Therapeuten in den Augen des Klienten unter Umständen als irgendwie doch »primitiv« erscheinen lassen können. Es wird sich nicht vermeiden lassen, den Patienten darauf hinzuweisen, daß, wer zwanghaft etwas gibt, nur weil er es in Kindertagen so gelernt hat, nicht selber als Person mit seinem Ich dabei beteiligt ist, sondern daß er nur einer Forderung nachkommt, die sich im Überich verfestigt hat. Sagt nicht im Neuen Testament schon der Apostel Paulus: »Und wenn ich all meine Habe den Armen gäbe …, hätte aber der Liebe nicht, so wäre ich nichts« (1 Kor 13,3)? Immer wenn man sogar unwillig, vorwurfsvoll, verärgert sich auf andere einläßt, zeigt sich, daß die Hilfsbereitschaft nicht von innen, nicht vom Ich her kommt, sondern ichfremd, im Widerspruch auch zu sich selber abverlangt wird – wie in Kindertagen!

Eventuell gelingt es, diese Widersprüche nach und nach bewußt zu machen und in gewissem Sinne sogar zu verstärken; vor allem ist der Unterschied zwischen der Ausgangslage in der Kindheit damals und den heutigen Verhältnissen hervorzuheben, – was damals sinnvoll oder sogar unvermeidlich scheinen mochte, macht heute keinen Sinn mehr, zumindest bleibt es einer Frage wert, wieviel an Hilfe objektiv und realistisch mit dem eigenen Verhalten für den anderen verbunden ist. Was eigentlich will man bewirken: nur eine Selbstbefriedigung im Überich, einen wohlfeilen Freikauf von den eigenen Schuldgefühlen, einen narzißtischen Burgfrieden mit dem allzu strengen Urteil des Gewissens oder tatsächlich etwas, das dem andern effektiv zum Vorteil ist? Bei allem »Idealismus« ist die Frage unerläßlich, welche Funktion psychodynamisch ein bestimmtes Handeln einnimmt und wie die hehre Absicht in die Wirklichkeit zu übersetzen ist. – »Wann eigentlich kann ich erlaubtermaßen eine Grenze ziehen?« fragte nach einem Vortrag zu dem Märchen von den »*Sterntalern*« eine sichtlich betroffene Frau; die Antwort liegt jetzt fest: stets dann, wenn einem selber etwas sagt, daß man nur halbherzig, gezwungenermaßen, gegen die eigene Beurteilung der Lage, etwas hergibt; auch dann, wenn man empfindet, wie die eigenen Ressourcen (Geld und Zeit und Nerven) sinnlos verpulvert werden; und sicher dann, wenn man feststellen muß, daß man das eigene Konto wirtschaftlich wie psychisch überzieht. Dann ist es eine Pflicht ehrlichen Umgangs mit sich selbst und anderen, Nein zu sagen.

Doch selbst wenn sich ein Patient, eine Patientin bis zu diesem Punkt bewegen läßt, steht für ein wirkliches *Sterntaler*-Mädchen die eigentliche Auseinandersetzung noch bevor: die religiöse Rationalisierung der Gehemmtheit[154]. Mit »Rationalisierung« meint man in der Psychoanalyse nicht, wie im Wirtschaftsleben, die »Freisetzung« von »Arbeitskräften« zur kostengünstigen »Verschlankung« eines Unternehmens auf der Suche nach verbesserter Rendite, sondern die (Schein)Rechtfertigung neurotischer Ich-Einschränkungen und Gehemmtheiten: man kann etwas nicht tun beziehungsweise man muß etwas unbedingt tun und beweist sich nun mit »weltanschaulichen« Gründen, daß es gerade so richtig ist, wie man sich findet. Gott hat es gesagt, philosophisch zeigt es sich, die hinduistisch-buddhistische Lehre von der Vergeltungskausalität allen Handelns auferlegt es …, irgendwo, wenn man nur sucht, findet sich allemal eine Begründung selbst von noch so sonderlichen Grillen. Doch hat man erst einmal die passende Weltsicht auf sich selGUNTERSEITE

bst gewonnen, beginnt das wichtigste Instrumentar zur Selbstbefreiung: der eigene Verstand, den Status der Entfremdung ideologisch abzusichern und in ein System zu bringen. Das Ich verwandelt sich nunmehr in das, was ARTHUR SCHOPENHAUER (1788–1860) einmal (mit Bezug zu der idealistischen Leugnung der Außenwelt) als das uneinnehmbare Blockhaus eines Irren bezeichnet hat. War es nicht Jesu Wort in seiner »Bergpredigt«: »Wer dich bittet – dem gib, und wer von dir borgen will – weise (ihn) nicht ab« (Mt 5,42)? Oder noch schärfer in der »Feldrede« des *Lukas*: »Jedem, der dich bittet, gib, und wer dir das Deine raubt, von dem erbitte es nicht zurück« (Lk 6,30)? Wenn jemand wirklich Christ ist, wenn jemand wirklich an Gott glaubt, *muß* er dann nicht so handeln, wie es Christus lehrt und wie es Gott durch ihn verkündet? – Es ist, als wenn die Psychoanalyse an dieser Stelle alle Religion und Frömmigkeit auflösen müßte, um zu dem zu kommen, was sie als Ichfreiheit, als Selbstbestimmung und Identität versteht. Und wenn die BRÜDER GRIMM ihr *Sterntaler*-Mädchen ausdrücklich als *»gut und fromm«* bezeichnen, eben weil es alles, was es hat, den anderen herschenkt, ganz wie Jesus es im Neuen Testament scheinbar verlangt, setzt dann die Heilung einer solchen »retentiven Hemmung« nicht notwendig die Abkehr von der Haltung jenes wahren »Christentums« voraus? – Es ist nicht anders denkbar, als daß ein psychotherapeutisches Bemühen um die Kinderseele eines *»Sterntaler«*-Charakters ein Erdbeben auslöst, indem es selbst die letzten Fundamente eines solchen Lebens, seine Verankerung im Religiösen, einzureißen droht. Entsprechend heftig muß man sich die Gegenwehr vorstellen.

Denn letztlich kann es nur noch schlimmer kommen: Hat sich's nicht längst gezeigt, was für ein »Gott« in einem Mädchen von der Art des GRIMMschen Märchens wirksam ist? Gott hieß der unsichtbare Hintergrund einer Bejahung, auf die man allen Glauben setzte, im Widerspruch zu dem nur allzu sichtbar ablehnenden Gebaren des eigenen Vaters und der eigenen Mutter im realen Vordergrund alltäglicher Erfahrung, und dieser Gegensatz zu dem real Erlebten wurde zum Gegengift, zum Heilmittel von einer Welt der notvollen Verweigerung und Grausamkeit. Es war wortwörtlich notwendig, auf das Ungute und Ungütige der Welt zu antworten, wie es das Mädchen in den *»Sterntalern«* auch tut: mit Gutsein (»Frömmigkeit«) und Güte. Man vermag psychoanalytisch unschwer zu begreifen, wie sich ein derartiger »Glaube« an »Gott« oder »Christus« bildet, doch muß man dann nicht um so klarer bei der Diagnose bleiben: »Gott« ist in dem Erleben eines solchen Kindes die absolut gesetzte positive (Gegen)Seite der Mutterimago? Und muß man dann zugunsten eines solchen Kindes nicht mit SIGMUND FREUD (1856–1939) von Herzen wünschen, es möchte solch ein Glaube eines Tages als Produkt notvoller Kindheit im Erleben des Erwachsenen der Fähigkeit zu einem freien Ja und Nein und einem frohgemuten Geben und auch Nehmen weichen[155], wie Schnee, der in der Winterkälte sich gebildet hat, im Glanz der Frühlingssonne schmilzt?

Aber was soll dann an die Stelle treten?

Es ist die allerernsteste, wichtigste Frage, die an alle Psychotherapie sich stellen läßt und richten muß: Darf man ein alles hergebendes *Sterntaler*-Mädchen »heilen«, indem man ihm abverlangt, auch seinen Gott und seinen Glauben und alles, was ihm heilig war, hinwegzugeben? Nimmt man ihm damit nicht unendlich viel mehr, als man jemals ihm dafür erstatten kann? Oder läßt doch ein Weg sich finden, der ein solches »Kind« aus seinen Ich-Einschränkungen und Zwängen löst, indem er seinen Gottesglauben stützt, bestätigt und erweitert? In diesem Fall bedürfte Psychoanalyse selbst der Religion, um menschlich keinen Schaden anzurichten, und Religion bedürfte dringlich ihrerseits der Psychoanalyse, damit sie ihre Evidenzen gelebter Menschlichkeit nicht – länger mehr! – an höchst gefährliche, ichfremde, durch und durch neurotische Vorstellungen von Gott gebunden hielte. – Da ist ein kleines GRIMMsches Märchen, doch es verlangt von dem, der sich – wie auf sein »Lieblingsmärchen« – darauf einläßt, nicht mehr, nicht weniger als ein Konzept des Daseins, in dem das »Glauben« mit dazugehört, ein Mensch zu sein. Um die Geschichte »richtig« auszulegen, muß man deswegen zeigen, wie das »Göttliche« das »Menschliche« nicht einengt, sondern freimacht und wie man Gott begegnet nicht länger mehr als Waisenkind, suchend nach einer Mutter, die ihm fehlt, sondern als ein »Erwachsener«, der die Entdeckung macht, daß alles, was er »hat« oder zu »haben« meint, ein unerhörtes, unverdientes, dankbar machendes Geschenk ist, gegeben aus den Händen einer Güte, die sich vermitteln möchte durch das Weiterschenken aus den Händen eines so Beschenkten

… Man muß, mit *einem* Wort, was bisher »nur« Psychologie war, als Grundbefindlichkeit des Daseins deuten. Erst dann wird man begreifen, wie es zum Wunder der »Sterntaler« kommt. Daß Sterne auf die »Erde« regnen, ist nur möglich bei einem anderen Typ von »Religion« und einem anderen Typ von »Psychoanalyse«; die Böschung muß an beiden Uferseiten fest sein, um von hüben nach drüben die Brücke zu schlagen.

fielen auf einmal die Sterne vom Himmel

Im Jahre 1963 malte der belgische Surrealist RENÉ MAGRITTE (1898–1967) in dem Format 175 × 115 cm sein Bild *Das Fernglas*[156]: In eine holzverkleidete Wand ist über einer schmalen Fensterbank mit weißem Rahmen ein zweiflügeliges Fenster eingelassen, durch dessen Glas man einen blauen Himmel zu sehen meint, an dem Schönwetterwolken ziehen. Doch dieser Eindruck trügt; denn der geöffnete rechte Seitenflügel gibt einen Spalt breit den Blick nach draußen frei; und da läßt sich erkennen, daß der vermeinte Himmel nichts als ein Bild ist, das man auf die Scheibe aufgemalt hat. In Wirklichkeit ist draußen schwarze Nacht; der »Himmel« war nur ein Dekor, eine bewußte Einbildung, um sich den engen kahlen Innenraum durch diese Illusion von einem Ausblick ins Schöne und ins Weite wohnlich zu gestalten. Wer erst einmal die Sichtblende, die er verführt war, als einen Fensterausblick zu betrachten, aufzieht, wird einer Täuschung inne, an die er allzu gern (und allzu lang) geglaubt hat. (Vgl. *Tafel 7*.)

So ähnlich scheint es sich auch in dem Fall der Frömmigkeit eines *Sterntaler*-Mädchens zu verhalten: Es glaubt an einen Gott, der ganz das Bild des Vaters und der Mutter an sich trägt, wie sie nicht sind, jedoch sein müßten; es ist ein Bild, von dem es annimmt, daß es die kahlen Wände seines Unzuhauses öffnet in eine Welt von Wärme und von Licht; jedoch sein Wunschbild ist nicht wirklich. Es ist nur ein Gemälde, das die Farben und Gestalten seiner Sehnsucht zeigt; »draußen«, bewußtseinsunabhängig, gibt es dafür erkennbar keinerlei Entsprechung. Öffnet man dieses Innenbild aus unerfüllten Wünschen, um – mit Hilfe der psychoanalytischen Ableitung jenes Gottesbildes aus Erfahrungen der frühen Kindheit – sich einen Durchblick auf die Wirklichkeit zu schaffen, so wird man sehen, daß sich hinter diesen Bildern nichts verbirgt. Die Religion entlarvt sich somit als ein Kindheitszustand des Bewußtseins, als eine Illusion, in welcher sich die Hilflosigkeit, Einsamkeit und Ungeborgenheit eines verwaisten Kindes kondensiert. »Draußen« ist nur das Nichts. Das einzusehen mag schrecklich scheinen; doch wenn es sich als Wahrheit zeigt? – Wenn alle Psychoanalyse mit dieser Auskunft endet, ist dieses Mädchen in den *»Sterntalern«* verloren; – die Brüder GRIMM erzählen dann mit diesem Märchen eine Lüge, und es ist jedem halbwegs erwachsen Gewordenen nur dringend anzuraten, die ganze Kinderei als solche zu durchschauen und endlich dranzugeben.

Wie aber, wenn das Märchen recht hat und das Mädchen eine Wahrheit glaubt, die psychoanalytisch wohl zu klären, doch nicht wegzuerklären ist? Um in dem Bilde von MAGRITTE zu bleiben: Wolken und Himmelsbläue sind nicht Farben, Formen, die auf Glas zu malen wären; wenn man es dennoch tut, bringt man das Glas, »das Fernrohr«, das doch dafür da ist, weit nach »draußen« hin zu blicken, um diesen seinen Zweck; man versperrt sich damit nur selbst die Aussicht, wenn man unbewußt den Himmel mit den Bildern auf dem Fensterglas verwechselt. Das alles stimmt, und kann doch wieder nichts als eine Täuschung sein: Denn: daß man »draußen«, öffnet man das »Fenster«, »nichts« zu sehen vermag, beweist durchaus nicht, daß da »draußen« Nichts ist. Womöglich ist's nur gerade Nacht, und irgendwann wird schon die Sonne wiederkommen; dann muß der Himmel sich nicht sogleich sommerlich bewölken, doch es erscheint als sicher, daß es Licht und Himmel, Wolken, die darüberziehen, und Sommertage voller Wärme wirklich gibt. Denn der Beweis: es wären keinem Menschen diese Bilder, die jetzt als Gemälde auf dem Fensterglas erscheinen, jemals eingefallen, wenn sie nicht als Erinnerungen von etwas Wunderschönem, wirklich zu Sehendem, auch unabhängig von der Dunkelheit der Gegenwart im Herzen lebten und als Trost und Verheißung nachzubilden wären. Wohl wahr: das Bild eines gemalten Himmels ist durchaus nicht schon der Himmel selbst, und es verführt sehr leicht zu einer Einbildung, die Bild und

Wirklichkeit verwechselt; aber dem Bilde selbst liegt eine Wirklichkeit zu Grunde, die ganz berechtigt glauben macht, daß das, was aktuell zu sehen ist, noch nicht die ganze Wirklichkeit darstellt; vielmehr läßt sich erwarten, daß die Wahrnehmung der Gegenwart sich selber öffnet zu dem Bilde, das aus lauter Sehnsucht als die »eigentliche« Wirklichkeit, als eine ganz reale Aussicht, auf die Fensterscheibe aufgetragen wurde. Und schaut man genau hin, wir diese Vermutung bestätigt durch die Wahrnehmung: durch den rechten Fensterflügel hindurch sieht man genau den Himmel und genau die Wolken, die links als Bilder auf die Fensterscheibe aufgemalt sind, – oder sind sie auch dort keine Aufmalungen, sondern echte Wahrmehmungen? Dann wäre das »Nichts« die Täuschung, und das Dunkel wäre nur eingebildet!

Man sollte deshalb, was an MAGRITTES Gemälde sich über das Verhältnis von Bild, Wahrnehmung und Wirklichkeit verdeutlicht, zum Anlaß nehmen, um einen Zentralgedanken der Erkenntnislehre des RENÉ DESCARTES (1596–1650) an dieser Stelle zu vertiefen. Der französische Philosoph argumentierte, daß die Idee Gottes an sich schon einen Beweis für Gottes Dasein darstelle, denn es sei logisch gar nicht denkbar, daß etwas Unvollkommenes, wie es der Mensch nun einmal ist, die Vorstellung von etwas absolut Vollkommenem entwickeln könne; wenn aber die Idee von Gott unmöglich aus dem denkenden Subjekt entstanden ist, so kann sie nur von Gott selbst unserem Bewußtsein »eingeboren« sein, – sie muß eine *idea innata* sein, keine Idee, die von mir selbst geschaffen worden wäre (keine *idea a me ipso facta*)[157]. Man kann auch sagen: die Fähigkeit des menschlichen Geistes, etwas Unendliches zu denken, kann nicht mit Endlichem begründet werden, sondern verdankt sich selber dem Unendlichen, – sie ist nur denkbar als ein Schöpfungsgeschenk Gottes.

Nun mag man über die Gottes»beweise« der idealistischen Philosophie denken, wie man will; worauf es im Falle des *Sterntaler*-Mädchens ankommt, ist die Übertragbarkeit des DESCARTESschen Gedankens in die Religionspsychologie. Denn allem Anschein nach ist die Seele eines neugeborenen Kindes nicht, wie es die FREUDsche Psychoanalyse nahelegen würde, so etwas wie eine *tabula rasa*, auf welche erst die individuellen Erfahrungen mit Vater und Mutter in der persönlichen

Biographie das Bild der Elterngestalten eintragen würden[158], sondern es verhält sich gerade umgekehrt: das Kind bringt eine Vorstellung von dem, was Mutter oder Vater ihm sein sollten, archetypisch mit sich auf die Welt; es ist, anders gesagt, bereits von vornherein mit solch einem Vertrauen ausgestattet, wie es im wirklichen Erleben nicht begründet, allenfalls enttäuscht wird. Ja, wie CARL GUSTAV JUNG (1875–1961) gezeigt hat[159], entsteht das Bild von Gott als »Vater« oder »Mutter« durchaus nicht aus den unerfüllten Resten an Erwartung und an Hoffnung, sondern im Gegenteil: die Inhalte des Vater- und des Mutterarchetyps sind allemal weit größer, als daß sie sich in einer einzelnen Beziehung je abgleichen ließen. Deswegen auch begleiten sie uns durch das ganze Leben und tragen sich in jede stärkere Beziehung ein.

Die seelische Entwicklung eines Kindes zum Erwachsenen läßt sich daher beschreiben als eine Serie von Ablösungen und von Übertragungen des Vater- und des Mutter-Archetyps von den individuellen Eltern der frühen Kindheit auf die sozialen Autoritäten (Lehrer, Pfarrer, Ärzte, Therapeuten) und die konkreten Liebespartner (der Freund, die Freundin, Gatte oder Gattin) im späteren Leben. Erwachsen werden heißt im letzten, nach und nach zu merken, daß kein Mensch auf Erden – auch keine irdische Institution – verdient, das Bild von Gott an sich zu binden. Die Gottesvorstellung ist stets unendlich größer, als daß sie sich in endlichen Erfahrungen erfüllen ließe. Dies Stück »Enttäuschung« ist der Preis dafür, andere Menschen – oder auch menschliche Einrichtungen – das sein zu lassen, was sie sind: nicht göttlich, – menschlich nur! Jedoch die *Sehnsucht* nach dem Göttlichen, der *Archetyp* von Vater und von Mutter, lebt in jedem Menschen, und es kommt offensichtlich darauf an, die Vorstellung vom Absoluten tatsächlich auch im Absoluten festzumachen, sonst wird man sich nur immer wieder von Enttäuschung zu Enttäuschung durch das Leben hangeln – gleich einem dieser Schwunghandkletterer, die im Lianenurwald sich von Ast zu Ast bewegen, ohne je von Erde oder Himmel etwas zu berühren. Der endgültige Abschied von der Illusion, das Göttliche als Irdisches zu finden, kann wohl erst gelingen, wenn man Gott nicht mehr sucht als einen Teil der Welt – oder als Ganzes dieser Welt –, sondern wenn man ihn wahrnimmt als den gänzlich Anderen, als schlechthinniges Jenseits dieser Welt.

Ist aber dann nicht alles, was wir je mit Gott verbinden, reine Projektion? *Der* Einwand meldet sich seit LUDWIG FEUERBACHS (1804–1872) Religionskritik an dieser Stelle unvermeidlich[160], und er trifft genauso zu wie die Betrachtungen der Psychoanalyse: das Bild von Vater und von Mutter stammt unbezweifelbar aus der 200 Millionen Jahre alten Entwicklungsgeschichte der Säugetiere, der wir selber zugehören, – unmöglich, daß ein Frosch, eine Schildkröte oder auch ein Feuersalamander auf die Idee von einem »Vater« oder einer »Mutter« kämen. Es sind wir Nachfahren der Säugetiere, die solche Bilder in sich tragen. Doch was alles nun verändert, weil wir Menschen sind, ist erneut die Dimension des Geistes: wir dehnen die Erwartungen nach »Vater« und nach »Mutter« ins Unendliche! Wir leben wesentlich als Menschen in der Welt gerade so, wie es das Märchen von den »*Sterntalern*« beschreibt: als Waisenkinder, die auf dieser Erde keine Heimat haben. »Unser Zuhause ist im Himmel«, schreibt Paulus deshalb auch an die Gemeinde zu Philippi (Phil 3,20).

Es kommt infolgedessen darauf an, die Wegbeschreibung unseres *Sterntaler*-Mädchens als eine existentialistische Metapher auf das eigene Dasein zu verstehen. Rein individuell betrachtet, kann es als unglücklicher Zufall im Leben eines Kindes gewiß geschehen, daß ihm sehr früh schon in der angegebenen Weise – physisch oder psychisch – seine Eltern sterben; doch *wesentlich* betrachtet, sind wir auf dieser Erde allesamt wie Waisenkinder: Gibt es nur diese Welt, so läßt der Eindruck einer fundamentalen Nicht-Notwendigkeit unseres Daseins sich nie überwinden. Es gibt uns zwar, doch muß es uns nicht geben; der Gang der Welt hat uns hervorgebracht, doch nicht beabsichtigt, gewollt oder gemeint. Da gähnt ein unendlicher Abgrund radikaler Kontingenz zu unseren Füßen, der sich durch keinerlei Kausalerklärung schließen läßt. Im Gegenteil! Im reinen Gegenüber der Natur läßt sich die Armut und Armseligkeit unseres Daseins nur genau so schildern, wie es im GRIMMschen Märchen vorgebildet ist: Wir sind in eine Welt hineingeworfen, in der es letztlich ganz egal ist, ob wir existieren oder nicht; wir mögen diesem oder jenem eine Weile wichtig werden, doch ändert das nicht wesentlich etwas daran, daß wir im ganzen für den Gang der Welt nicht von Belang sind. Es gibt, rein immanent betrachtet, nicht auch entfernt nur einen hinreichenden Grund, daß es uns geben sollte.

Und diese unleugbare Tatsache, die nie zu überschreitende Faktizität des Daseins, erlaubt nur zwei konträre Antworten: Man kann zum einen, wie es vor allem im Existentialismus JEAN-PAUL SARTRES (1905–1980) in aller Form versucht wurde, die skandalöse Seinsstruktur der Kontingenz nach Kräften zu bekämpfen trachten, – dann bleibt uns gar nichts anderes übrig, als zu versuchen, die fehlende Notwendigkeit unseres Lebens dadurch zu kompensieren, daß wir anderen notwendig werden[161]; wir müssen danach streben, als notwendig in den Augen anderer zu erscheinen; zwar wissen wir, daß es unmöglich ist, sich selbst als Grund des eigenen Daseins zu entwerfen, und dennoch sind wir schon aus Ekel vor der eigenen Überflüssigkeit gezwungen, genau das zu tun. *Oder*, zum zweiten, wir *glauben*, daß unser Verlangen nach einem väterlichen, mütterlichen Hintergrund des Daseins nicht in die Irre geht, – dann treten wir aus einer Welt, die uns als Waisenkinder unterwegs sein lässt, hinüber in den Schutzraum einer Güte, die wir im Irdischen nicht sehen, doch die wir selber leben können, weil sie uns in der entscheidenden Infragestellung unseres Daseins trägt: da ist ein Wille, dem ist unser Dasein hocherwünscht, und deshalb gibt es uns. Was uns niemand auf Erden sagen kann, sagt uns im Bild des absoluten Vaters oder der ewigen Mutter Gott: Für mich bist du notwendig, denn ich liebe dich. Liebe – das ist genau das Mittelstück zwischen der mangelnden Notwendigkeit des Daseins und der gefürchteten Gleichgültigkeit des Seins. Liebe – das ist die Umformung der Nicht-Notwendigkeit des Daseins in die Berechtigung aus Freiheit, und deshalb ist sie die Bedingung dafür, daß wir auch uns selbst annehmen können.

Was jetzt das GRIMMsche Märchen als Metapher uns zu sagen hat, bietet mithin ein Bild, uns selber zu verstehen. Es geht nicht mehr darum, gewisse Kindheitsängste und Gehemmtheiten mit Scheingründen rechtfertigen zu wollen (also sie zu »rationalisieren«), es geht darum, daß uns die »Frömmigkeit« des Mädchens in den »*Sterntalern*« dazu verhilft, in einer Welt zu leben, die uns weniger noch denn »stiefmütterlich« betrachtet. Wie sollten wir auf irgend etwas in der Welt wohl einen Anspruch, gar ein Anrecht haben, wenn selbst das Faktum unseres Daseins selber absolut beliebig ist? »Kinder« inmitten einer Welt, in der uns nichts gehört, – das sind wir und das bleiben wir, und nichts auf Erden kann und wird an diesem Bettlerstatus unseres Daseins etwas ändern. Jedoch von Gott her ist die Tatsache, daß es uns gibt, gerade weil sie nicht notwendig ist, in absolutem Sinne dankenswert. Es ist das Ende jenes Grundgefühls bloßer Geworfenheit, das uns an eine Welt ausliefert, in der uns nicht nur nichts gehört, sondern der wir im letzten selbst nicht angehörig sind. Wenn wir indes die prinzipielle »Ungehörigkeit« des Daseins als Geschenk annehmen, erlangen wir die Freiheit, mit allen Dingen gerad so umzugehen, wie wir das Mädchen in den »*Sterntalern*« es tun sehen. Was immer wir vermögen, sollten wir dann wirklich denen weiterschenken, die es womöglich nötiger noch brauchen als wir selbst. Keine neurotische Gehemmtheit ist es jetzt, die dies Verhalten uns als fremden Zwang zur Pflicht macht, es ist vielmehr die Einsicht in die Wahrheit unseres frei geschenkten Daseins, die uns Freigebigkeit gebietet.

Und wohin kommt man dann, wenn man so lebt? Die Frage der Pragmatik muß sich sicherlich noch einmal stellen; doch ist sie, recht betrachtet, schon beantwortet. »Pragmatisch« ist es nicht begründbar, anderen sogar zum eigenen Nachteil abzugeben, was sie irgend sich von uns erbitten; es wird jedoch in Anbetracht der Wahrheit unseres Daseins zu einem Ichstandpunkt aus Überzeugung, bis zum sprichwörtlich »letzten Hemd« für andere sich auszuziehen. Wieso auch nicht, wenn ohnehin ein anderes Sprichwort ganz zu Recht besagt, das »letzte Hemd« – in dem man uns ins Grab legt – habe keine Taschen? Wir können nichts mitnehmen durch die Zollschranke des Todes, wir können nur versuchen, das Leihgut unseres Lebens »richtig« einzusetzen. Dazu zählt auch die Lehre, die sich aus der Psychoanalyse der Erzählung von den »*Sterntalern*« vorhin ergab: Für »richtig« kann nicht gelten, was unsere realen Möglichkeiten überschreitet, und für ganz sicher falsch muß gelten, was uns seelisch überfordert, was nicht wirklich von Herzen kommt, was sich nur noch als Ableistung drohender Schuldgefühle zu erkennen gibt. Die Psychoanalyse widerspricht nicht länger mehr der Religion und diese nicht der Psychoanalyse; endlich kommt es vielmehr zu der ersehnten geistigen Synthese von Denken und Gefühl, in der sich »Welt« und »Himmel« einen, statt immer weiter zu bekämpfen.

An dieser Stelle ist das Bild des Märchens wunderschön, – verständlich, daß wohl keine Kinderbuchausgabe der GRIMMschen Sammlung darauf verzichtet, es in irgendeiner Weise – als Scherenschnitt, als Farbbild – darzustellen: Als das *Sterntaler*-Mädchen noch sein Hemd weggibt, um einem anderen Kind, das friert, zu helfen, da fallen *»auf einmal die Sterne vom Himmel, und waren lauter harte blanke Taler; und ob es gleich sein Hemdlein weggegeben, so hatte es ein neues an, und das war vom allerfeinsten Linnen.«* Wer gibt, verliert nicht, er gewinnt; er wird nicht ärmer, er wird reich; er muß sich nicht am Ende schämen, er wird vielmehr umhüllt mit einer Schönheit der Gewandung, die er selbst nicht ahnen konnte. Alles in dieser Szene ist – wie in den biblischen Legenden von der »Brotvermehrung« – seelisch zu verstehen, selbst wenn das Märchen damit endet, daß all die Taler, die vom Himmel regneten, das Kind *»reich für sein Lebtag«* gemacht hätten. Der »Reichtum« der »Sterntaler« kommt ganz und gar von innen. Ein solches Kind ist »goldwert«, – nicht durch das, was es hat, sondern durch das, was es in seinem Mitleid ist.

Und bleibt es immerdar ein Kind? Und wird es nie erwachsen? mag man zum Abschluß fragen. Ja, muß man sagen, es bleibt immerdar ein »Kind«, und es wird nie »erwachsen«, und zwar erneut nicht aus neurotisch auferlegter Infantilität, sondern entsprechend dem, was Jesus zweimal im *Markus*-Evangelium vom Kindsein als dem Grundgefühl vertrauensvollen Lebens sagt: »Wer nicht das Königtum Gottes aufnimmt wie ein Kindlein, kommt nicht hinein.« (Mk 10,15) Und: »Wer solch ein Kindlein aufnimmt in meinem Namen, mich nimmt er auf.« (Mk 9,37) Immer, wenn jemand gibt, ohne nach Art »Erwachsener« zu »rechnen«, was er sich wohl leisten kann und was er wohl dabei gewinnt, kommt buchstäblich ein Stück vom Himmel auf die Erde, und es kann nur geschehen durch die Hand der »Kinder« dieser Erde.

Genau betrachtet, ist das Wunder von dem »Reichtum«, der vom Geben kommt beziehungsweise von der »wunderbaren Brotvermehrung«, sogar identisch mit der Rückverwandlung der »Erwachsenen« in Kinder. Als Jesus im *Johannes*-Evangelium die Jünger fragt, woher sie Brote kaufen sollten, daß die Vielzahl seiner Hörer nicht noch Hunger leidet, antwortet ihm Philippus, wie es typisch ist für die »Erwachsenen«:

»Für 200 Denare Brot … reicht nicht für sie, damit jeder (auch nur) ein bißchen bekommt.« Nie haben die »Verantwortlichen« in Kirche, Wirtschaft, Staat, Gesellschaft genügend Geld, um hilfreich sein zu können; stets haben sie noch anderes, vermeintlich Wichtigeres, zu betreiben: da sind erst einmal die Altbauten zu sanieren, da ist erst mal zu investieren, um den Umsatz zu verbessern, da gilt es erst noch weiter aufzurüsten, um »den Frieden sicherer zu machen«, da muß vorrangig noch die Binnennachfrage gesteigert werden …, da ist in alle Ewigkeit der rechte Zeitpunkt nicht gekommen, Hungernde zu speisen. Es ist jedoch zufällig auch ein Kind da, das fünf Gerstenbrote und zwei Fische bei sich hat. Und dieser kleine Junge legt das, was er für sich selber mitgenommen hat, in Jesu Hände, – und mit einem Mal reicht es zum Überfluß für alle (Joh 6,1–15)[162]. Das »Wunder«, man versteht, liegt nicht darin, materiell Brote und Denare zu vermehren, die Wahrheit der Legende besteht in dem Wunder einer Umwandlung von kalkulierenden »Erwachsenen« in herschenkende »Kinder«. Um dieser Wahrheit und um dieses Wunders willen darf das *Sterntaler*-Mädchen nie »erwachsen« werden. Denn nur als »Kind« verkörpert es die Umkehrung von allem, die in der Botschaft Jesu liegt.

Am besten wird ein Märchen ausgelegt durch die Erzählung eines anderen Märchens. In der Geschichte eines unbekannten Autors heißt es: »Es war einmal eine weise Frau. Auf ihrer Reise durch die Berge fand sie in einem kleinen Bach einen kostbaren Stein. Am nächsten Tag begegnete sie einem anderen Reisenden, der Hunger hatte, und sie öffnete ihre Tasche, um ihr Essen mit ihm zu teilen. Der hungrige Reisende sah den kostbaren Stein und bat sie, ihn ihm zu schenken. Ohne zu zögern gab sie ihm den Stein. Der Reisende ging seines Wegs, voller Freude über sein Glück. Er wußte, daß der Stein so wertvoll war, daß er sich sein ganzes Leben lang nicht mehr zu sorgen brauchte. – Doch ein paar Tage später kam er zu der Frau zurück, um ihr den Stein zurückzugeben. ›Ich habe nachgedacht‹, sagte er. ›Ich weiß, wie wertvoll der Stein ist, aber ich möchte ihn Ihnen zurückgeben, weil ich hoffe, daß Sie mir etwas geben können, das noch viel kostbarer ist. Ich möchte, daß Sie mir das geben, was Sie in sich haben und was es Ihnen ermöglicht hat, mir den Stein zu schenken.‹«[163] Um diesen »Reichtum« unseres Herzens in Weitherzigkeit geht es in dem Märchen von den »*Sterntalern*«.

Die drei Sprachen (KHM 33) oder: Gott hat die Tiere als Geschwister uns gegeben

Einen Vorteil besitzen Märchen gegenüber religiösen Texten wie der Bibel: sie werden frei erzählt und unterliegen nicht der Aufsicht theologischer Korrektheit. Von daher sind sie (relativ) frei in der Wahl ihrer Motive und können Themen aufgreifen, die in der »offiziellen« Frömmigkeit des Volkes eher ausgeklammert bleiben; und manchmal kann in ihnen auch ein altes Wissen weiterleben, das in das religiös vermittelte Bewußtsein etwa der christlich-abendländischen Kultur nicht recht zu passen scheint. »Wußtet ihr, daß Bäume sprechen?« fragte zum Beispiel der Stoney-Indianer TATANGA MANI (1871–1967) die Weißen, und er versicherte den Erstaunten: »Doch, das tun sie. Sie sprechen miteinander, und sie sprechen auch zu euch, wenn ihr zuhört. Das Schlimme ist, daß die Weißen nicht zuhören. Sie haben es nie gelernt, den Indianern zuzuhören, deshalb werden sie vermutlich auch nicht anderen Stimmen der Natur zuhören. Ich aber habe eine Menge von den Bäumen gelernt: Mal erzählen sie vom Wetter, mal von Tieren und manchmal vom Großen Geist.«[164]

Zu einem Grundwissen der »Kinder« der Natur, der »Primitivkulturen«, wie wir sie am Rande unserer eigenen Zivilisation wohl auch bezeichnen, zählt die Zugehörigkeit des Menschen zu der ihn umgebenden Natur. Am Anbeginn der Welt, berichten viele Urzeitmythen, redeten noch die Tiere mit den Menschen, und diese waren fähig, ihre Sprache zu verstehen; ein Rest davon, so glauben sie, hat sich erhalten in besonderen Persönlichkeiten: in Priestern und Propheten, Schamanen und in Schauempfängern, und wo sie auftreten, kehrt etwas wieder aus den Tagen des verlorenen Paradieses[165]; – so war die Welt von Gott einmal gemeint, so ist sie *wesentlich!* [166] Daß dieses Wissen um die Ursprungseinheit des Menschen mit den Tieren und den Pflanzen im Christentum so gut wie gänzlich unterdrückt, verdrängt, ja, geradezu bekämpft wurde und wird, macht es zur Pflicht, zum Thema »Gott im Märchen« an jene so ganz andere Weltsicht zu erinnern, die dort im Erbe und im Einklang mit den Völkermythen wie mit Selbstverständlichkeit vertreten wird. Wie anders wäre unsere Ethik, wie anders unsere Umgangsweise mit den fühlenden Geschöpfen neben uns, wenn wir das leidige »Wachset und mehret euch« und »Macht euch die Erde untertan und herrschet über die Fische im Meer und über die Vögel unter dem Himmel und über das Vieh und über alles Getier, das auf Erden kriecht« aus der ersten, der priesterlichen Schöpfungsgeschichte in Gen 1,28 (vgl. Gen 9,1–2!) vergessen oder, besser noch, an der nachfolgenden Schöpfungsgeschichte des Jahwisten korrigieren würden! Denn die erzählt nachdrücklich, wie Gott dem Menschen alle Tiere, die er geschaffen hat, um »Adams« (des »Menschen«) Einsamkeit zu überwinden, entgegenführt als Partner eines Dialogs: der Mensch ist aufgefordert, die Tiere zu benennen, und wie er sie benennt, so sollen sie auch heißen (Gen 2,19)[167]. Es ist die Art der Dichter, so zu »hören«, daß sie die rechten Worte finden, um das Vernommene auszudrücken.

In einem kleinen Gedicht hat THEODOR FONTANE (1819–1898) einmal ein Beispiel für ein solches Gefühl der Einheit und der Eintracht von Mensch und Natur zu formulieren versucht, indem er schrieb:

> Am Waldessaume träumt die Föhre,
> Am Himmel weiße Wölkchen nur;
> Es ist so still, daß ich sie höre,
> Die tiefe Stille der Natur.
>
> Rings Sonnenschein auf Wies' und Wegen,
> Die Wipfel stumm, kein Lüftchen wach,
> Und doch, es klingt, als ström' ein Regen
> Leis' tönend auf das Blätterdach.[168]

Von diesem leisen Lied, das durch die Dinge geht, erzählt auf seine Weise witzig-scherzhaft, doch um so eindringlicher in der Kritik an der Kultur, in der wir leben, das GRIMMsche Märchen *Die drei Sprachen.*

In der Schweiz lebte einmal ein alter Graf, der hatte nur einen einzigen Sohn, aber er war dumm und konnte nichts lernen. Da sprach der Vater: »Höre, mein Sohn, ich bringe nichts in deinen Kopf, ich mag es anfangen, wie ich will. Du mußt fort von hier, ich will dich einem berühmten Meister übergeben, der soll es mit dir versuchen.« Der Junge ward in eine fremde Stadt geschickt und blieb bei dem Meister ein ganzes Jahr. Nach Verlauf dieser Zeit kam er wieder heim, und der Vater fragte: »Nun, mein Sohn, was hast du gelernt?« »Vater, ich habe gelernt, was die Hunde bellen«, antwortete er. »Daß Gott erbarm«, rief der Vater aus, »ist das alles, was du gelernt hast? Ich will dich in eine andere Stadt zu einem andern Meister tun.« Der Junge ward hingebracht und blieb bei diesem Meister auch ein Jahr. Als er zurückkam, fragte der Vater wiederum: »Mein Sohn, was hast du gelernt?« Er antwortete: »Vater, ich habe gelernt, was die Vögli sprechen.« Da geriet der Vater in Zorn und sprach: »O du verlorner Mensch, hast die kostbare Zeit hingebracht und nichts gelernt und schämst dich nicht, mir unter die Augen zu treten? Ich will dich zu einem dritten Meister schicken, aber lernst du auch diesmal nichts, so will ich dein Vater nicht mehr sein.« Der Sohn blieb bei dem dritten Meister ebenfalls ein ganzes Jahr, und als er wieder nach Hause kam und der Vater fragte: »Mein Sohn, was hast du gelernt?«, so antwortete er: »Lieber Vater, ich habe dieses Jahr gelernt, was die Frösche quaken.« Da geriet der Vater in den höchsten Zorn, sprang auf, rief seine Leute herbei und sprach: »Dieser Mensch ist mein Sohn nicht mehr, ich stoße ihn aus und gebiete euch, daß ihr ihn hinaus in den Wald führt und ihm das Leben nehmt.« Sie führten ihn hinaus, aber als sie ihn töten sollten, konnten sie nicht vor Mitleiden und ließen ihn gehen. Sie schnitten einem Reh Augen und Zunge aus, damit sie dem Alten die Wahrzeichen bringen konnten.

Der Jüngling wanderte fort und kam nach einiger Zeit zu einer Burg, wo er um Nachtherberge bat. »Ja«, sagte der Burgherr, »wenn du da unten in dem alten Turm übernachten willst, so gehe hin, aber ich warne dich, es ist lebensgefährlich, denn er ist voll wilder Hunde, die bellen und heulen in einem fort, und zu gewissen Stunden müssen sie einen Menschen ausgeliefert haben, den sie auch gleich verzehren.« Die ganze Gegend war darüber in Trauer und Leid und konnte doch niemand helfen. Der Jüngling aber war ohne Furcht und sprach: » Laßt mich nur hinab zu den bellenden Hunden und gebt mir etwas, das ich ihnen vorwerfen kann; mir sollen sie nichts tun.« Weil er nun selber nicht anders wollte, so gaben sie ihm etwas Essen für die wilden Tiere und brachten ihn hinab zu dem Turm. Als er hineintrat, bellten ihn die Hunde nicht an, wedelten mit den Schwänzen ganz freundlich um ihn herum, fraßen, was er ihnen hinsetzte, und krümmten ihm kein Härchen. Am anderen Morgen kam er zu jedermanns Erstaunen gesund und unversehrt wieder zum Vorschein und sagte zu dem Burgherrn: »Die Hunde haben mir in ihrer Sprache offenbart, warum sie da hausen und dem Lande Schaden bringen. Sie sind verwünscht und müssen einen großen Schatz hüten, der unten im Turme liegt, und kommen nicht eher zur Ruhe, als bis er gehoben ist, und wie dies geschehen muß, das habe ich ebenfalls aus ihren Reden vernommen.« Da freuten sich alle, die das hörten, und der Burgherr sagte, er wollte ihn an Sohnes Statt annehmen, wenn er es glücklich vollbrächte. Er stieg wieder hinab, und weil er wußte, was er zu tun hatte, so vollführte er es und brachte eine mit Gold gefüllte Truhe herauf. Das Geheul der wilden Hunde ward von nun an nicht mehr gehört, sie waren verschwunden, und das Land war von der Plage befreit.

Über eine Zeit kam es ihm in den Sinn, er wollte nach Rom fahren. Auf dem Weg kam er an einem Sumpf vorbei, in welchem Frösche saßen und quakten. Er horchte auf, und als er vernahm, was sie sprachen, ward er ganz nachdenklich und traurig. Endlich langte er in Rom an, da war gerade der Papst gestorben und unter den Kardinälen großer Zweifel, wen sie zum Nachfolger bestimmen sollten. Sie wurden zuletzt einig, derjenige sollte zum Papst erwählt werden, an dem sich ein göttliches Wunderzeichen offenbaren würde. Und als das eben beschlossen war, in demselben Augenblick trat der junge Graf in die Kirche, und plötzlich flogen zwei schneeweiße Tauben auf seine beiden Schultern und blieben da sitzen. Die Geistlichkeit erkannte darin das Zeichen Gottes und fragte ihn auf der Stelle, ob er Papst werden wolle. Er war unschlüssig und wußte nicht, ob er dessen würdig wäre, aber die Tauben redeten ihm zu, daß er es tun möchte, und endlich sagte er ja. Da wurde er gesalbt und geweiht, und damit war eingetroffen, was er von den Fröschen unterwegs gehört und was ihn so bestürzt hatte, daß er der heilige Papst werden sollte. Darauf mußte er eine Messe singen und wußte kein Wort davon, aber die zwei Tauben saßen stets auf seinen Schultern und sagten ihm alles ins Ohr.

»ich habe gelernt, was die Hunde bellen«

Selten genug, aber manchmal denn doch sind es in christlichen Legenden Heilige, die mit den Tieren »reden«; allerdings ist es in der Volksfrömmigkeit im Umgang mit Heiligen wie stets: man ehrt sie hoch, ohne in Wirklichkeit Notiz von dem zu nehmen, was sie zu sagen hätten. So feiert die katholische Kirche am 3. Februar des Jahres das Fest des Bischofs BLASIUS, der in den Tagen des Kaisers DIOKLETIAN (um 240–313, Kaiser 284–305) in Sebaste in Kappadozien gelebt haben soll. BLASIUS gilt als einer der 14 »Nothelfer« und ist als Fürbitter vor Gott besonders einflußreich, wenn jemandem zum Beispiel eine Fischgräte im Hals stecken geblieben ist oder wenn sonst ein Halsleiden ihn plagt; mit einem Kreuzzeichen zwischen zwei brennenden Kerzen pflegt der katholische Pfarrer am Festtag des Heiligen auf jeden einzelnen Gläubigen, der zum Empfang des »Sakramentales« zu ihm kommt, den Segen des Schutzpatrons herabzurufen. Was meistens weder Gläubige noch Pfarrer wissen, ist die Begründung, welche die Legende dafür findet, daß der Bischof selbst auf das Verhalten toter Tiere (Fischgräten!) Einfluß hat. In der *Legenda aurea*, die in der zweiten Hälfte des 13. Jahrhunderts von JACOBUS DE VORAGINE (um 1230–1298) aufgezeichnet wurde, kann man darüber dieses lesen: Als BLASIUS in seinem Amt als Bischof von dem römischen Kaiser verfolgt wurde, mußte »er in eine Höhle … fliehen. Daselbst führte er ein Einsiedlerleben. Die Vögel brachten ihm Speise in seine Höhle (sc. so wie Raben den Propheten Elija am Bache Kerit speisten, 1 Kön 17,1–6, d.V.), und das Wild kam einmütiglich zu ihm, und gingen nicht von ihm, er legte denn seine Hand auf sie und gab ihnen seinen Segen. War der Tiere eines krank, so kam es alsbald zu ihm, und er erwarb ihm Gesundheit. – Es geschah, daß der Herr des Landes seine Ritter aussandte zu jagen; die fuhren durch den Wald und fanden kein Tier. Zuletzt kamen sie von ungefähr vor die Höhle, darin Sanct

Blasius wohnte; da sahen sie alle die Tiere in Scharen stehn, die sie im Walde hatten gesucht; doch mochten sie ihrer keines fangen (sc. doch von denen sie keines zu fangen vermocht hatten, d.V.). Da erschraken sie und kehrten wieder zu ihrem Herrn; und sagten ihm das Wunder, das ihnen begegnet war.«[169]

Da war also einmal ein Bischof, der den »Rittern« eines hohen Herrn das blutige Waidhandwerk legte und die Tiere vor den Marodeuren schützte. Damit tat er laut Legende freilich nur, was seinerzeit für »christlich« hätte gelten können; denn als der »Herr« erfuhr, wie dieser Bischof dem jagdbaren Wild in seiner Höhle Unterschlupf gewährte, da trug er seinen Rittern auf, »daß sie den Menschen fangen sollten und alle Christen mit ihm.«[170] Doch Gott beschützte seinen tierliebenden Bischof, so daß sich dessen Haft durch große Zeichen, die er wirkte, in ein beeindruckendes Zeugnis für die Wahrheit seines Glaubens wandelte. In *dem* Zusammenhang ereignete sich auch das Wunder, das Sanct BLASIUS berühmt gemacht hat bis in unsere Tage. »Da war ein Weib, das brachte ihren Sohn dar, dem war eines Fisches Gräte in seiner Kehle stecken geblieben, daß er dem Tode nahe war; und bat mit weinenden Augen um Hilfe. Sanct Blasius legte seine Hände auf den Kranken und betete, daß dieser Knabe gesund würde, und alle, die sonst in Blasii Namen um Heilung bäten; und alsbald war er gesund.«[171] Daß selbst die Gräte eines Fisches dem Worte der Fürbitte des Bischofs folgt und den Hals eines Kindes wieder zum Atmen freigibt, kann nur geschehen, weil offensichtlich alle Tiere wissen, wie dieser Gottesmann zu ihnen steht. Sie hören gern auf ihn, weil er auch auf sie hört. – Da war, erzählt man weiter, ein »armes Weib«, das hatte nur »ein einziges Schwein, das raubte ihr ein Wolf. Sie bat Sanct Blasius, daß er es ihr wiederverschaffe. Da lächelte er und sprach ›Weib, betrübe dich nicht, du sollst dein Schwein wiederhaben‹. Alsbald war der Wolf da, und gab der Witwe das Schwein wieder.«[172]

Der Heilige, der mild ist zu den Tieren, wirkt mildernd auch auf ihre angeborene Mordlust ein. Manche von ihnen, wie die Wölfe, müssen jagen, um zu leben, doch Menschen müssen's nicht und haben auch kein Recht dazu! Wie weit ist diese Einstellung verschieden von den Erklärungen der katholischen Kirche in ihrem »*Weltkatechismus*« noch aus dem Jahre 1992, wo sie – erneut und immer noch im Geiste von Gen 1,28 – die »Schöpfungsordnung« Gottes dahin auslegt, daß der Mensch die Tiere zu seinen Zwecken nutzen und gebrauchen dürfe[173]. Kein Wort und kein Gedanke findet sich, in Ländern, wo die Kirche Macht hat, etwa in Spanien den Stierkampf und die Stierhatz in der Opus Dei-Stadt Pamplona zu beenden (einer Partnerstadt des katholischen Paderborn!) oder in Italien den Abschuß der Zugvögel zu verbieten[174] oder der Pelzindustrie das grausame Einfangen von Füchsen und das qualvolle Aufziehen von Nerzen per Gesetz zu untersagen oder die ungeheuere weltweit zum Standard werdende »Massentierhaltung« von Schweinen, Hühnern, Puten, Gänsen und so weiter abzuschaffen oder gar grundsätzlich eine eher vegetarische Ernährung aus Liebe zu den Tieren ethisch zu empfehlen … Von all dem nichts. Es bleibt dabei: die »Schöpfung« ist in ihrem Ziel und Wesen für den Menschen da[175]. Nach allem, was wir heute biologisch wissen, ist diese Ansicht gründlich falsch[176], doch gilt es immer noch für »christlich«, die alte Rücksichtslosigkeit den Tieren gegenüber als Dankbarkeit vor Gott zu predigen.

Deshalb spricht auch die so beliebt gewordene Berufung auf den heiligen FRANZISKUS (1181/1182–1226) in keiner Form zugunsten einer Wandlung des Bewußtseins in der Kirche, was die Fragen der Tierethik angeht. FRANZISKUS freilich redete, ähnlich wie BLASIUS, in der Legende an der Seite des hl. ANTONIUS mit den Tieren; er predigte den Fischen und den Vögeln[177], und als in Gubbio ein Wolf im Winter in die Schafhürden eindrang und viele Tiere riß, da kam der Heilige den Hirten, die ihn töten wollten, schützend zuvor: Er trat auf den Wolf zu, umarmte ihn als »Bruder Wolf« und redete ihn an, daß er doch nur aus Hunger all dies Böse angerichtet habe; zwar mahnte er ihn an, sein räuberisches Leben aufzugeben, jedoch versprach er ihm dafür, daß fortan ihn die Einwohner von Gubbio wie einen liebgewonnenen Hund ernähren würden; und wirklich sah man seither diesen Wolf die Gassen jener Stadt durchstreifen wie ein Bettelmönch[178] …

In der Geschichte von dem Wolf von Gubbio geht es, wie leicht zu sehen, nicht nur um Mitleid selbst mit Wölfen; das Raubtier dient vielmehr als ein Symbol für all das Räuberische in uns Menschen selbst: man wird seiner nicht Herr, will die Legende lehren, wenn man's gewaltsam totschlägt; man kann es nur zu integrieren, zu »umarmen«

suchen[179], um seine Wildheit und Gefährlichkeit zu zähmen. Insofern steckt in der Geschichte wohl auch ein Stückchen Wahrheit über den Bettelmönch FRANZISKUS selbst[180], doch bietet sie, wichtiger noch, einen entscheidenden Hinweis darauf, was geschieht, wenn wir zu Tieren gut sind: wir werden dadurch gütiger, duldsamer und verständnisvoller auch im Umgang mit uns selbst und anderen Menschen; oder, anders ausgedrückt: wir rückentäußern in der Grausamkeit den Tieren gegenüber die Grausamkeit, die man uns selbst zur Unterdrückung alles »Tierischen« im eigenen Herzen auferlegt hat. Die Spaltung zwischen Tier und Mensch im Weltbild christlicher Theologie führt auch zu einer Ethik psychologischer Zerspaltenheit: – die Aussperrung der Natur draußen zieht unvermeidbar die bedauerliche Unnatur der Seele drinnen nach sich, die man zu Recht vor allem der katholischen Morallehre zur Last legt.

Insofern kann man wohl begreifen, was davon abhängt, wenn ein junger Mann wie hier im GRIMMschen Märchen Jahr für Jahr Tiersprachen erlernt, statt, wie er sollte, »ordentlich« zu studieren, und was sich alles in Staat, Kirche und Gesellschaft ändern würde, wenn, wie das Märchen der *Drei Sprachen* glauben machten möchte, ein solcher Mann durch eben diese Fähigkeit »Papst« – nach katholischer Dogmatik: Stellvertreter Gottes auf der Erde! – werden sollte. Es wäre eine »*Genesung*« ähnlich jener, von welcher der spanische Dichter JUAN RAMÓN JIMÉNEZ (1881–1958) seinem Esel Platero als dem idealen Gesprächspartner all seiner einsamen Meditationen über die Schönheit und das Leid der Welt erzählt:

»Im schwachen, gelben Lampenschein meines Krankenzimmers, weich umgeben von Teppichen und Wandbehängen, höre ich, wie in einem feuchtkühlen Traum, durchglitzert von Sternentau, draußen auf der nächtlichen Straße flink vom Felde heimkehrende Esel vorübertrippeln, höre Kinder spielen und schreien. – Man ahnt die dunklen Riesenköpfe der Lasttiere und die zierlichen Köpfchen von Kindern, die mitten im Gelärme der Eselslaute und Kristall- und Silberstimmen Weihnachtslieder singen. Das Städtchen fühlt sich umfangen vom Rauch gerösteter Kastanien, vom Dunst vieler Ställe, vom Atem friedvoller Familienstuben … – Und meine Seele verströmt sich, in läuterndem Schwall, als ob eine Flut von himmlischen

Wassern dem von Dunkel umlagerten Felsen des Herzens entspränge. Dämmerstunde vielfältiger Erlösung! Innige Stunde, kühl und wohlig warm zugleich, voll grenzenloser, mannigfacher Helle! – Die Glocken dort oben, dort draußen, läuten zwischen den Sternen. Angesteckt, läßt Platero einen Schrei los, in seinem Stall, der in diesem Augenblick, da der Himmel nahe ist, sehr ferne scheint ... Ich weine, schwach, erschüttert und allein, genau wie Faust ...«[181] – Es käme in der Tat einer »faustischen« Heilung der Seele durch die Liebe gleich, wenn wir es lernen würden, in dichterischer Weise so zu reden von den Tieren und so zu sprechen mit den Tieren. Das Ergebnis bestünde zweifellos in eben jener Sensibilität im Umgang mit den Mitgeschöpfen, wie sie in einer anderen Geschichte von RAMÓN JIMÉNEZ sich ausspricht, die er Platero mit Hilfe der Schwalben an einem der tückischen Frühlingstage anvertraut hat:

»Da siehst du sie, Platero, die kleine Schwarzgefiederte, quirlig, quicklebendig, in ihrem grauen Nest überm Bild der Muttergottes von Montemayor, einem Nest, das keiner je angetastet hat. Die Unglückselige wirkt verstört. Ich glaube, diesmal haben sie sich getäuscht, die armen Schwalben, wie sich in der letzten Woche die Hühner getäuscht haben, die sich in ihren Schlag verzogen, als die Mittagssonne um zwei sich plötzlich verfinsterte. Der Frühling hat dieses Jahr den koketten Einfall gehabt, sich früher als sonst aus den Federn zu erheben; aber fröstelnd hat er seine zarte Nacktheit wieder verbergen müssen im Wolkenbett des März. Es tut weh, mit anzusehen, wie die jungfräulichen Rosenblüten des Orangenhains in der Knospe verwelken! – Sie sind schon da, Platero, die Schwalben, doch man hört sie kaum; nicht so wie in früheren Jahren, wo sie gleich am Ankunftstag alles begrüßten, alles neugierig inspizierten, unaufhörlich schwätzelnd in ihrer wirbeligen Schwirrschnipselsprache. Den Blumen erzählten sie alles, was sie in Afrika gesehen; berichteten von ihren zwei Überseereisen, wie sie übers Wasser geflitzt, mit dem Flügel als Segel, die Wellen ritzend oder im Takelwerk eines Schiffes sitzend; sie schilderten andere Sonnenuntergänge, andere Morgenröten, andere Sternennächte ... – Sie wissen nicht, was tun. Stumm fliegen sie herum, ratlos, ziellos, wie Ameisen durcheinanderwimmeln, wenn ein Kind ihre Bahn zertrampelt. Sie wagen es nicht, die Neue Straße auf und ab zu schwirren, in unbeirrbar gradlinigem Schwung, mit jenem eleganten Schwenk am Ende; trauen sich nicht in ihre Nester im Brunnengemäuer; haben nicht die Ruhe, sich niederzulassen auf den Telegraphendrähten, die der Nordwind zum Summen bringt, auf den Notenlinien ihrer klassischen Partitur, flankiert von den weißen Isolatoren … Sie werden erfrieren, Platero!«[182] – Wer von den Menschen würde schon die Klage eines Dichters um den voraussehbaren Tod eines Schwälbchens verstehen außer jemandem, der ebenso spricht mit den Tieren wie dieser Dichter selbst?

Doch gleich vorweg, noch ehe wir dem Märchen der *Drei Sprachen* uns zuwenden, muß man betonen, daß, wer Tiere »sprechen« hört, in Widerspruch und Widerstand zu all den andern tritt, denen »Wirtschaftlichkeit«, »Einträglichkeit« und »Nutzen« im Umgang mit den Tieren höher stehen als das Wohl der Tiere selbst. Auch da ist – noch einmal – eine chassidische Geschichte MARTIN BUBERS äußerst lehrreich; denn sie erzählt: »Einmal zog Rabbi Sussja über Land und sammelte Geld, um Gefangene auszulösen. So kam er in eine Herberge zu einer Zeit, da der Wirt nicht daheim war. Als er seiner Gewohnheit nach durch die Zimmer wanderte, sah er in einem einen großen Käfig mit allerlei Vögeln stehen, und Sussja sah, daß die eingefangenen danach bangten, wieder im Raum der Welt zu fliegen und freie Vögel zu sein. So entbrannte sein Erbarmen über sie und er sprach zu sich: ›Da rennst du dir die Füße ab, Sussja, um Gefangene zu lösen, und was kann es für eine Lösung Gefangener geben, die größer wäre, als diese Vögel aus ihrem Kerker zu entlassen?‹ Alsdann öffnete er den Käfig, und die Vögel flogen in die Freiheit. Als der Wirt heimkam und den leeren Käfig sah, fragte er die Hausleute in großem Zorn, wer ihm das angetan habe. Sie antworteten: ›Da treibt sich ein Mann herum, dessen Aussehn ist wie eines Narren, und kein anderer als er kann diese Missetat begangen haben.‹ Der Wirt schrie Sussja an: ›Du Narr, wie hat sich dein Herz erfrecht, mir meine Vögel zu rauben und das viele Geld zunichte zu machen, das ich für sie bezahlt habe?‹ Sussja entgegnete ihm: ›Du hast es in den Psalmen (sc. in Ps 145,9, d.V.) oft gelesen und gesagt: Und sein Erbarmen über all seinen Werken.‹ Darauf schlug ihn der Wirt, bis seine Hand müde war, und warf ihn endlich zur Tür hinaus. Und Sussja ging fröhlich seines Wegs.«[183]

»Mein Sohn, was hast du gelernt?«

Ein »Narr«, natürlich, ist jemand in unserer »Kultur«, der von der Tierliebe nicht lassen will, - nicht lassen kann; so leichtfüßig und amüsant das Märchen auch daherkommt,- die ganze erste Hälfte der Geschichte ist eine einzige Kritik der Art, wie wir Kinder verschulen.

Die Klage selber ist nicht gerade neu. Im Jahre 1924 schon stellte FRANZ KAFKA (1883–1924) in seiner Abhandlung *Josefine, die Sängerin oder Das Volk der Mäuse* Betrachtungen darüber an, daß unser Leben zu schwer geworden sei, als daß wir es noch zu »so fernen Dingen erheben« könnten, wie es die Musik ist; sie werde, prophezeite er, »aus unserem Leben verschwinden«, und er sah den Beweis für diese Prognose darin, daß eine Sängerin wie Josefine schon nicht mehr wirklich singe, sondern nur noch pfeife, denn daß wir ihr gerade deshalb gerne zuhörten, hänge, meinte er, »mit unserer Lebensweise zusammen«.[184] »In unserem Volk«, schrieb er, »kennt man keine Jugend, kaum eine winzige Kinderzeit. Es treten zwar regelmäßig Forderungen auf, man möge den Kindern eine besondere Freiheit, eine besondere Schonung gewährleisten, ihr Recht auf ein wenig Sorglosigkeit, ein wenig sinnloses Sichherumtummeln, auf ein wenig Spiel, dieses Recht möge man anerkennen und ihm zur Erfüllung verhelfen; solche Forderungen treten auf und fast jedermann billigt sie, es gibt nichts, was mehr zu billigen wäre, aber es gibt auch nichts, was in der Wirklichkeit unseres Lebens weniger zugestanden werden könnte, man billigt die Forderungen, man macht Versuche in ihrem Sinn, aber bald ist wieder alles beim alten. Unser Leben ist eben derart, daß ein Kind, sobald es nur ein wenig läuft und die Umwelt ein wenig unterscheiden kann, ebenso für sich sorgen muß wie ein Erwachsener; die Gebiete, auf denen wir aus wirtschaftlichen Rücksichten zerstreut leben müssen, sind zu groß, unserer Feinde sind zu viele, die uns überall bereiteten Gefahren zu unberechenbar – wir können die Kinder vom Existenzkampfe nicht fernhalten.« »Wir haben keine Jugend, wir sind gleich Erwachsene, und Erwachsene sind wir dann zu lange, eine gewisse Müdigkeit und Hoffnungslosigkeit durchzieht von da aus mit breiter Spur das im ganzen doch so zähe und hoffnungsstarke Wesen unseres Volkes. Damit hängt wohl auch unsere Unmusikalität zusammen; wir sind zu alt für Musik.«[185] Wir sind, so müßte man nun, 90 Jahre später, wohl ergänzen, aus den leider bestehenden Gesetzmäßigkeiten des wirtschaftlichen Zusammenlebens heraus nicht imstande, den Kindern eine längere Phase unverzweckter Fröhlichkeit und unverantwortlichen Wohlergehens zu verstatten; wir müssen ganz im Gegenteil das in ihnen schlummernde Humankapital frühzeitig nutzen, um auch in Zukunft unseren technologischen Wissensvorsprung auf den globalisierten Märkten gewinnbringend einbringen zu können; vor allem müssen wir deshalb die Kleinen schon im Zeitalter der digitalen Kommunikation an eine entsprechende mediale Kompetenz heranführen … Die Verschulung der Drei- und Vierjährigen bereits in Vorschuleinrichtungen (die einmal Kinder»gärten« hießen, als dürften Kinder einfach wachsen wie Blumen in der Frühlingssonne) muß demnach weiter vorangetrieben werden. Und was bei diesem Bildungs»vortrieb« alles »abgebaut« wird, zeigt sich beim Aussortieren an der »Lesebank«.

»Es wird nicht mehr gelesen«, warnen manche und meinen, daß die Welt der Bilder und der Daten die Welt der Worte und Gedanken zu verdrängen drohe. Wortfetzen, die ersetzen sollen, was einmal Sprache noch in ganzen Sätzen war, zerstörten den lebendigen Zusammenhang von Wahrnehmung und Sinnverleihung, Beobachtung, Begründung und Beurteilung, Gefühl, Persönlichkeit und Ausdruck, – die Sprechblasen von Comic-Karikaturen träten an die Stelle wirklicher Mitteilungen. Ob das so ist und inwieweit es zutrifft, braucht hier nicht diskutiert zu werden; es langt die Vorstellung vollkommen aus, daß so ein Kind wie in dem Märchen der *Drei Sprachen* heutigentags als Schulversager und als »Loser« nicht mal in einer »Sonderschule« als »förderungswürdig« erkannt würde, – ein jugendpsychiatrischer Fall höchstwahrscheinlich. Denn schon daß es eine Märchenfigur ist, läßt es als »megaout« erscheinen. Welch ein Kind liest heut' noch GRIMMsche Märchen oder bekäme sie noch vorgelesen? So wie die Volkslieder von einst verdrängt werden vom »Musikantenstadl«, um als »Schlager« fortzuleben, so wird die Überlieferung der Märchen durch die absurdesten Programme interaktiver Spielkonsolen sowie Produkte von der Gattung Fantasy den Kinderzimmern ausgetrieben; der – politisch höchst gefährliche, weil propagandistisch höchst verführerische – Mythos vom kriegerischen Sieg des »Guten« gegen das Böse beziehungsweise gegen »die« Bösen wird in die endlosen Variationen künftiger intergalaktischer Monsterkonflikte projiziert und kehrt in entsprechenden Spielfiguren in die Hände der Kinder zurück.

Und Tiere? Sie fallen gerade mit System den »Wachstums«-Interessen »unserer« Wirtschaft zum Opfer. Das Märchen von *Hase und Igel* (KHM 187) oder vom *Eselein* (KHM 144) oder von *Hans mein Igel* (KHM 108) oder vom *Froschkönig* (KHM 1) müssen wohl wegen mangelnder Visualisierungsfähigkeit auf Grund fehlender Eigenerfahrung der Kinder aus dem Curriculum der Grundschulen gestrichen werden. »Was hast du gelernt?« Diese Frage stellt sich heute jeden Tag, denn an den Lernfortschritten und den Förderungsmaßnahmen ihrer Kinder interessierte Eltern sind nun mal unerläßlich für die Sicherung der Zukunftschancen ihrer Zöglinge; und die beste Antwort auf solch eine Frage müßte lauten: »Ich habe in den Sprachen Deutsch und Englisch nach der Leistungseinschätzung meiner Lehrerin (auffallend häufig sind es Lehrerinnen, die in Grundschulen unterrichten) gute Fortschritte zu verzeichnen.« Und auch Mathematik (»Rechnen«) ist eine »Sprache«, die gelernt sein will …

Bezeichnend für die Situation des Jungen in dem Märchen der *Drei Sprachen* ist indessen noch ein anderes. Sein Vater in der Schweiz ist *»ein alter Graf«*[186], – das heißt, sein Sohn, sein einziger, muß erst recht spät in sein Leben getreten sein, vielleicht von einer Zweitfrau? Das Ergebnis eines Seitensprungs, wie wohl in seinen Kreisen nicht ganz unüblich? Der Frage wird noch nachzugehen sein. Von der Mutter dieses Jungen jedenfalls kein Wort, – sie muß eventuell aus Gründen schon des »Anstandes« verschwiegen werden, und sie tut auch sonst ganz offensichtlich nichts zur »Sache«. Die Sache ist: die rechte Erziehung des Knaben, und dafür zuständig und ganz allein verantwortlich ist der Herr Graf persönlich. Der Altersabstand zu seinem Filius läßt nicht gerade eine besonders herzliche Einvernahme erwarten, – beide leben in verschiedenen Welten, und die einzige Sorge des Alten scheint auf die »Tüchtigkeit« und auf den gesellschaftlichen »Erfolg« des Jungen ausgerichtet zu sein. Er selber traut oder mutet sich nicht zu, in derlei Fragen förderlich zu sein, zeigt es sich doch, daß der Sohn (in seinen Augen!) ausgesprochen *»dumm«* ist und *»nichts lernen«* kann.

Nun ist die Charakterisierung von Schülern und Studenten als »dumm« und »faul« das Standardurteil aller unfähigen Pädagogen und Dozenten, – sie verfügen nicht über die Fähigkeit und geben sich zudem nicht die geringste Mühe, so etwas wie Motivation, Interesse oder gar Begeisterung für all die Lernstoffe zu wecken, die sie dem Kind oder den Kindern einzutrichtern suchen. Und das Ergebnis ist ein Teufelskreis von wechselseitigen Enttäuschungen, Abneigungen und Frustrationen: der »Lehrer« begreift irgendwie schon, daß er dem »lernunwilligen« Kinde nicht guttut, doch statt sich nun zu fragen, was er bei sich selbst verbessern könnte, spricht er bequemerweise das Kind »schuldig« und erhöht den moralischen »Druck« auf den »Lernverweigerer« und »Nichtskönner«. Natürlich schaffen die entsprechenden Vorhaltungen und Vermahnungen keinerlei »Anreiz« zu mehr Fleiß, Aufmerksamkeit und innerer Beteiligung, im Gegenteil: auf seiten des Kindes verfestigt sich der Eindruck, daß es mit so einem wie ihm ohnehin keinen Zweck hat. Es muß nicht »immer schon«, wie der Lehrer fortan behauptet, obstinat und bösartig gewesen sein, doch aufgeschlossen und gutwillig kann es bei solcher Behandlung wohl wirklich nicht geworden sein.

Im Grunde kommt anscheinend auch der alte Graf zu dieser Einsicht. Es ist so viel wie seine Kapitulationserklärung, wenn er dem Jungen mitteilt: *»Höre, mein Sohn, ich bringe nichts in deinen Kopf.«* Völlig zu Recht sieht er sich selber als Person am Ende seiner pädagogischen Bemühungen; ein anderer, vielleicht, vermag dem Sohne doch noch etwas beizubringen, – er nicht. Ein derartiges Unvermögen könnte unter Umständen damit zusammenhängen, daß er von seinem Sohn zu viel erwartet, und dann auch noch vom »falschen« Lernstoff, doch darauf kommt er nicht; nach seiner Vorstellung muß man nur mal das »Personal« austauschen, – vermutlich sogar gegen ein noch strengeres und konsequenteres und drastischeres Pädagogenteam. Nur: kann »die Sache« so gelingen?

Innerlich wird wohl auch der Sohn längst mit der Einschätzung des Vaters einverstanden sein: er ist nun halt zu *»dumm«* zum Lernen; und welch ein Kind in solcher Lage erlebte nicht die Überstellung in die

Hände eines Privatlehrers (oder heute in ein Internat) als eine Strafversetzung für sein Lernversagen? Daß dieser Junge seinen Vater fürchtet und von Herzen haßt, darf man als sicher unterstellen. »Der Vater lehnt mich ab, so wie ich bin. Der Vater will einen ganz andern Sohn, der besser zu ihm paßt. Der Vater schickt mich jetzt zu einem ›Meister‹, der mich so schleifen und polieren soll, daß es ihm Ehre einträgt. Um mich geht es ihm sowieso nicht. Er ist ein eitler, selbstbezogener, verknöcherter und sturer Egoist.« So ähnlich wird das Urteil dieses Jungen über seinen Vater lauten. Doch darf ein Junge so mit seinem Vater reden? Natürlich nicht! Der Junge also hat den Ärger, die Enttäuschung und die Ablehnung des Vaters nicht zu äußern, sondern zu verinnerlichen, mit einem Wort: er nimmt sie mit! Wohin der Vater ihn auch schickt, – auf jeden neuen Lehrer wird die alte Haltung übertragen werden, werden die alten Lernblockaden einsetzen, wird wieder sich so etwas wie der alte »Streik« ausbreiten, – es sei denn, daß doch ein »Meister«-Lehrer sich noch fände, dem es nicht aufs Lehren, sondern aufs »Erziehen« ankäme, indem ihm an dem Jungen selbst gelegen wäre und nicht so sehr an seinen Lernerfolgen.

Nur daß da keine Mißverständnisse entstehen: ein solcher Lehrer ist durchaus nicht vorgesehen! Einmal im Jahr zitiert der Vater, der Herr Graf, den ungeratenen Sohn herbei, um sich nach seinen Lernfortschritten zu erkundigen: *»Nun, mein Sohn, was hast du gelernt?«* Das ist die Frage, die wie ein Sommergewitter schwül und heiß über die ganze Zeit im Westen sich zusammenbraut. Nicht wie der Sohn sich fühlt, wie es ihm menschlich geht, ist von Belang, nur was er lernt, was er zu lernen hatte, was er nun endlich doch auch in der Tat gelernt hat. Und das ist – nichts! Nichts von dem, was der Vater sich erträumt hat. – Deutlich erkennbar in den Augen jedes Außenstehenden, wenngleich nicht sichtbar für den Vater selbst und wohl auch nicht für seinen Sohn, findet inzwischen längst ein Machtkampf statt, den zunehmend der Sohn dabei ist zu gewinnen. Er wird nicht lernen, was der Vater will, er wird nicht werden, wie's der Vater wünscht, er wird im Gegenteil genau die Fähigkeiten und Interessen ausbilden, die der Herr Graf ganz sicher für abwegig und verwerflich halten wird. Die werden seine Freude sein! Und dafür wird er sich begeistern! Und daran wird sich plötzlich zeigen, wieviel an Neugier und Entdeckungslust, Intelligenz und Strebsamkeit ihn auszeichnet, und das sogar und gerade unter dem Druck erheblicher Verneinungen und Zwangsmaßnahmen. Was aber mag das sein, das so ganz anders ist als die Erwartungen des Vaters? Etwas vollkommen Unnützes, niemals im bürgerlichen Sinne Brauchbares und Rechtes wird es sein, dafür etwas Lebendiges, das passend ist zu dem Ersatzleben im Abseits, in das man dieses Kind genötigt hat: ein Tier!

Nicht wenige Kinder sind, die an dem Grafen-Ehrgeiz ihres Vaters scheitern. Ihre Mutter haben sie nie gekannt, zumindest nicht als hilfreich, aufrichtend oder beschützend; wenn sie nicht früh verstorben war, so hatte sie sich längst schon scheiden lassen oder war im Alkohol ertrunken oder sonstwie unzurechnungsfähig; aber der Vater! Er stand da wie der Fels am Abhang seines Schlosses – steil, schroff, kalt und unnahbar: »*was hast du gelernt?*« Ein Kind, das einzig diese Frage vorgelegt bekommt, kann sich nicht zugehörig vorkommen; es wird sich sehr, sehr einsam und allein gelassen fühlen. Es wird nicht sprechen wie am Leben längst verbitterte Erwachsene: »Seit ich die Menschen kenne, liebe ich die Tiere«; aber ein jedes Tier wird ihm unendlich näher stehen als die anderen Menschen, die alle irgendwie hinter der Mauer eines solchen Vaters wie weggesperrt anmuten; und wirklich kommt es manchmal vor: es findet sich zu Haus ein Hund, ein Kätzchen, ein Kaninchen, ein Täubchen, Wellensittich oder Goldfisch, und dieses Tier ersetzt die ganze Welt brachliegender Gefühle. Denn wie der Hund schon guckt! Wie sanft er dreinschaut! Und wie treu er wartet, bis er Gassi gehen darf! Sein Hund, davon ist jedes Kind, zumal in solcher Lage, fest und sicher überzeugt, versteht alles! Man kann mit ihm sprechen, und er hört zu. Und vor allem: er ist der einzige, der deutlich zeigt, daß er sich freut, wenn man zur Tür hineingeht. Gleich kommt er angesprungen, leckt freundlich zur Begrüßung die Hand und läßt sich unter dem Kopf kraulen, wedelt vertrauensvoll mit dem Schwanz und schaut erwartungsvoll bittend empor, ob da etwa ein Wunsch auf seiten seines Herrchens oder Frauchens sei, den er sogleich ausführen dürfe. Und kann man denn bezweifeln, in welchem Umfang solch ein Hund die Gefühle seines »Leitwolfs« wirklich versteht? Schier verzweifelt ist er im Fall einer Erkrankung, drohend kann er sich geben, wenn er glaubt, einen ungebetenen Gast abwehren zu müssen, so wie er umgekehrt sogleich sich jemandem anschließen wird, den er als Freund seines Herrchens kennengelernt hat. Und sogar einzelne menschliche Worte versteht er zu Hauf.

Wie soll es da dem Hundehalter nicht förmlich zur Pflicht werden, die Sprache seines Hundes zu verstehen? Und gleich kann er beginnen. Da ist vor allem das weite Feld der andressierten Bewegungsweisen, in denen das Tier gelernt hat, sich dem Menschen mitzuteilen, – etwa wenn es Pfötchen gibt oder seinen Kopf auf die Knie des »Herrn« legt[187]. Jedes Kind, das mit einem Hund aufwächst, wird mit diesem klugen Tier Zwiesprache halten; einem vereinsamten Kind aber steht sein Hund näher als jeder Mensch, und so ist er sein Trost, sein Beschützer, sein treuer Begleiter – sein Beweis trotz allem für den Wert und für die Liebenswürdigkeit der eigenen Person. Einem solchen Kind wächst es mühelos zu, mit seinem vierbeinigen Liebling Zwiesprache zu halten. *»Was hast du gelernt?«* Muß man nach allem schon Gesagten sich noch wundern, wenn der Junge dem Herrn Grafen eröffnet: *»Vater, ich habe gelernt, was die Hunde bellen«*? Freilich, es ist ein Sprachverständnis, das sich vor allem auf die Äußerung von Wünschen und Gefühlen bezieht, nicht auf die Mitteilung »objektiver« Sachverhalte, wie das Märchen es im weiteren voraussetzen wird; aber die Nähe seines Jungen zu den Hunden sollte diesen »Vater« äußerst stutzig machen; *er* sollte die Gefühle verstehen, die sich in dem scheinbar »objektiven« Tatbestande ausdrücken: Da ist ein Kind, das, weil es zu wenig oder falsch »geliebt« wird, aus lauter Not, Verschüchterung, doch auch in einer Haltung von verstohlenem Protest die Tiere, seinen Hund zu lieben anfängt. Der Hund erscheint ihm irgendwie genauso arm, verloren und verlaufen, wie er sich selber fühlt; eine tiefe Schicksalsgemeinschaft verbindet beide und erwärmt ihrer beider Welt. – Freilich, nicht zu überhören ist in dem Gebell der Hunde auch der aggressive Anteil. »Ich lern' die Hundesprache, weil du selbst, mein Vater, nur an mir herumkläffst!« Auch dieser Vorwurf steckt unausgesprochen hier bereits in der Verlagerung des Lerneifers vom »Schulischen« ins Menschliche. Wie fühlt ein Kind, das seinen Vater wesentlich als »Dogge« kennenlernt, und welche eigenen Beißhemmungen entwickeln sich im Schatten solcher Vaterangst?

So viel steht fest: Nur wenn der Vater die notvolle Einheit seines Jungen mit den Hunden als eine Art Symptom begreifen würde, besäße er die Chance, das Kind für sich zurückzugewinnen; doch diese an sich günstige Gelegenheit ergreift er nicht. Stur, starr und unverständig beharrt er auf der alten Einstellung: Sein Sohn soll etwas »Ordentliches« lernen, – er hätte das längst tun sollen, und so wartet er voll Ungeduld darauf, sein Anspruch an den Jungen möge endlich in Erfüllung gehen. Doch weit gefehlt! Die Hundesprache – das soll alles sein, was im zurückliegenden Jahr sein Sohn gelernt hat, – *»Daß Gott erbarm«*, ruft händeringend da der Graf aus und weiß nicht anders, als den Jungen noch ein Stückchen weiter von sich wegzuschieben: *»in eine andere Stadt zu einem anderen Meister«*. Die innere Entfremdung wächst damit, das seelische Asyl dehnt sich noch weiter aus, die Kluft zwischen Vater und Sohn wird sich so niemals schließen lassen. Der Vater zieht sich zurück in die Selbsttäuschung, seine Pflicht getan zu haben und dem Sohn die Alleinschuld für sein vermeintliches Scheitern geben zu dürfen, ja, zu müssen; der aber wird sich fühlen als die Unschuld selbst; er hat ein Recht, eigene Wege zu beschreiten, und er wird jetzt nur noch entschlossener dabei bleiben; den Anforderungen seines Vaters wird er nie entsprechen, doch dafür wird er um so mehr auf seine Art dem Studium der Tiersprachen obliegen, – der nächste Eklat im Jahre drauf ist bereits absehbar.

Und, sicherlich, es kommt, wie's kommen muß! *»Mein Sohn, was hast du gelernt?«* Unverändert in zwölf langen Monaten bleibt für den Grafen diese Frage nach wie vor bestehen. Er hat sich nicht bewegt, nicht um ein weniges auch nur, und wieder merkt er nicht, wie unflexibel er mit seinem Leben auf der Stelle tritt und damit das des Sohns blockiert. Desgleichen sieht er kein Problem darin, die Prüfungsfrage nach erbrachter Leistung weiterhin als einzige Kontaktform zu erachten, und daß er seine Vorstellung möglicher Lernerfolge ganz in den Begriffen bürgerlicher »Nützlichkeit« (im Sinn von Geldgewinn und Kapitalverwertung) hält, ist ihm zu selbstverständlich, als daß er darüber auch noch ins Grübeln käme. Nur wie sein Sohn darauf antworten wird, ist wohl vorhersehbar für jeden, außer eben für diesen Vater selbst: das Kind wird seine Liebe zu den Tieren nur um so tiefer spüren, je quälender die Menschen: der Graf und die von ihm in Dienst gestellten »Meister«-Quälgeister, ihm zusetzen. Denn: Tiere sind nur einfach da – wie er; sie möchten spielen – so wie er; und wenn sie etwas lernen, dann weil es ihnen Freude macht – genau wie er. Sie sind nicht dumm, nur weil sie bleiben, was sie sind; sie haben einen langen Atem, um schließlich zu erreichen, was sie möchten; sie suchen instinktiv nach Nähe und bleiben treu bei dem, der ihnen gut ist. In allem sind die Tiere ganz wie so ein kleiner Junge, der allmählich größer wird. Sie also sind in Wahrheit ihm verwandt, – der »Vater« ist es nicht.

Doch daraus nun ergibt sich eine neue Frage: Man kann zwar Tiere generell als Tiere mögen, doch eine richtige Beziehung kann man nur zu einem ganz bestimmten Tier aufnehmen. *Ein Hund!* Das war bisher das Tier, das für die Projektion der eigenen Gefühle sich am meisten eignete. Positiv ausgedrückt: so treu und anhänglich wie so ein Hund dem Jungen, wäre der Junge selber seinem Vater gern gewesen, – auch das ist's, *»was die Hunde bellen«*; andererseits aber können sie auch, im Falle man sie reizt, recht knurrig oder bissig werden, – sie haben nicht nur Zähne, sie können sie auch zeigen. Gerade ein Junge, der sich gegenüber seinem herrschaftlichen Vater völlig rechtlos vorkommt, kann sich gewiß hineinversetzen in das Wunschbild eines solchen »Hundes«, der über die genügende »orale Aggression« verfügt, mit seinem »Bellen« sich Gehör zu schaffen. So ward dies denn die erste Lektion im Leben dieses Jungen, die *Hunde*sprache zu erlernen.

Was aber ist es nun zum zweiten mit den »*Vögli*« – »was sie sprechen«? – Daß gerade Vögel Menschen Wichtiges zu sagen haben, gehört zur Glaubensüberzeugung vieler Religionen. In der griechisch-römischen Antike sind es immer wieder Vögel, die mit der Richtung und der Stellung ihres Flugs in Schicksalsaugenblicken warnende Vorzeichen geben. Als in HOMERS *Odyssee* zum Beispiel Telemachos die Freier im Hause seiner Mutter in die Schranken zu weisen versucht, läßt Zeus, um seinem Willen Ausdruck zu verleihen, zwei

> Adler hoch vom Gipfel des Berges hin zu ihm fliegen.
> Anfangs flogen sie beide zugleich mit dem Wehen des Windes
> Nah beieinander dahin mit ausgebreiteten Schwingen.
> Als sie aber zur stimmenreichen Versammlung gelangten,
> Zogen sie Kreise darüber und schlugen rasch mit den Flügeln,
> Sahen auf alle Häupter herab und blickten Verderben.

Und mit den Krallen zerkratzten sie sich die Wangen und Hälse,
Stürmten sodann nach rechts zu den Häusern der Stadt hin.«[188]

Klar erkennbar handelt es sich in dieser Szene um ein Unheilszeichen, das die beiden Adler verkörpern; und auch im folgenden unterstützen Vogelorakel das Bemühen des Telemach, die Rückkehr seines Vaters Odysseus gegen die Feier durchzusetzen. So erscheint ihm »zur Rechten ein Vogel«, »ein Adler, der eine weiße Gans in den Klauen« trägt[189], oder auch »ein Vogel, Apollons / Flinker Bote, ein Falke; der hielt in den Fängen und rupfte / Eine Taube und streute die Federn herab auf die Erde.«[190] Tod und Verderben den Freiern bezeichnet auch später noch einmal »ein Vogel«, der ihnen zur Linken erscheint: »Ein hoch fliegender Adler, der hielt eine schüchterne Taube«; – die frechen Freier werden Telemachos nicht töten können, erschließt ganz richtig Amphinomos aus diesem Bild des Vogelflugs[191]. – Derlei sehen und deuten zu können mag die geheime Kunst einer eigenen Schicht von Orakelpriestern begründen, doch an sich ist jeder aufmerksame Beobachter imstande, das Verhalten von Vögeln als Botschaften der Götter zu interpretieren. Wer die Vogelsprache erlernt, gewinnt mithin ein Wissen um Künftiges, – er vermag dadurch seine bedrückende Gegenwart leichter zu meistern. Schon deshalb mag es sich dem vereinsamten Jungen im Märchen nahelegen, die Sprache der Vögel zu lernen.

Insbesondere die germanische Mythologie kennt darüber hinaus die Vorstellung, daß Vögel ganz wörtlich nach Menschenart zu Menschen reden. Als in den nordischen *Nibelungen* Sigurd zum Beispiel den Drachen Fafnir getötet hat, fordert sein Lehrmeister Regin ihn auf, das Herz des Untiers im Feuer zu braten; als Sigurd sich dabei den Finger verbrennt und ihn in seinen Mund steckt, kommt »das Herzblut des Wurms ihm an die Zunge«, und »da verstand er die Vogelsprache«.[192] »Er hörte, wie Meisen im Gezweig neben ihm zwitscherten: ›Da sitzt Sigurd und brät Fafnirs Herz. Das sollte er selber essen, dann würde er weiser als irgendwer.‹« Vor allem warnen die Vögel Sigurd vor Regin und fordern ihn auf, ihn zu enthaupten und sich in den Besitz des Drachenhorts zu bringen. Später gibt Sigurd seiner Gattin (der Kriemhild der deutschen Überlieferung) »von Fafnirs Herz zu essen, und seitdem war sie weit grimmiger als zuvor, und auch weiser.«[193] – Fähig, die

Sprache der Vögel zu verstehen, ist auch die Tochter Hetels, des Königs in Hegelingen, und seiner Gattin Hilde, die ebenfalls Gudrun heißt. Als sie in der Normandie mit dem Königssohn Hartmut verheiratet werden soll, veranlaßt ihre Weigerung dessen Vater Ludwig, sie bei der Überfahrt über Bord zu werfen, doch Hartmut selbst verweist ihm sein Vorgehen, und auch seine Mutter Gerlind bemüht sich anfangs noch, Gudrun günstig für einen Eheschluß mit ihrem Sohne Hartmut zu stimmen; dann aber demütigt sie die starrsinnige Gudrun damit, neben ihrer Tochter Ortrun »am Strande die Wäsche zu waschen«. »Mehr als sechs Jahre währte dieser harte Dienst.« Aber eines »Tages sah Gudrun im Meere einen Vogel schwimmen. ›Ach, du schöner Vogel‹, rief sie aus, ›wie schmerzt es mich, daß du so unstet und ohne Heimat auf dem Meere umherirren mußt!‹ Da antwortete der Vogel mit Menschenstimme: ›Freue dich, edle Jungfrau, denn dein Leiden nimmt bald ein Ende. Bald nahen die Deinen, um dich aus deiner Not zu befreien!‹ Nach diesen Worten erhob sich der Vogel hoch in die Luft und entschwand.«[194]

Mitunter erlebt man es in Borderline-Situtationen oder in psychotischen Schüben, daß Menschen in dem Flug von Vögeln die Bewegung der eigenen Seele zu sehen wähnen. Schwalben schwirren am Fenster vorbei, und ihre schrillen Laute übermitteln geheime Botschaften oder geben wie fern gesteuerte technische Geräte Informationen weiter. Menschen, denen man unter Zwang, Angst und Schuldgefühl die eigenen Gefühle und Empfindungen entfremdet hat, werden sie in ihre Umgebung verlegen. Zu ihnen sprechen dann die Dinge und sagen ihnen, was sie selber denken, doch nicht denken dürfen, und lassen sie sehen, was sie von sich aus nicht sehen sollen. In dem Bilde des »schönen Vogels« erkennt Gudrun zweifellos sich selber in ihrer Heimatlosigkeit und Ausgesetztheit an der rauhen Küste der Normandie, aber ihr selber ist nicht bewußt, daß die Regung des Mitleids mit diesem Vogel, die sich in ihr zu Wort meldet, letztlich dem eigenen Leid gilt, ein Flehen um Mitleid mit ihrer Lage. Dabei verdichtet sich zugleich ein wichtiger Wunsch in der Vogelgestalt: – wenn man so wäre! Ein Vogel! Wie viele Gefangene hinter den Stacheldrähten der Lager und den Betonmauern der Haftanstalten sind nicht schon neidisch geworden auf einen Spatz oder auf einen Buchfink, der auf seiner Nahrungssuche im Innenhof sich niederließ, unbekümmert, weil keine Gefangenschaft spürend! Je nach Belieben, mit wenigen Flügelschlägen, schwang er sich auf und davon. »Unsere Seele ist entronnen wie ein Vogel dem Netze des Vogelfängers; das Netz ist zerrissen, und wir sind frei«, heißt es einmal in dem Gebetbuch Israels (Ps 124,7). Es ist der Wunsch aller Eingekerkerten, das eigene Leben möchte so sein: es könnte die Seele ihre Flügel breiten und hoch über allem hinweg in ihre »Heimat«, zum Ort ihrer Freiheit zurückgelangen. – Ein Junge, ein Mädchen streichelt seinen Wellensittich, den es auf seiner Hand hält und behutsam in den schützenden Bauer auf die Stange zurücksetzt: – dieser Bauer ist kein Käfig, er ist das Heim dieses Vögleins, denn wann immer es möchte, darf es heraus auf die Schulter des Kindes klettern oder das Zimmer durchfliegen; freiwillig wird es immer wieder zurückkommen; seine Bindung ist innerlich und schränkt es nicht ein. Der »schöne Vogel« – er ist das Traumbild aller Eingekerkerten in ihrer Sehnsucht nach Weite. *»ich habe gelernt, was die Vögli sprechen«*, – unvermeidbar ist das die zweite Lektion dieses Grafen-Sohnes.

Wer ist er eigentlich und woher stammt er? Er weiß es nicht, und wir, die Leser, erfahren es auch nicht. Doch in dem Bilde der Vogel-Freiheit schwirrt so manch freigeistiger Gedanke umher. Die Sprache der Vögel wird wenig später im Gurren von Tauben ertönen. Diese liebesseligen Tiere, die in ihren Paarungsriten unermüdlich einander umkreisen und beim Balzspiel artig ihre Pirouetten drehen, galten von alters her als Boten und Begleiter der orientalisch-griechischen Liebesgöttin Aphrodite[195]. Wäre es möglich, in ihrem »Gr grrr gr gr« vernähme der Grafen-Sohn etwas auch von der Stimme seiner Mutter? Dann dürfte man das Märchen weiterspinnen auch in dem, was es (sittsam?) verschweigt: Dieser Junge, der spätgeborene, dieses Kind einer Frau, die verborgen bleibt an der Seite des Grafen, wär das Erzeugnis einer Liebe in Freiheit, folgend allein der Verlockung der Schönheit, wie sie für immer Gestalt gewann in der schaumgeborenen Göttin der Griechen an den Klippen von Paphos auf Zypern, dem Heiligtum der Aphrodite[196]. Ein weißes Täubchen zumal ist das Sinnbild der Seelengestalt solcher Schönheit, die selbst im Altern nicht altert, sondern die Wahrheit ihres Wesens nur immer sichtbarer hervortreten läßt …

Vorstellbar ist dann eine Situation, wie sie nicht wenige Kinder erleben müssen: Sie sind, wie bereits angedeutet, die Frucht eines »Seitensprungs« – der Vater (der Lehrer, der Hausarzt, der Pfarrer des Ortes, ein »Graf« jedenfalls) darf sich zu dem Kind nicht offen bekennen, und die Frau, die er insgeheim liebt, muß er verleugnen; sie dafür muß im Dorf sich schämen – ein Kind ohne Vater, ein Kind der Schande … Man verehrt zwar gern in katholischen Kirchen die Jungfrau Maria mit ihrem Kind ohne (irdischen) Vater, doch in den Gassen des Dorfes erstirbt nicht das hämische Tuscheln: eine »Gefallene«, eine »Ehrlose« – sie wollte mal höher hinaus, aber das hat sie nun davon …

Entscheidend für das Kind einer solchen »Taubenfrau« ist die Pflicht zu absolutem Gehorsam. Es muß sich ängstigen in der Angst seiner Mutter vor allen Leuten, es muß sich schämen in dem Schamgefühl seiner Mutter, und es darf die Schande, die es selber verkörpert, durch unliebsame Auffälligkeiten nicht noch vermehren. Von seinem Vater weiß ein solches Kind wenig, am besten gar nichts. Er zahlt verborgener- wie verpflichtetermaßen die Alimente – so kann er sein Gewissen beruhigen und zugleich vermeiden, daß er mit einem peinlichen Unterhaltsstreit in die Öffentlichkeit gezerrt wird. Und auch sonst will er wohl nicht als ein bloßer Lüstling erscheinen, – zumindest an einem standesgemäßen Aufstieg des Sohnes ist ihm gelegen …

All das erzählt das Märchen nicht; jedoch im Rahmen solcher Hypothesen ließe sich zwanglos die gefühlskalte Art der Fürsorge dieses »Grafen« erklären, mit der er alle persönlichen Beziehungsfragen umgeht und sich penetrant nur nach dem *einen* erkundigt: welche Lernfortschritte sein Filius macht, um in der gesellschaftlichen Achtung zu seiner Höhe aufzusteigen. Und mehr noch: man verstünde unter der Annahme einer solchen unehelichen Geburt des Grafensohnes insbesondere die lieblose Härte in dem Verhältnis von Vater und Sohn; denn denken dürfte man dann, daß in der Überkorrektheit und in der Einseitigkeit der jährlich wiederkehrenden Leistungsforderung des Vaters eine gewisse stellvertretende Sühneauflage für die eigenen Fehler versteckt sein könnte: Hat der Graf bei der Zeugung des Sohnes seinem Lustverlangen gefrönt, so verlangt er von ihm nunmehr eine absolut lustferne Selbstkontrolle und asketische Disziplin; ja, man wird sagen müssen: er haßt sich in seinem Sohn für sich selber und unterdrückt in ihm gerade die Seiten, denen dieses Kind seine Existenz verdankt. Wenigstens *dieser* Trost bleibt nicht wenigen unehelich zur Welt gekommenen Kindern, daß sie, dank der betörenden taubenliebenden Aphrodite, eine Frucht der Zuneigung und Begeisterung, der Schönheit und der Freude, der Poesie und der Empathie und sicher nicht einer bloßen Verordnung von Pflichten gewesen sind …

Die Zuneigung des Kindes zur Sprache der Vögel und unter diesen besonders der Tauben könnte demnach auch etwas ausdrücken von dem Verlangen des Jungen, es möchte die Liebe seiner Seele Flügel verleihen und sie dem Käfig moralischer Zwänge entheben. Sonderbar mutet es manchmal an, welch ein Licht die Gegenwart auf die alten Märchenmotive wirft. In den Tagen der BRÜDER GRIMM waren Tauben noch relativ spärlich in den Wäldern verbreitet und fielen niemandem lästig. Man hörte sie gern und bewunderte ihr schönes blau-grün schimmerndes Gefieder. Und man machte sich ihr rätselhaftes Heimfindevermögen zunutze, indem man sie privat als Brieftauben hielt und beim Militär für gefährliche Kurierdienste einsetzte[197]. Anders in unseren heutigen Großstädten. Speziell den Felsentauben[198] bereiten die hochragenden Steinwüsten der Häuserzeilen keinerlei Schwierigkeiten, wofern sich darinnen nur genügend Nischen und überkragende Dachfirste finden. Ohne ihre natürlichen Feinde wie Falken und andere Raubvögel konnten sie sich bei dem gehäuften Nahrungsangebot der Städte explosionsartig vermehren und stellen heute für viele Denkmalschützer und Ordnungsamtsleiter eine echte Plage dar. Nachdrücklich verbietet man manchenorts inzwischen sogar, Tauben auf öffentlichen Plätzen zu füttern, und umkleidet allerorten: an Kirchen und Kathedralen, an Banken und Bahnhöfen, die möglichen Anflugstellen für diese Vögel mit spitzigen Stachelkronen. Wie sperrt man das Sinnbild für Frieden und Freiheit, die Taube, nur wieder weg in die Kontrollaufsicht der »zivilisierten« Interessen von Feudal- und Finanzherren? In gewissem Sinne scheint der Kampf der »Grafen« gegen die »Tauben« noch lange nicht zu Ende …

Der Graf des Märchens jedenfalls gerät *»in Zorn«*, als er hört, was in dem zweiten Jahr der Ausbildung sein Sohn gelernt hat: *»… was die Vögli sprechen«*. Ist das möglich! *»O du verlorener Mensch«*, fährt der Vater sein unbotmäßiges Kind an, *»hast die kostbare Zeit hingebracht und nichts gelernt und schämst dich nicht, mir unter die Augen zu treten?«* Nach dem Gesagten wird dies Scham-Motiv jetzt gut verständlich: Annehmen darf man, daß der Vater sich schon für seinen Sohn schämt, weil er existiert; der Sohn steht seinerseits von Anfang an unter der Pflicht, von Tüchtigkeit und Leistung dem Vater »keine (weitere!) Schande zu bereiten« und mit spektakulären Erfolgen sogar ein Gefühl von heimlicher Anerkennung und Stolz bei ihm zu erzeugen; wo nicht, droht er die Schamgefühle seines Vaters noch zu potenzieren. Doch genau das geschieht in diesem Augenblick: »Du schämst dich nicht, mich (noch mehr) zu beschämen?«, – so lautet »eigentlich« der Vorwurf dieses Vaters an die Adresse seines Sohnes. Und jetzt scheint es, als wenn nicht nur aller guten, sondern auch aller *schlechten* Dinge »drei« sei: noch einmal, und zwar jetzt ein letztes Mal, zeigt sich der Graf bereit, dem Sohne eine Chance zu geben, nicht eine zweite, – eine *dritte*, die aber soll endgültig die Entscheidung bringen: Entweder beugt sich jetzt der Sohn dem Ehr- und Leistungscodex seines Vaters oder der Vater weigert sich ultimativ, dieses Kind der Schande noch als seinen Sohn zu betrachten. Aus Sicht des Vaters soll diese Ansage wohl als finale Drohung wirken, doch könnte sie das nur, wenn diesem Sohn in irgendeiner Weise an der Gunst seines Vaters noch gelegen wäre. Das aber ist durchaus nicht mehr der Fall, und so erfährt er hier im Grunde nur, wie es zu machen ist, die Last des (Über)Vaters endlich abzuschütteln: »Nur weiter so! Nur durchhalten mit der Verweigerung!« Das wird bei diesen Worten seines Vaters als sein Entschluß sich endgültig verfestigen.

Ein drittes Mal also muß ein privater Sonderlehrer her mit der Arbeitsauflage, ein Jahr lang sein Bestes zu versuchen, um den Jungen zu »sozialisieren«, doch wird es ihm lediglich gelingen, die Widerständigkeit und Widerspenstigkeit seines Eleven auf ein Maximum zu steigern. Zur Darstellungsform volkstümlicher Erzählungen gehört die sogenannte *regula de tri* – die Steigerung im Gleichen durch dreifache Wiederholung. So hier, jedoch mit einer wichtigen Veränderung: anstelle einer bloßen »Steigerung« kommt es zu einer »Antiklimax«, einer »umgekehrten Steigerung« (von griech.: klímax – die Leiter). Vom »Hund« zur »Taube« ist eigentlich noch keine qualitative

Verschlimmerung im Betragen des Jungen zu erkennen; daß eine solche dennoch vorliegt und mit Absicht angestrebt ist, wird indessen unübersehbar deutlich, wenn der Herr Graf zum dritten Male jetzt den Jungen fragt: »*Was hast du gelernt?*« Daß ihn der Sohn gerade an dieser Stelle sogar betont mit »*Lieber Vater*« anredet, kann nur als blanker Hohn verstanden werden. Denn unter dem Mantel vorgetäuschter Höflichkeit und pflichtschuldigster Hochachtung hat es der Sohn fertiggebracht, sein Fehlverhalten auf den Gipfel zu treiben. »Lieber Vater« – das läßt eine reumütige Gesinnungsänderung erwarten; das könnte für den Augenblick den Grafen hoffen machen, jetzt endlich möchte er die Früchte seiner Mühen doch noch ernten; diese Anrede soll ihn aus der Deckung locken, doch nur, um desto schlimmer ihn mit der Mitteilung zu treffen: »*ich habe dieses Jahr gelernt, was die Frösche quaken.*« Frösche! Also das ist doch ... richtig: eine bodenlose Frechheit. Das schlägt, wie man so sagt, dem Faß den Boden aus. Das ist in jedem Fall das Ende der Geduld des Vaters. Sein Zorn kennt nunmehr keine Grenzen mehr. Daß er den Sohn moralisch in Grund und Boden verachtet, daß er ihn sozial verstößt, daß er erklärt: »*Dieser Mensch ist mein Sohn nicht mehr*«, kann man in gewisser Weise inzwischen wohl sogar begreifen: er sagt sich los von einem Kind, das so ganz anders ist, als er sich's wünscht und als er auch sich selbst empfindet. Dieser Sohn ist (s)ein *opus alienum*, ein Gebilde, das ihm wesensfremd ist. Das ist jetzt deutlich, überdeutlich.

Doch was nun folgt, ist eine krasse Offenbarung der Gefühle, die dieser Vater gewiß all die Zeit schon gegenüber seinem Sohne hegte: – haßerfüllte, vernichtende, mörderische Gefühle sind das, und sie entladen sich jetzt eruptiv und explosiv; sie zeigen diesen alten Mann sogar weit hilfloser noch als den Jungen: Der Sohn konnte die Ablehnung seines Vaters unter dem Deckmantel von Folgsamkeit und Respekt in aller Ruhe von Fall zu Fall zu einem Maximum an Verneinung und Verachtung steigern; jedoch der Vater zeigt jetzt ungehemmt in der Maßlosigkeit der Wut, was er wirklich empfindet: er gebietet seinen Dienern, »*daß ihr ihn hinaus in den Wald führt und ihm das Leben nehmt*«. In seinen Augen ist es nunmehr offenbar berechtigt und gerecht, sein Kind ins Nichts zurückzustoßen, weil dieses sich derart entschlossen zeigt, daß aus ihm nichts, rein gar nichts werden soll. –

Welch eine Selbstentlarvung! Bislang kaschierte sich der pädagogische Sadismus dieses Vaters noch in vernünftig scheinenden Zielsetzungen und Leistungsvorgaben; jetzt aber bricht die ganze Tödlichkeit hervor, mit der er seinen Jungen zielbewußt und Schritt für Schritt von sich forttrieb und -treiben wollte. Auf Lernversagen – Todesstrafe! Das wäre rechtlich reine Willkür, wenn dieser Graf noch Herr seiner Gefühle wäre und einen eigenen Willen hätte. Doch dieser Mann trifft nicht mehr willentlich gesteuerte Entscheidungen, er wird getrieben von Impulsen, die er in ihren Gründen und Abgründen sich wohl niemals wirklich klargemacht hat und denen er in jedem Falle jetzt vollkommen ausgeliefert ist. Nach außen hin kommt er sich wohl noch vor als Herr über Tod und Leben, als absolute Entscheidungs-Instanz über lebenswert oder lebensunwert, und sein Maßstab dabei ist allein die Kategorie meßbarer Leistung nach zu benotender Tüchtigkeit in der »Schule des Lebens« bei der Aussonderung der Fleißigsten und der Begabtesten; jedoch in Wahrheit spricht er als Vater und als Mensch mit seiner herzlosen Unmenschlichkeit sich selber hier das Todesurteil! Er disqualifiziert sich selbst; und wer an dieser Stelle bereits darauf wartet, zu erfahren, wie dieser Richter selber vor Gericht gestellt wird, der muß einfach nur weiterlesen: der Vater-Graf spielt künftig keine Rolle mehr! Auf seine Weise verschwindet er ganz einfach aus dem GRIMMschen Märchen; er wird nicht physisch, aber »magisch« aus dem Weg geräumt; und wie das sein kann, wird sich sogleich zeigen.

Der Sohn auf seine Weise kommt vergleichbar gut davon. Wie nicht so selten in den Märchen[199], scheuen die Diener sich, den Mordbefehl ihres verbrecherischen Auftraggebers auszuführen; ihnen tut ihr Opfer leid, und dieses Mitleid schafft ihnen den Mut, den Hinrichtungsauftrag zu verweigern. Ein erstaunliches Motiv! – Man stelle sich vor, die Soldaten eines Pelotons legten an und knallten in die Luft, – sie ließen den zu Erschießenden (Befehlsverweigerer oder Deserteur oder Partisanen oder »Insurgenten«) frei, – der Krieg der einen gegen die anderen fände sein Ende! Die Feindseligkeit untereinander fiele dahin! – Hier wenigstens erhält der zum Tode verurteilte Sohn zum ersten Mal eine wirkliche Chance, zu sich selber zu finden – jenseits seines Vaters, unabhängig von seinem Vater, unbeeinflußt von Druck und Gegendruck im Umfeld dieses Anti-Vaters. – Und das alles bewirken die Frösche, deren Sprache er im letzten Jahr erlernt hat!

Welche Ruchlosigkeit aus väterlicher Sicht darin liegt, als Sohn, statt »ordentlich« zu lernen, ausgerechnet zum Fröscheversteher zu werden, begreift man wohl erst, wenn man jene Szene in den *Metamorphosen* des römischen Dichters OVID (43 v. Chr. – ca. 17 n. Chr.) nachschlägt, die auf Grund ihrer frivolen Spaßhaftigkeit zu den unsterblichen Stellen der Weltliteratur zählt. Im 6. Buch berichtet dieser Altmeister psychologisierender Mythenerzählungen davon, wie die Göttin Leto (Latona), die Tochter des Titanen Koios (Coeus) – deren Name vielleicht mit dem lykischen Wort *lada* = »Frau« zusammenhängt –, mit ihren Zeus-Kindern Artemis und Apoll im Arm auf der Flucht vor der stets eifersüchtigen Hera nach Lykien (im Südwesten der heutigen Türkei) gelangt und von den dortigen Bauern trotz ihres brennenden Durstes gehindert wird, aus einem kleinen Gewässer zu trinken. Es sind erschütternde Mahnungen, mit denen die Göttin die Forderungen einer natürlichen Ethik des Mitleids beschwört, um die Bauern zum Einlenken zu bewegen:

> »Wie? Ihr verwehrt mir das Wasser? Das ist doch allen gemeinsam!
> Niemand gab die Natur die Sonne, die Luft und das feine
> Wasser zu eigen: ich kam zu Gaben, die allen gehören!
> Dennoch, ich bitte euch innig, es mir zu schenken! Ich wollte
> Nicht meinen Leib hier waschen noch meine ermüdeten Glieder:
> Einzig den Durst will ich löschen. Es fehlt mir beim Sprechen die Feuchte,
> Mir ist die Kehle vertrocknet: kaum kann sie die Stimme durchdringen.
> Nektar ist mir ein Schluck des Wassers! Ich werd es bekennen,
> Leben empfangen zu haben: ihr schenkt mir das Leben im Wasser.
> Diese auch sollten euch rühren, die hier am Busen die zarten
> Ärmchen euch strecken!«[200]

Doch statt von »den gewinnenden Worten der Göttin« sich rühren zu lassen, wühlen die Bauern »mit neidischen Sprüngen« den Schlamm des Sees auf, um das Wasser ungenießbar zu machen. Voller Zorn hob da die Göttin die Arme zum Himmel und rief:

»So lebt denn auf ewig in euerem Teiche!«
Und es geschieht, was die Göttin gewünscht: mit großem Vergnügen
Leben sie jetzt im Wasser. Bald tauchen sie ganz in den Sumpf ein,
Strecken den Kopf nun hervor, bald schwimmen sie hoch an der Fläche;
Häufig sitzen sie oben am Ufer des Teiches, und häufig
Springen sie wieder zurück in das kalte Gewässer. Noch immer
Üben sie gern im Streit die schändlichen Zungen, und schamlos
Suchen sie, wenn auch im Wasser, im Wasser quakend zu schmähen.
Auch die Stimme ist rauh, geschwollen sind ihnen die Hälse,
Und gerade das Schimpfen zerdehnt die geräumigen Mäuler.
Rücken und Köpfe sind nahe gerückt, die Hälse geschwunden;
Grün ist der Rücken, doch weißlich der mächtige Bauch – und als neue
Wesen, so springen sie jetzt im schlammigen Schlund: sie sind Frösche![201]

Alles kommt hier zusammen, womit ein Sohn, der eine ausgesprochene Vorliebe zu den Fröschen entwickelt, seinen Vater aufs tödliche zu beleidigen und zu ärgern vermag: da ist die unbelehrbare Dummheit und Sturheit dieser lykischen Bauern, ihre völlige Mißachtung göttlicher Größe, ihre Unfähigkeit zu menschlichen Empfindungen, da sind ihre stets schimpfenden Mäuler … – die Botschaft dieses Sohnes an seinen Vater scheint eindeutig: »In der Sprache der Frösche, mein Herr Graf«, scheint er sagen zu wollen, »habe ich mein Leben lang *euch* vernommen! Ich war nur auf der Spur nach euch selbst, als ich mir Mühe gab, ihr Gequake zu begreifen. Ihr selber, mein Herr, seid kein Graf; ihr tragt so rein gar nichts von fürstlicher Grandezza an euch. Ihr seid dem Wesen nach, was man in euren Kreisen – und zu Unrecht! – einen ›Bauern‹ schilt: Engstirnig seid ihr, geizig und gehässig, ohne den Funken Menschlichkeit, rechthaberisch und egoistisch … Wenn ihr von Lernen und von Bildung redet, – was Herzensbildung ist, das habt ihr nie erfahren. Was ihr zu sagen wißt, ist immerzu dasselbe, ein nichtiges Gequake, laut, unmelodisch, inhaltslos, ein Luftablassen nach einem ausgedehnten Stadium der Selbstaufblähung. Ihr habt gewiß geglaubt, mich damit irgendwie einschüchtern und beeindrucken zu können; jetzt aber weiß ich, womit ich es zu tun habe. *Bellende Hunde* – ich habe ihre Sprache gelernt und dadurch aufgehört, euer Gekläff zu fürchten. Die *Lieder der Vögel* – sie haben mich den Gesang der Freiheit gelehrt. Und jetzt, beim Erlernen der *Sprache der Frösche*, ist mir endgültig klar, was sie mir über euch zu sagen haben: Bleibt ihr nur hocken in dem schlammigen Morast, in dem ihr euch ganz offenbar am meisten wohlfühlt. Schmäht und schimpft nur immer weiter – auf mich und auf die ganze Welt. Hüpft immerzu mit dickem Hals herum. Betrachtet allerweil die Mitmenschen, die Dinge, die Verhältnisse aus eurer allzu niedrigen, gedrückten und verdrucksten Perspektive. Ihr sprecht jetzt über mich das Todesurteil. Jedoch das mögt ihr wohl befehlen, – gehorchen wird euch niemand mehr. Die Wahrheit ist: ihr seid als Vater für mich tot. Ich will und möchte euch nie wiedersehen. Ihr hattet viele Jahre lang Gelegenheit, zu sagen, was ihr sagen wolltet. Jetzt ist's vorbei. Ich bin nicht länger euer Sohn, – das waren gerade eure eignen Worte. Nun, vielen Dank! Fortan bin ich euch keinerlei Gehorsam schuldig. Für euch gestorben, fange ich jetzt an zu leben!«

Dies alles, wohlgemerkt, kann dieser Sohn dem Vater nicht mit Worten sagen, – es ist ihm selbst in dieser aggressiven Zuspitzung vermutlich völlig unbewußt; doch um so wirkungsvoller kann sein Unbewußtes diese Botschaft szenisch arrangieren. Da ist ein Kind, das seinen Vater haßt und fürchtet, weil dieser nur dasteht und »Leistung« kontrolliert und kommandiert; und weil er jeden Dialog verweigert und nur mit jammervollen Klagen und mit drohenden Tiraden den Sohn zur Rede stellt, statt in der Wirklichkeit mit ihm zu reden, lernt dieses Kind nicht nur, daß ihm die Tiere näherstehen als der eigene Vater, es lernt symbolisch auch das »Tierische« in diesem bellenden und pfeifenden und quakenden Herrn Grafen zu verstehn – und zu verachten! Tiere sind, wie sie sind, – dafür in ihrer Unschuld sind sie auf ewig schön und liebenswert, jedoch »vertierte« Menschen widerlegen alles, was an ihnen schön und liebenswert sein könnte, und es fällt schwer, sie daran ohne Schuld zu finden.

»Sie … müssen einen großen Schatz hüten«

Sogar manch eine Psychotherapie endet an dieser Stelle: der tragisch-dramatische Vaterkomplex hat sich aufgelöst, der junge Mann ist den mörderischen Leistungsansprüchen seines Erzeugers endlich entronnen, er ist frei, sich ein eigenes Leben zu schaffen, die ganze Welt steht ihm offen – vermeintlich! Denn so einfach ist es natürlich nicht. Die äußere Lösung von einer der Elterngestalten muß dringend noch nachgearbeitet werden: was bedeutet sie innerlich? Vor allem die im Schatten des Vaters verdrängten Antriebe und Aggressionen, Wünsche und Widersprüche, Neigungen und Verneinungen warten auf ihre Bewußtmachung. Wer versteht, *»was die Hunde bellen«*, der darf nicht länger überhören, was sie ihm selbst zu sagen haben.

Wie in den Träumen sind auch in den Märchen Ortsveränderungen im Raume als Bewegungen im Bewußtsein zu interpretieren. Der Junge, erzählt das Märchen, nachdem er dem Mordbefehl des eigenen Vaters glücklich entkommen war, *»wanderte fort und kam nach einiger Zeit zu einer Burg, wo er um Nachtherberge bat.«* Dort empfängt ihn ein »Burgherr«, der ihn wohl aufnimmt, aber auch warnt: *»wenn du da unten in dem alten Turm übernachten willst«*, spricht er, *»so gehe hin, aber … es ist lebensgefährlich, denn er ist voll wilder Hunde, die bellen und heulen in einem fort, und zu gewissen Stunden müssen sie einen Menschen ausgeliefert haben, den sie auch gleich verzehren.«* In gewissem Sinne ist es, als begegnete der Jüngling jenem Grafen, der sein Vater war, ein zweites Mal, nur in verwandelter Gestalt, in einem neuen Umfeld und mit einem neuen Handlungsauftrag. Zwiespältig zwischen demonstriertem Wohlwollen und gewalttätiger Wut wirkt auch dieser »Burgherr« mit seinen kläffenden Hunden, doch gesteht er offen die eigene Hilflosigkeit im Umgang mit den wilden Tieren ein: er ist nicht mehr der Mann, der – wie der *»Graf«* – dasteht und vorgibt, genau zu wissen, was dem Jungen gut tut und was er also tun muß; im Gegenteil, der »Burgherr«

kennt das Risiko, auf seiner Burg zu übernachten, nur allzu gut und überläßt dem Jungen selber die Entscheidung, was er tun will. Die Frage, die damit im Raum steht, richtet sich darauf, wie man mit bissiger, großmäuliger und mörderischer Aggression umgeht, und sie stellt sich dem jungen Mann gleich zweifach: zum einen in Richtung auf Personen in »väterlicher« Autorität und dann in Richtung auf sich selbst und seine eigenen Aggressionen.

Wie geht man um mit jener Mischung aus Verantwortung und Scham, aus Wohlwollen und Wut, die er bislang in seinem Vater angetroffen hat? Die Strategie, die er als Kind verfolgte, war notgedrungen selber widersprüchlich: gehorchen äußerlich und widersprechen innerlich, Fügsamkeit scheinbar und Auflehnung wirklich, – ein Tun »als ob« als Mittel zum Boykott. Nie hätte der Junge es wagen können, seinem herrschaftlichen Vater offen zu widersprechen und dessen Leistungsforderungen in aller Form abzulehnen. In der Position des Abhängigen und Unterlegenen kam es für ihn nur in Frage, den Mund zu halten; dafür drückte sein tatsächliches Verhalten aus, was als Widerspruch nicht mitgeteilt werden konnte. Die Doppelbödigkeit des Vaters wurde somit zu der Doppelbödigkeit des Sohnes: Auch er sah sich gezwungen, seine Gefühle zu kaschieren, sie zu verleugnen, zu verdrängen. In jedem einzelnen Moment der Begegnung des Sohnes mit seinem Vater konnte eine solche Verhaltensweise ihm jeweils aus der Klemme helfen, doch im ganzen konnte der Druck der »Klemme« sich auf diese Art nur steigern. Der bestehende Konflikt wurde nicht gelöst, er wurde komprimiert und kondensiert, er nahm nicht ab, er eskalierte. Mit einem Wort: dieselbe Reaktionsweise, die in der jeweiligen Situation in Kindertagen ihm als einziger Ausweg erscheinen mußte, erweist sich auf längere Sicht als ausgesprochen ungünstig, ja, gefährlich. Inzwischen ist der junge Mann schon *»einige Zeit«* umhergewandert, er ist ein Stück erwachsener geworden, und da verfügt er über Formen der Konfliktbewältigung, die mehr an Gleichberechtigung und Souveränität verraten.

Die erste wichtige Erkenntnis im Umgang mit wütenden Aggressionen lautet: es kommt darauf an, das eigentliche Bedürfnis in all dem Gebelle herauszuhören[202], und es ist nötig, darauf entsprechend einzugehen. Jede Wut entspringt der Unterdrückung eines – zumindest subjektiv – berechtigten Anliegens: Da prallt eine zielgerichtete Energie auf ein Hindernis, und der Impuls an der Aufschlagstelle gibt gewissermaßen die Stärke des Zorns an. Um nicht getroffen zu werden, hat man eigentlich nur drei Möglichkeiten: zurückweichen, zurückschlagen oder verhandeln und einen Kompromiß schließen. Vor »Hunden« wegzulaufen ist nicht möglich; den »Hund« zu »beißen« kommt auch nicht in Frage, – das ist seine Spezialdisziplin, in der er immer überlegen sein wird; aber es ist möglich, den »Hund« zu besänftigen. Dazu gehört, daß man die Angst vor dem »Gekläff« verliert. Wer Angst hat, wird immer noch zu Flucht oder zu Angriff neigen – zu den beiden »unmöglichen« Reaktionen. Besser ist es demgegenüber, sich klar zu machen, was man selber will, und das dann auch klar und eindeutig zu vertreten. – Der junge Mann hier möchte wenigstens für eine Nacht in diesem Burgturm ruhig schlafen, und dahin kommt es nur, wenn er im Umgang mit den Hunden selbst Ruhe bewahrt. »Sie haben nichts gegen mich, – auf jeden Fall *müssen* sie nichts gegen mich haben. Denn ich habe auch nichts gegen sie, zumindest will ich ihnen nicht von vornherein im Wege sein. Im Gegenteil: Wenn ich herausfinde, worum es ihnen geht, kann ich ihnen eventuell sogar dabei behilflich sein, es leichter zu bekommen. Ich sollte nicht mit ganz leeren Händen zu ihnen gehen. Ich sollte ihnen etwas mitzubringen haben – ein Angebot, das ich zu machen hätte …«

Es ist der einfachste, allerdings nur in einer Haltung erwachsener Souveränität mögliche Weg, Aggressionen zu überwinden, daß man hört, was der andere »eigentlich« will, und dann mit ihm überlegt, wie er es bekommt und wie man selbst auf dem Wege dahin ihm von Nutzen sein kann. Vorausgesetzt ist, daß der andere in seinem Ärger vieles »bellend« sagt, – in einer Form, die von seinem wirklichen Bedürfnis sich weit entfernt hat und seinem ursprünglichen Verlangen sogar abträglich ist. – Jemand möchte zum Beispiel anerkannt und beachtet werden, doch weil er nicht glauben mag, die nötige Wertschätzung zu erlangen, beginnt er, die anderen zu provozieren und zu ärgern; so bekommt er sicherlich – eine Weile lang – viel an Beachtung, doch Achtung erhält er so keine, man sieht auf ihn und zielt auf ihn – ein Teufelskreis. Käme nun aber ein wirklicher »Hundeversteher«, – was würde er tun? Er würde anerkennen, daß es dem »Kläffer« um etwas

Wichtiges geht – auch er hat Angst, auch er möchte Zuwendung, auch er braucht Freunde –, und er würde herauszuhören versuchen, wie solche Bedürfnisse in dem »Gebell« anklingen, hoffend, daß in relativ kurzer Zeit schon eine weniger verstellte und überschrillte Sprache möglich sein wird. Man muß nicht jemanden anschreien, der simpel zuhört und mit sich reden läßt.

In der GRIMMschen Sammlung erzählt das Märchen vom *Wasser des Lebens* (KHM 97) einmal von einem verzauberten Schloß, an dessen Eingang »zwei Löwen« liegen, »die den Rachen aufsperren«, sich aber besänftigen lassen, wenn man jedem von ihnen ein Brot hinwirft. Löwen fressen kein Brot; bildhaft aber geht es darum, den Hunger der Löwen mit einem »Kulturprodukt« zu lindern und ihnen damit die Wildheit zu nehmen. Ähnlich handelt hier der Junge an den Hunden: Sie neigen von Zeit zu Zeit sogar zur Menschenfresserei und fordern dann – wie der Drache im Märchen von den *Zwei Brüdern* (KHM 60) oder wie im griechischen Mythos der kretische Minotauros[203] – die Auslieferung eines Opfers (meist einer königlichen Jungfrau). Einer solch drakonischen Wut sich ausgesetzt zu sehen läßt ausgedehnte Gefühle von *»Trauer und Leid«* aufkommen. Alles wartet dann auf den »Helden«, der mit eisernem Schwert das Ungeheuer besiegt und die Bewohner befreit. Um so bemerkenswerter ist dieser ganz andere Weg, den der Junge in den *Drei Sprachen* geht. Aus dem Geheul der Hunde hört er den Hunger heraus und geht darauf ein, indem er ihnen *»etwas Essen«* mitbringt. Aus dem kämpferischen Entweder-Oder der Heldensagen wird so ein Miteinander der Befriedung, ein dritter Weg zwischen Sieg und Niederlage, ein vermittelnder Kompromiß, der sich erkauft durch Anerkennung der Bedürfnisse des anderen und der dafür ein friedliches und ruhiges Leben in wechselseitigem Interessenausgleich eintauscht. – Es geht nicht um ein »heroisches« Abschlachten der »Raubtiere«, es geht um ihre Zähmung und Zivilisierung, es geht um ein faires Geben und Nehmen, es geht um die Erstellung einer Bilanz, die am Schluß für beide Konfliktpartner stimmt.

Denn auch der Junge hat Bedürfnisse, die er nur dann zu verwirklichen vermag, wenn ihn die »Hunde« respektieren: er möchte eine Nacht lang Ruhe haben und in Frieden leben können. Irgendwie wollen das alle, doch man muß immer wieder einander mitteilen, was man möchte, damit dieses Ziel erreicht wird. Das ist nun die Kehrseite im Erleben eines »Hundeverstehers«: er muß auch seine eigenen Aggressionen verstehen und vermenschlichen. Gerade bei einem Jungen wie dem Grafen-Sohn des Märchens liegt die Versuchung nahe, nach Jahren ungehorsamen Gehorsams endlich den Korken abzuziehen und seinen Ärger wie um und um geschüttelten Champagner herausspritzen zu lassen. Alle Ansprachen: »Du mußt dich zu beherrschen lernen«, »Du mußt dich besser kontrollieren« hätten dann nichts genutzt: es ist unmöglich, den konisch geschnittenen Verschluß wieder in den Hals der Schaumweinflasche zurückzudrücken. Gewonnen wäre nichts dabei. Aber man kann lernen, in Ruhe und Festigkeit seine Bedürfnisse mitzuteilen, – nicht als Befehle, denen die anderen sich bedingungslos zu fügen hätten, sondern als Anliegen, die entsprechend dem Grad ihrer Wichtigkeit und Wertigkeit den anderen kenntlich gemacht werden müssen. Ein Wunsch ist noch kein Plan, ein Plan noch keine Absicht, eine Absicht noch keine Bitte, eine Bitte noch keine Erwartung, eine Erwartung noch keine Forderung, eine Forderung noch kein Ultimatum …; damit die anderen die eigene Situation richtig einschätzen können, sollte man ihnen nicht nur die eigenen Wünsche mitteilen, sondern auch die Bedeutung, die ihnen zukommt. Die Bedürfnisse der anderen zu verstehen ist das eine, sich mit den eigenen Bedürfnissen verständlich zu machen das andere.

Doch das eine wie das andere setzt eine gewisse Gesprächsbereitschaft und Gesprächsfähigkeit voraus. Die Hauptschwierigkeit liegt darin, durch das Geheul hindurchzugehen, und ein »Fehler«, der dabei leichthin unterläuft, ergibt sich aus der Hoffnung, mit zusätzlichen Erklärungen und Rechtfertigungen die Billigung der anderen zu finden; fast immer führt dieser Weg in den Verhau weiterer Spannungen, denn eine solche Vorgehensweise muß wirken wie eine Einladung zu einer Diskussion des Für und Wider aus der Sicht der anderen und stiftet Anlaß zu neuerlichen Kontroversen. Man tut damit – aus lauter Angst – zu viel des Guten, weil man von den anderen – aus Unsicherheit – zu viel des Bösen erwartet. Wer seine Bedürfnisse zur Debatte anbietet, indem er lange Erklärungen abgibt, warum er dies und das möchte, erhofft sich letztlich, die anderen von der Richtigkeit seiner Wünsche überzeugen zu können, so daß sie schließlich auch gut finden, was er will. Doch die »Hunde« müssen nicht begründen, warum sie »Hunger« haben, – sie *haben* Hunger, und der Grafen-Sohn muß nicht begründen, warum er müde ist, er *ist* müde. Die Lösung der Bissigkeiten besteht im wechselseitigen Respekt: beide Konfliktpartner tragen einander vor, was sie wollen; der eine hat die Wünsche des anderen nicht gutzuheißen, – es genügt, daß er sie beachtet. – Es ist so ähnlich wie im Autoverkehr: da blinkt ein Autofahrer vor mir nach links, und er zeigt damit an, daß er gleich abbiegen möchte; diesen Wunsch brauche und vermag ich nicht zu bewerten, ich muß ihn aber in der eigenen Fahrweise berücksichtigen, – so wie der Fahrer vor mir das Signal zum Fahrspurwechsel hoffentlich erst eingeschaltet hat, nachdem er zuvor im Rück- und Seitenspiegel sich davon überzeugt hat, daß sein Wunsch in die Verkehrslage der anderen paßt. Millionenfach handeln Menschen jeden Tag nach dieser Verhaltensregel im Autoverkehr, und sie vermeiden dadurch schwere, ja, tödliche Kollisionen; aber auch im persönlichen Verkehr miteinander gilt dasselbe: man »fährt« nur gut, wenn man die Absichten der anderen ebenso wahrnimmt, wie man die eigenen anzeigt.

Bleibt also die Frage, woher das Selbstbewußtsein und die Selbstsicherheit kommen sollen, um sich in einen solchen Dialog des wechselseitigen Respekts hineinzubegeben. *Ein* Unterschied zu früher läßt sich im Gebaren des Jungen in dem Märchen mit Händen greifen. Früher, wenn er zu dem »Grafen« zitiert wurde, mußte er vor diesen hintreten in dem Gefühl völliger Wertlosigkeit: er war nichts, er hatte nichts, er konnte nichts, und all das hatte sich von Jahr zu Jahr eher verschlimmert als verbessert. Zu den »Hunden« geht der Junge jetzt in dem Gefühl, auch selber etwas in der Hand zu haben, das die »Tiere« mögen können. Diesmal hat er den anderen etwas mitzubringen, und dies Gefühl allein schon sorgt dafür, daß *»die Hunde … mit den Schwänzen ganz freundlich um ihn herum«* wedelten, *»fraßen, was er ihnen hinsetzte und … ihm kein Härchen«* krümmten. Vor allem hat der junge Mann auch keinen Grund, mit eitler Überheblichkeit auf all die »Hunde« zuzugehen. Was er in Händen hält, ist nichts, das er sich selbst geschaffen hätte, – er hat es von dem »Burgherren« geschenkt bekommen, weil er ihn darum bat. Das ist nun wirklich etwas gänzlich Neues! Der »Burgherr« mochte von dem »Grafen« das Repertoire der Gefühlsambivalenzen in vollem Umfang »geerbt« haben, – entscheidend ist jetzt, daß der »Sohn« es wagt, diesen Mann um etwas zu bitten. Aus dem »Vater«, der nichts anderes tat, als seinen Sohn auf seine Art »zu fördern und zu fordern«, wie es in den Debatten zur Bildungspolitik im Bundestag regelmäßig heißt, ist jetzt ein Gastgeber geworden, der selber dazu beiträgt, daß die Konflikte auf seiner »Burg« gelöst werden können. »Ich brauch nicht erst durch Leistung, die ich nicht erbringen kann noch will, mir Anerkennung zu verschaffen, – ich werde akzeptiert als jemand, der tatsächlich etwas Nützliches einbringen kann, und das Vertrauen, das man mir dabei entgegenbringt, macht auch die anderen hilfsbereit; ich helfe ihnen, und sie helfen mir beim Helfen ...« Aus dem geradezu tödlichen Konflikt zwischen Vater und Sohn ist jetzt eine echte Zusammenarbeit geworden – Kooperation also statt Konfrontation und Dankbarkeit statt Stolz.

Damit hat sich im Leben dieses jungen Mannes nicht nur etwas, sondern alles geändert. Es ist, als wäre er bisher mit großer Mühe einen steilen Berg emporgeklettert und jetzt auf einer Hochebene angekommen, die ihn zum ersten Mal die Früchte seiner Mühen anbauen und ernten läßt. Aus der Sicht des Grafen-Vaters war alles falsch, wertlos und unsinnig, was dieser Sohn sich im Protest gegen den Patriarchen angeeignet hatte; doch wenn sich erst einmal der Freiraum öffnet, die eigene Selbstbeurteilung als gültig in die Betrachtung einzufügen, wird es zur Hauptaufgabe, den »Schatz« zu heben, der in der bisherigen antipatriarchalen Lebensführung angesammelt wurde. War es so falsch, den Wunsch zu hegen, ganz sicher nicht zu werden wie jener Grafen-Vater? Gewiß, jede »antithetische Idealbildung« steht noch in der Gefangenschaft des Widerspruchs; doch all die Inhalte, die dieses »Anti« aufgesaugt hat, müssen an sich nicht falsch sein, – sie sind im Gegenteil nur desto richtiger, je »falscher« das vorgeschriebene Vorbild der Jugendjahre war. Was sich im Burgturm der bellenden Hunde an Schätzen verbirgt, ist jedenfalls nicht mehr und nicht weniger als eine Kulturrevolution, als das Projekt einer »alternativen« Lebensform, als die Umkehrung einer Welt aus Macht, Befehl, Effizienz und Leistung.

Auf diese Weise tritt ein Paradox hervor: das ganze Gekläff der »Hunde« ist das Resultat eines »verwunschenen« Lebens, das, wenn es freigesetzt wird, der Wahrung einer verleugneten Kostbarkeit dient. Oder andersherum gesagt: das verurteilende Gebelle und

Geheule des Grafen-Vaters, das sich in den Lautkundgebungen der »Hunde« fortsetzt, hat – ungewollt, doch notwendigerweise – zu einer Gegenreaktion geführt, die Werte anstrebt und verteidigt, welche vom herrschenden Standpunkt aus als nebensächlich und verächtlich beurteilt werden müssen, während sie in jener »alternativen« Welt als lebensrettend und als »goldwert« gelten. Das Thema, an welchem das Märchen von den *Drei Sprachen* diese Umkehrung festmacht, ist eben bezeichnenderweise die *Liebe zu den Tieren*, und es ist unerläßlich, sich diese zentrale Botschaft des Märchens an dem Kontrast der heute üblich gewordenen Praxis im Umgang mit den Tieren möglichst deutlich zu machen, und zwar sowohl generell in der Qual und Zerstörung, die wir derzeit den Tieren zufügen, als auch in den drei Beispielen, die das Märchen selbst herausstellt: in der Art, wie wir mit Hunden (und anderen Haustieren), mit den Tauben (in unseren Städten) und insbesondere mit den Fröschen (in den immer weniger werdenden Feuchtgebieten) verfahren. – Stichworte mögen und müssen genügen.

Was ist das für eine »Kultur«, muß man im Sinn des Märchens fragen, in welcher es buchstäblich für lächerlich gilt, wenn jemand die Gefühle gequälter Tiere gegen die mächtigen Interessen der Pharmalobby oder der fleischverarbeitenden Industrie oder der (derzeitigen) Bauernverbände setzen wollte? Was alles bleibt – in wortwörtlicher, waidmännischer Bedeutung – »auf der Strecke«, wenn Tiere behandelt werden als Reflexautomaten ohne Gefühle, ohne Rechte, als restlos verwertbare Biomasse beim Aufkommen auf dem Schlachtviehmarkt beziehungsweise als Billigproduzenten von Eiern und Milch, Wolle und Leder, Därmen und Elfenbein? – Man muß sich nur einmal die Farce der Tierschutzdebatte in der Bundesrepublik Deutschland um die Legehennenverordnung während der letzten 50 Jahre ansehen, um zu begreifen, in welch einer Grafen-Manier immer noch hochherrschaftlich, zugunsten der Feudalaristokratie einiger weniger Finanzoligarchen, die Ausbeutung von Tieren betrieben wird. In jedem Biologiebuch können schon die Schüler lesen, daß (Wirbel)Tiere »artgerecht« zu halten sind, und sie lernen auch, wie beispielsweise Hühner ihrer Art entsprechend leben: sie scharren in weich-sandigen Böden nach Nahrung, sie baden in warmen Staubmulden in der Sonne, sie rivalisieren entsprechend der Hackordnung um ihre Position in der Horde, sie ducken sich mit gespreizten Flügeln an den Boden beim Anblick eines Raubvogels, sie verkünden froh als Hennen, wenn sie ein Ei gelegt haben, und krähen als Hähne laut das Signal ihres Machtanspruchs über alle Hennen schon bei den ersten Strahlen der aufgehenden Sonne in die Welt hinaus. Hühner könnten glückliche Tiere sein, ließe man sie einfach in Freiheit auf geeigneten Flächen leben.

Doch nun – seit den 50er Jahren, beginnend in den USA[204] – folgen wir den »Gesetzen« optimaler Kapitalverwertung in der industrialisierten Landwirtschaft und halten Hühner in Massenzuchtanstalten von 120 000 Tieren und mehr. Die Käfige, in die man sie einsperrt, erlauben nicht einmal, die Flügel auszustrecken; sie sollen als Hennen von den Futterlaufbändern vor ihnen so viel Nahrung wegfressen, daß es auf den Legelaufbändern hinten möglichst viele Eier abwirft, – ständige Beleuchtung, aufreizende Flötenmusik und Hormonbehandlung tun das ihrige, um die Tiere in Eierproduktionsmaschinen zu verwandeln, bis daß man ihre entkräfteten Körper in mechanischen Vorrichtungen köpft, rupft und als leicht bekömmliches Hühnerfleisch zubereitet. – In ähnlicher Weise verfährt man mit Schweinen, Kühen, Puten, – mit allem, was als Fleisch auf dem Teller verwertbar ist. Man geht mit den Tieren um, als hätte man es mit fossilen Lagerstätten von Öl und Kohle zu tun, – mit Lebensformen, die vor Hunderten von Millionen Jahren gestorben sind. Aber es sind lebende, fühlende Wesen …

Nun ist es nicht so, als wäre diese Entwicklung in Richtung einer ökonomisierten Grausamkeit in Fragen der »Nutztierhaltung« nicht von Anfang an durch Tierschutzverbände und Verbraucherschutzverbände kritisch begleitet worden; im Gegenteil, – seit den 70er Jahren des 20. Jahrhunderts mehrten sich in großen Teilen der deutschen Bevölkerung die Stimmen, die der immer weiter ausufernden Ausbeutung der Tiere in immer größeren Stallungen einen immer größeren Protest entgegenzusetzen suchten. Im Jahre 2012 kam denn auch tatsächlich etwas auf wie der Eindruck eines gewissen Erfolges all der Bemühungen um die Einhaltung wenigstens der Gesetzesvorschrift zu einer »artgerechten« Tierhaltung: Beschlossen werden nämlich sollte ein Gesetz, das eine Haltung von Legehennen in Kleingruppenkäfigen vom Jahre 2023 an unter Verbot zu stellen gedachte; die Vergrößerung der »Käfige« um wenige Zentimeter Kantenlänge zu sogenannten »Volieren« (wie es lügnerisch hieß, denn vom »Fliegen« – lat.: volare – kann keine Rede sein) stand immerhin in Aussicht: »wenn viele kleine Leute viele kleine Dinge tun, kann doch ein großes gutes Werk entstehen«, – der Satz schien sich nun schließlich zu bestätigen. Doch siehe: am 3./4. März 2012 meldet die Deutsche Presseagentur: »Einen Vorstoß der Länder für eine solche bundesweite Übergangsfrist, den der Bundesrat am Freitag (sc. den 2.3.2012, d.V.) unternahm, greift der Bund nicht auf. ›Es ist sehr schade, dass die Länder nicht in der Lage waren, einen verfassungskonformen Vorschlag zu beschließen‹, teilte das Bundesagrarministerium mit. Umsetzbar sei eine Übergangsfrist bis 2025. Im Herbst hatte der Bundesrat bereits eine Bundes-Verordnung mit einer vorgesehenen Frist bis 2035 gekippt.«[205] »Verfassungskonform« ist es also nach Meinung der Bundespolitik, die Einführung einer wenigstens etwas »artgerechteren« Haltung der »Nutztiere« möglichst lange hinauszuzögern, damit die deutschen Hühnerhalter keine »Standortnachteile« durch »Wettbewerbsverzerrungen« auf dem europäischen Markt zu befürchten haben; um die Tiere geht es dabei erkennbar nicht.

Und die Massentierhaltung von Hühnern ist nur ein Beispiel für die ganze Art des Umgangs mit den Tieren. Schweinefleisch ist bei Deutschen sehr beliebt, doch es muß billig auf den Markt geworfen werden: Stallungen von 6000 Tieren gelten inzwischen als Standard für die Landwirtschaftsverbände. Tiere, die in Wald- und Moorböden wühlen und suhlen möchten, die in überschaubaren Rotten unter der Herrschaft eines Keilers zu leben gewohnt sind, die sehr geruchsempfindlich sind und schon durch die Anwesenheit zu vieler Tiere auf engem Raum förmlich auf Dauer gepeinigt werden, müssen in kahlen Betonkabinen so gut wie ohne Einstreu untergebracht werden; damit der Gaumen und die Nase der Gourmands nicht beleidigt werden, müssen in der BRD 20 Mio. Ferkel jährlich (möglichst kostengünstig, also ohne Betäubung) kastriert werden, – alles, was »artgerecht« wäre bei der Haltung von Hausschweinen, wird mit System ausgemerzt, um die Kosten und damit den Preis an der Theke zu senken. Mit Kühen, mit Ochsen, mit Kälbchen – dasselbe Bild! Und überall: ein Ende nicht abzusehen.

Wie anders wäre gemessen daran die Wirklichkeit der Agrarwirtschaft, wenn es Bauern gäbe und geben dürfte, welche die Sprache der Tiere verstünden. »*Was die Vögli sprechen*« – auch Hühner sind Vögel! Und welch ein Recht sollte es geben, mit Tieren einzig nach dem »Marktgesetz« der Kapitalrendite zu verfahren? Oder »*was die Hunde bellen*«! Im allgemeinen werden sie als wahre Hausfreunde gehalten; nicht Nutzen, *Freude* ist es, was sie bringen sollen; und das tun sie im allgemeinen auch. Was aber, wenn sie lästig werden? Sie werden alt, sie werden krank, sie kosten Geld; man will in Ferien, die Leiharbeit läßt keine ruhige Pflegezeit mehr zu, die neuen Mietverhältnisse erlauben nicht, Haustiere mitzubringen. Die Tierheime der Städte sind übervoll mit Hunden, die Tag für Tag sich in den Zwingern heiser bellen, weil ihnen mit dem Fortgang ihres Frauchens oder Herrchens alles weggenommen wurde, was ehedem ihr Leben war; und dabei geht es ihnen noch vergleichsweise gut. Wirklich schlimm dran sind die Straßenhunde, die sich vor allem in südeuropäischen Ländern mitunter zu Rudeln organisieren und von den Müllkippen bis zu den Abfalleimern der Hauptstraßen auf Eßbares Jagd machen; – allen Witterungsbedingungen, allen Krankheiten, allen Mißhandlungen sind diese Tiere herrenlos und hilflos ausgeliefert. – Und nicht viel anders geht's den ausgesetzten Katzen. Ferien für Ferien muß man damit rechnen, daß sie zu Zehntausenden »entsorgt« werden. – Das Gewinnprinzip ist brutal, das Lustprinzip verantwortungslos; beides zusammen jedoch bestimmt weithin das herrschende Verhältnis zu den Tieren.

Als die Brüder GRIMM ihre Märchensammlung herausgaben, fanden sie eine Kultur vor, in welcher in Wald und Flur und Feld noch relativ natürliche Lebenskreisläufe intakt waren; noch hatte das Industriezeitalter das Aufbegehren der Romantik gegen die Mechanisierung und Rationalisierung aller Lebensprozesse nicht niedergewalzt. Wenn wir heute eine ihrer Erzählungen zum Thema Mensch und Tier uns selbst und unseren Kinder wieder neu erzählen, dann in verstärktem Widerspruch gegen die ungeheuere Zerstörungsarbeit unserer inzwischen ganz normalen Art zu leben und zu wirtschaften. Noch nicht genug, daß bei gesteigerter »Effizienz« der »Produktionsbedingungen« das Maß an Leid der Tiere ins Maßlose ansteigt, zusätzlich herrscht zur Lösung all der Schwierigkeiten, welche die strukturelle Habgier des kapitalistischen Wirtschaftssystems sich selbst geschaffen hat, die Vorstellung, daß einzig ein verstärktes Wirtschaftswachstum »uns« aus den Krisen astronomischer Formen der Staatsverschuldung und einer unbeherrschbaren Spekulationsblase der Banken herausführen könnte. »Wachstum« – das heißt hier eine noch raschere Ausdehnung der Spezies Mensch gegen den Rest der Natur. Jeden Tag, so bilanziert man schon seit Jahren, sterben etwa 150 Tier- und Pflanzenarten auf dieser Erde aus – unwiederbringlich! Was wir derzeit anrichten, ist eine Querschnittlähmung durch den gesamten Motor der Evolution. – Auch dafür ein Beispiel in Auslegung des Märchens: *»was die Frösche quaken.«*

Wer noch die Nachkriegszeit, die Jahre nach 1945, in Erinnerung hat, wird lebhaft sich zurückversetzen können in die heißen Sommernächte damals. Die schrecklichste und gnadenloseste Massenvernichtung in der Geschichte der Menschheit mit allen zur Verfügung stehenden Mitteln von den Spreng- und Phosphorbomben der Flächenbombardements bis hin zu den ersten Uran-Spaltbomben war endlich vorüber; in Deutschland lagen die Städte in Schutt und Asche; aber die Wiesen, die Wälder, sogar die Trümmergrundstücke waren voller Leben. Fliegen und Mücken bildeten eine Plage, und in den Bombentrichtern quakten die Frösche, so daß man kaum schlafen konnte. Heutigentags muß man Hunderte von Kilometern über Asphaltstraßen mit dem Auto zurücklegen, um, wenn man Glück hat, an ein Gewässer zu gelangen, in dem noch Frösche leben: – ruhiges Flachwasser brauchen sie, schilfbestandene Uferränder, reiche Insektenbestände, angrenzende Feuchtwiesen … In gewissem Sinne sind Frösche schon wegen ihrer urtümlichen Lebensweise ein höchst sensibler Meßfühler für den Gesundheitszustand der Natur: wo sie fehlen, ist sie krank! Doch wir bemerken es kaum noch. Wohl, daß Naturschützer die Straßenmeistereien nötigen, mit Warntafeln auf »Krötenwanderungen« hinzuweisen, und sogar dafür sorgen, daß manche Verkehrswege für Lurche untertunnelt werden, damit die Tiere in den Teich, der ihr Geburtsort war, zurückzukehren vermögen; doch wieder kommen alle noch so gut gemeinten Bemühungen kaum an gegen die blindwütige Ideologie des »Wachstums«[206].

Was also ist das für ein goldener Schatz, den in der Burg der kläffenden Hunde nur ein wirklicher Kenner der Tiersprachen zu heben imstande ist? Nicht ohne weiteres bereits ist es der »Schatz« einer geschützten und sich selbst zurückgegebenen Natur. Solche Heiligtumszonen des Lebens, solche Resträume eines verlorenen Paradieses müßte es geben, doch es gibt sie zum Beispiel in Deutschland nirgendwo mehr zwischen dem Wattenmeer im Norden und den Hochalpen im Süden. Die verbliebenen Wälder »gehören« der Forstwirtschaft, die noch vorhandenen Seen »gehören« der Wasserwirtschaft, die offene See »gehört« der Fischereiindustrie, die Gebirge »gehören« der Tourismusindustrie, – es gibt keinen Ort mehr, an welchem Tiere sich selber gehören. Wie soll da noch jemand hören, was sie zu sagen haben? Und ihnen Gehorsam schenken? Der *»große Schatz«*, jene *»mit Gold gefüllte Truhe«* ist deshalb als erstes jener junge Mann selbst mit seinem Verständnis der Tiersprachen. Er ist ein »Schatz«, weil er es vermocht hat, der Verbildung seines Herzens durch den Herrn Grafen standzuhalten. Zu bergen oder wiederzugewinnen ist da die Kostbarkeit einer für überholt gehaltenen Kultur und einer Kindheit, die nicht wegzupädagogisieren war, weil sie sich selber und dem Leben treu blieb.

Mit Wehmut liest und hört man heute bereits Worte, die noch vor etwa 120 Jahren – und etwa 80 Jahre *nach* der Herausgabe der GRIMMschen Märchen – in jener anderen, uns immer fremd gebliebenen Kultur der Indianer auf den Plains der USA zu sagen möglich war. Der Sioux-Häuptling LUTHER STANDING BEAR (geb. 1868) zum Beispiel hob seinerzeit hervor: »Der Lakota-Indianer (sc. der westliche Stamm der Prärie-Indianer, d.V.) war ein echter Sohn der Natur, er liebte sie, die Erde und alles, was auf ihr lebte. Diese Zuneigung steigerte sich im Alter. Alte Leute verehrten den Boden geradezu, und in dem Gefühl, einer mütterlichen Macht nahe zu sein, saßen oder lagen sie auf der Erde, so oft sie konnten. Es tat der Haut gut, die Erde zu berühren; und die alten Leute gingen gern mit bloßen Füßen über den heiligen Erdboden. Sie errichteten ihre Zelte auf der Erde und bauten ihre Altäre aus Lehm. Die Vögel, die durch die Luft flogen, ließen sich auf der Erde nieder; sie war der letzte Ruheplatz aller Lebewesen, der Menschen, Tiere und Pflanzen. Die Erde beruhigte und stärkte, reinigte und heilte. – Aus diesem Grund sitzt auch der alte Indianer noch immer auf der Erde, anstatt sich irgendwo höher zu betten, getrennt von den Leben spendenden Kräften. Auf der Erde zu sitzen oder zu liegen bedeutet für ihn, schärfer denken zu können und tiefer zu fühlen; dort kann er die Geheimnisse des Lebens klarer deuten und empfindet nahe Verwandtschaft mit den anderen Lebewesen um sich her … – Verwandtschaft mit allen Lebewesen der Erde, des Himmels und des Wassers zu fühlen, war ein aufrichtiger und wichtiger Grundsatz im Leben der Lakotas. Sie achteten Tiere und Vögel wie Brüder und Schwestern und begegneten ihnen ohne jede Furcht. Manche Lakotas fühlten sich ihren gefiederten und Pelz tragenden Nachbarn so nahe, daß sie die Sprache der wilden Geschöpfe verstehen konnten. – Der alte Lakota war weise. Er wußte, daß fern von der Natur das Herz des Menschen verhärtet; und er wußte: wer Pflanzen und Tiere nicht achtet, wird auch bald seine Achtung vor den Menschen verlieren. Deshalb sah er darauf, daß die jungen Leute sich dem besänftigenden Einfluß der lebendigen Natur nicht entzogen.«[207]

In Worten wie diesen begegnet man einer Gemeinschaft von Menschen, die ihre Kinder dahin erzogen, sich zutiefst verbunden zu fühlen mit der »mütterlichen Macht« der Erde; gefördert wurde die emotionale Intelligenz, sich einzufühlen in »die Sprache der wilden Geschöpfe«; und gepflegt wurde unter »dem besänftigenden Einfluß der lebendigen Natur« eine Weichheit des Herzens, die es ablehnt, fühlenden Wesen Schmerz zuzufügen. Fragen mag man sich, wie ein Kind, das in dem Schatten jenes »Grafen-Vaters« in dem GRIMMschen Märchen aufwachsen muß, sich geistig zu behaupten vermag *ohne* das Wissen einer tiefen Berechtigung seiner Gedanken und Gefühle; für ein solches Kind bietet es eine geradezu lebensrettende Bestätigung, zu erfahren, daß zeitgleich zu ihm selber, wenn auch getrennt durch die Weite eines ganzen Ozeans und eines halben Erdteils, Menschen leben, die wie selbstverständlich nach den Desideraten seiner eigenen Vorstellungen ihr Dasein einrichten. Dann ist es also nicht »verrückt«, zu hören und zu lernen, was die Tiere sagen! Dann fehlt vielmehr einer Kultur und den sie tragenden Agenten etwas ganz Entscheidendes, wenn sie es für entsetzlich halten, die Energie auf derart »Unnützes« zu lenken, – vielleicht, ja, höchstwahrscheinlich ist sie selbst verrückt! In jedem Fall ist sie in ihrem Wahnsinn mörderisch.

Völlig zu Recht stellte einmal eine alte Wintu-Frau im Waldland Kaliforniens die Achtsamkeit der Indianer im Umgang mit der Natur der Unachtsamkeit der Weißen gegenüber; sie sagte: »Den Weißen war das Land gleichgültig; sie liebten den Hirsch nicht oder den Bären. Wenn wir Indianer Wild erlegen, essen wir alles Fleisch auf. Wenn wir Wurzeln sammeln, graben wir nur kleine Löcher. Wenn wir Häuser bauen, graben wir nur kleine Löcher. Wenn wir wegen der Heuschrecken Gras abbrennen, zerstören wir nichts. Wir schütteln die Eicheln und Kiefernzapfen auf den Boden. Wir fällen keine Bäume. Wir benutzen nur totes Holz. Aber die Weißen wühlen (sc. beim Goldschürfen, d.V.) den Boden auf, sie reißen die Bäume um und töten alles. Die Bäume sagen: ›Tu's nicht! Ich bin verwundet! Tu mir nicht weh!‹ Aber sie fällen die Bäume und zerhacken sie. Der Geist des Bodens haßt sie. Sie sprengen Bäume aus der Erde und wühlen den Boden bis in die Tiefe auf. Sie zersägen die Bäume. Das tut ihnen weh. Die Indianer verletzen nie etwas, aber die Weißen zerstören alles. Sie sprengen Steine und verstreuen sie über den Boden. Der Stein sagt: ›Tu's nicht. Du tust mir weh!‹ Aber die Weißen achten nicht darauf. Wenn die Indianer Steine benutzen, nehmen sie die kleinen runden für ihre Kochstelle. Wie kann der Geist der Erde den Weißen lieben? Überall, wo der Weiße die Erde berührt, ist sie wund ...«[208]

Allein der Aufwand an Gewalt, der nötig ist, um die Natur mit technischen Geräten auszubeuten, zeugt von dem Schmerz, der einem noch gesunden Waldabschnitt, Gebirge oder Flußlauf zugefügt wird. Es ist nicht, daß »der« Weiße Mann den stummen Schrei der Kreaturen nicht mehr vernehmen könnte, – er muß und will ihn überhören, um sich bei seinen unternehmerischen Planungen nicht stören oder aufhalten zu lassen. Nur, wie seelisch zerstört muß dieser Typ des »Weißen Mannes« selber sein, daß er, ohne Bedauern scheinbar, Tod und Zerstörung vor sich her in alle Welt hineinzutragen fähig ist? Und welch ein »Schatz« an Menschlichkeit wäre zu heben, wenn wir die Kinder (wieder!) die Tiere lieben lehrten? Daß eine Änderung unserer Kultur dringend notwendig ist, weiß man seit langem.

Ein Mann, der wie kaum ein anderer bestrebt war, die »Sprache« der Tiere zu erlernen, war der Begründer der Verhaltensforschung KONRAD LORENZ (1903–1983), und natürlich machte er sich vielerlei Gedanken insbesondere auch über die Folgen des Naturverlustes im Erleben der immer größeren Zahl heutiger Großstadtbewohner. »Ein Punkt, in dem die heutige Jugend sehr viel schlechter wegkommt als die frühere«, meinte er auch mit biographischem Bezug zu sich selbst, »ist, daß die Urbanisierung der Menschheit so stark zunimmt. Wo gibt's heute noch ein Kind, das, wie ich damals, in einem ›wilden Garten‹ mit Tieren und Pflanzen in intensiver Wechselwirkung leben kann? – Darum war und bin ich so glücklich! Und – daraus entsprang auch meine Tierliebhaberei. Die Wertblindheit der heutigen Menschen, und in einem erschreckenden Maße auch die der jüngsten Generationen, hängt ja unmittelbar damit zusammen, daß sie fast alle ›Stadtfräcke‹ sind.«[209] Oder anders ausgedrückt: »Die allgemeine und rasch um sich greifende Entfremdung von der lebenden Natur trägt einen großen Teil der Schuld an der ästhetischen und ethischen Verrohung der Zivilisationsmenschen. Woher«, fragte LORENZ, »soll dem heranwachsenden Menschen Ehrfurcht vor irgend etwas kommen, wenn alles, was er um sich sieht, Menschenwerk, und zwar sehr billiges und häßliches Menschenwerk ist?«[210] Ja, er hielt es für erwiesen, »daß die Wertblinden alle eine naturfremde Kindheit gehabt haben. Wer einmal in einem Korallenriff getaucht ist oder in einem Urwald gejagt hat, der wird mit Sicherheit gehindert, wertblinder Geldmensch zu werden.«[211] So wurde es für ihn zu einem pädagogischen Postulat: »Ein Mensch muß wissen, wie schön ein Wald ist, wie schön das Meer ist, wie schön jegliche menschenunverdorbene Landschaft, die gesamte Natur ist. Man muß die Kinder schon in frühester Jugend mit der Natur in nahe Berührung bringen, mit Tieren – das Aquarium ist ein großartiges Erziehungsmittel –, und, wenn all das nicht möglich ist, ist eine ›Ersatzmedizin‹ die Musik … Es kommt darauf an, daß die Menschen überhaupt für Schönes empfänglich sind … ich halte es wirklich für notwendig, daß man schon den Jüngsten Schönes und Verehrungswürdiges zeigt, daß man sie daran hindert, wertblind zu werden. Das kann jede Mutter tun, und sie weiß es aus Erfahrung als Hausfrau: Goldene Nockerln (Papiergeld) kann man nicht essen.«[212] Umgekehrt stellte er fest: »Gerade Kindern kann man sehr gut Ehrfurcht vor lebenden Organismen, lebenden Systemen beibringen. Nehmen Sie ein Kind, einen zehnjährigen Jungen, der leider in einer Stadtwohnung aufwachsen muß. Den können Sie sehr gut zum Naturschutz erziehen, wenn Sie ihm die Möglichkeit geben, mit lebenden Tieren in Kontakt zu kommen … – Auf Kinder macht es einen ungeheueren Eindruck, wenn sie einen Vogelkäfig mit zwei Zebrafinken bekommen, die dann zu brüten beginnen, und auf einmal hat man acht!«[213]

Wer diesen Zeilen zustimmt, der kann nicht anders denken, als daß der junge Mann im GRIMMschen Märchen beispielgebend sich dem »gräflichen« Zwang widersetzt, nach den schon damals gültigen Schablonen von Erfolg und Leistung sich ausbilden zu lassen, – er tut nur gut daran und kann es besser gar nicht treffen, als sich in deutlichem Protest und mit Entschlossenheit den Tieren zuzuwenden. Indem er sie versteht, fügt sich in ihm ein Selbstverständnis und ein Wertempfinden, das wirksam davor schützt, Tiere als bloße Ware oder Arbeitskraft zur Maximierung der Gewinnerwartungen herzunehmen oder sie rücksichtslos als überflüssig oder schädlich auszurotten.

Auch dazu vertrat LORENZ, um bei ihm zu bleiben, eine dezidierte Meinung: »Die ›Fließbandhaltung‹ von Tieren«, sagte er schon vor 25 Jahren in einem Interview, »ist zweifelsohne eines der dunkelsten, schandhaftesten Kapitel der menschlichen Kultur. Wenn Sie jemals vor einer Tiermastanstalt gestanden und gehört haben, wie Hunderte von Kälbern ›mamaaah‹ schreien, wenn Sie den Notruf des Kalbes verstehen, dann haben Sie genug von dem Menschen, der daraus Gewinn zieht.«[214]

Wie die Kulturentwicklung gerade der letzten rund 200 Jahre zeigt, ist in der Breite der Bevölkerung heute genau die Entscheidung zu treffen, die in der Erzählung von den *Drei Sprachen* der Grafen-Sohn im Widerspruch zu den herrschenden Machtverhältnissen und gesellschaftlichen Erwartungen in der Gestalt seines »Vaters« für sich zu wählen wagt: gegen die schrankenlose Ausbeutung und Ausrottung der Natur zugunsten eines kreatürlichen Gefühls für den unermeßlichen Reichtum und für die Kostbarkeit alles Lebendigen. Es helfen dabei nicht bloße Gesetze weiter, – an dieser Stelle ist ein Umdenken nötig, das die unbewußten Wertsetzungen unserer Art zu leben von Grund auf neu bestimmt.

Tatsächlich haben heute, wie in dem GRIMMschen Märchen, wohl gerade die Frösche mehr zu diesem Thema zu sagen als vergleichbar jede andere Tierart. »Heute«, erklärte LORENZ im Jahre 1988, »ist Frösche fangen strengstens verboten. Wenn Sie einen Frosch von der Wiese mitnehmen, überschreiten Sie das Gesetz, können eingesperrt werden ... – Wenn jedoch der Herr Bürgermeister hergeht und eine ›nutzlose‹ Wiese, die feucht ist, trockenlegt, weil man dort einen Tennisplatz machen möchte, gibt es einen ›Kirtag‹ (Kirchweih), man verleiht Orden, zerschneidet feierlich Startbänder. Daß man mit der Trockenlegung einer Feuchtwiese 1000 Frösche oder mehr umbringt, und diese Zahl gilt nur für den Augenblick, denn in Wirklichkeit, für die Zukunft, sind es viel mehr, ungeborene, weil man ja einen Lebensraum zerstört hat, in dem jedes Frühjahr viele Frösche ›nachwachsen‹ könnten, das alles wird nicht so gewertet und gesehen!«[215] Erst wenn das Gefühl (wieder) wächst, daß man bestimmte Dinge einfach nicht tun darf, um Tieren und Pflanzen eine Chance zum Leben zu lassen, wird der »Schatz« gehoben sein, auf den die Sprache der bellenden Hunde – und aller leidenden Geschöpfe – hinweist.

Das Ergebnis kann nur so sein, wie das Märchen es als Versöhnung unter den Menschen, als das Ende eines endlosen Geheuls und als Befreiung einer schweren Plage denn auch schildert: Der *»Burgherr«*, als die psychische Gegengestalt des *»Grafen«*, sagt dem Tiersprachenkenner zu, *»er wollte ihn an Sohnes Statt annehmen, wenn er es glücklich vollbrächte«*, und das Gejaule *»der wilden Hunde ward von nun an nicht mehr gehört, sie waren verschwunden.«*

Alles wäre damit zumindest im Prinzip gelöst, bliebe nicht doch ein weitverbreiteter Verdacht oder auch Vorwurf noch bestehen, der gerade durch die problematische Beziehung des Sohnes zu seinem Grafen-Vater, wie hier dargestellt, erheblich an Gewicht gewinnen könnte, lautend, daß Tierfreunde, die unter den vielfachen Mißhandlungen der Kreaturen ehrlich leiden, nur ihre eigenen Mißhelligkeiten mit Menschen in die Lebewesen an ihrer Seite hineinprojizierten. Deshalb ist es sehr wichtig, mit Nachdruck zu betonen, daß Tierliebe nicht aus Misanthropie erwachsen sollte. Es war, noch einmal,

KONRAD LORENZ, der die schärfsten Worte gerade gegen diese Gefahr gefunden hat: »Wer …«, schrieb er, »von menschlichen Schwächen enttäuscht und verbittert, seine Liebe der Menschheit entzieht und sie an Hund oder Katze wendet, begeht willenlos eine schwere Sünde, eine soziale Sodomie sozusagen, die ebenso ekelerregend ist wie die geschlechtliche. Menschenhaß und Tierliebe ergeben eine sehr böse Kombination. – Natürlich ist es harmlos und durchaus erlaubt, wenn einsame Menschen, die irgendwelcher Gründe wegen sozialen Anschluß entbehren, aus dem inneren Bedürfnis, zu lieben und geliebt zu werden, sich einen Hund anschaffen. Man fühlt sich tatsächlich nicht mehr allein auf der Welt, wenn wenigstens ein Wesen da ist, das sich darüber freut, daß man wieder nach Hause kommt.«[216] Doch eben deshalb möchte die tröstliche Gegenwart eines geliebten Haustieres daran erinnern, wie eng im Strom des Lebens Mensch und Tier zusammengehören. Statt die Tiere als Menschenersatz zu vermenschlichen, vermag die Verbundenheit mit einem Tier zu lehren, milde zu werden im Urteil über die Irrationalitäten, Unfertigkeiten, Fehler und Hilflosigkeiten auch und insbesondere von Menschen. Tierliebe als Motiv einer vertieften Form der Menschenliebe – nur sie kann den »Schatz« heben, der sich aus dem absolut berechtigten und nötigen Protest gegen die Unmenschlichkeit der Tierverachtung in Gestalt eines verstandeseinseitigen Bildungsideals ergibt.

daß er der heilige Papst werden sollte

Indem der junge Mann von dem dankbaren *»Burgherrn« »an Sohnes Statt«* angenommen wird, könnte das Märchen von den *Drei Sprachen* eigentlich schließen: ein persönlicher Entwicklungsweg in der Auseinandersetzung mit dem Vater wäre an sein glückliches Ende gelangt. Doch der GRIMMschen Erzählung geht es ganz offensichtlich nicht um den individuellen Weg eines Menschen zu sich selbst; wenn das der Fall wäre, so träte gerade an dieser Stelle jenes ganz andere in den Mythen weitverbreitete Thema von der Rettung der verwunschenen oder von einem Untier gefangen gehaltenen Jungfrau auf den Plan; das aber ist nicht der Fall: erzählt wird nicht, wie in den Zaubermärchen, von der erlösenden Kraft der Liebe zwischen Mann und Frau im Schatten der Vater- oder Mutterabhängigkeit. Zentral bleibt vielmehr die Zuneigung zu den Tieren. Und da genügt es durchaus nicht, rein privat für sich sein Glück zu machen. Daß es dem jungen Mann *»über eine Zeit … in den Sinn«* kommt und er *»nach Rom fahren will«*, ist keinesfalls seinem Wandertrieb oder gewissen touristischen Interessen zu verdanken, hat er doch rein gar nichts an sich von einem Bildungsbürger auf der Suche nach antiken oder kirchlichen Kulturgütern[217]. Worauf das Märchen hinauswill und wohin es mit diesem Tiersprachenversteher hinausläuft, ist nicht mehr und nicht weniger als eine Transformation des religiösen Bewußtseins in einem entscheidenden Punkt seines Selbstverständnisses: wieweit nimmt es den eigenen Auftrag ernst, den mythischen Dialog im Paradiese zwischen Adam und den Tieren für die Menschen der Gegenwart zurückzugewinnen; und gerade an die verfaßte Form des (römischen) Kirchenchristentums ist diese Frage als Kritik und Chance in aller Dringlichkeit zu richten.

Statt nämlich die immer wieder favorisierte »Paradieserzählung« (Gen 2,4b–25) zur Grundlage ihrer »Schöpfungstheologie« zu nehmen, hat die abendländische Theologiegeschichte sich, wie eingangs erwähnt, wesentlich von dem »Gebot« Gottes an die Menschen im ersten Schöpfungsbericht (der »Priesterschrift« in Gen 1,28) leiten lassen: »und herrschet über die Fische im Meer und über die Vögel unter dem Himmel und über das Vieh und über alles Getier, das auf Erden kriecht.« Insbesondere ARTHUR SCHOPENHAUER (1788–1860) hat es als »Grundfehler des Christenthums« bezeichnet, »daß es widernatürlicherweise den Menschen losgerissen hat von der Thierwelt, welcher er doch wesentlich angehört, und ihn (sc. den Menschen, d.V.) nun ganz allein gelten lassen will, die Thiere geradezu als *Sachen* betrachtend … Die bedeutende Rolle, welche im Brahmanismus und Buddhismus durchweg die Thiere spielen, verglichen mit der totalen Nullität derselben im *Juden-Christenthum*, bricht, in Hinsicht auf Vollkommenheit, diesem letztern den Stab; so sehr man auch an solche Absurdität in Europa gewohnt seyn mag … Der besagte Grundfehler ist eine Folge der Schöpfung aus nichts, aus welcher der Schöpfer, Kap. 1 und 9 (sc. 9,1–3, d.V.) der

Genesis, sämmtliche Thiere, ganz wie Sachen und ohne Empfehlung zu guter Behandlung, wie sie doch meistens selbst ein Hundeverkäufer, wenn er sich von seinem Zögling trennt, hinzufügt, dem Menschen übergiebt, damit er über sie *herrsche*, also mit ihnen thue was ihm beliebt.«[218] Fälschlich, aber in Übereinstimmung mit der einhelligen Interpretation der Kirchentheologen[219], sieht SCHOPENHAUER auch in der Namenvergabe an die Tiere durch Adam »wieder nur ein Symbol ihrer gänzlichen Abhängigkeit von ihm, d. h. ihrer Rechtlosigkeit … An der Judenansicht (sc. der biblischen Theologie, d.V.) liegt es, welche das Thier als ein Fabrikat zum Gebrauch des Menschen betrachtet. Aber leider machen die Folgen sich bis auf den heutigen Tag fühlbar; weil sie auf das Christenthum übergegangen sind, welchem nachzurühmen, daß seine Moral die allervollkommenste sei, man eben deshalb ein Mal aufhören sollte. Sie hat wahrlich eine große und wesentliche Unvollkommenheit darin, daß sie ihre Vorschriften auf den Menschen beschränkt und die gesammte Thierwelt rechtlos läßt. Daher nun, in Beschützung derselben gegen den rohen und gefühllosen, oft mehr als bestialischen Haufen, die Polizei die Stelle der Religion vertreten muß und, weil Dies nicht ausreicht, heut zu Tage Gesellschaften zum Schutze der Thiere, überall in Europa und Amerika, sich bilden, welche hingegen im ganzen *unbeschnittenen* Asien die überflüssigste Sache von der Welt seyn würden, als wo die Religion die Thiere genugsam schützt und sogar sie zum Gegenstand positiver Wohlthätigkeit macht, deren Früchte wir z. B. im großen Thierspital zu Surate (sc. im indischen Gujarat, d.V.) vor uns haben … Dagegen sehe man die himmelschreiende Ruchlosigkeit, mit welcher unser christlicher Pöbel gegen die Thiere verfährt, sie völlig zwecklos und lachend tödtet, oder verstümmelt, oder martert, und selbst die von ihnen, welche unmittelbar seine Ernährer sind, seine Pferde, im Alter, auf das Aeußerste anstrengt, um das letzte Mark aus ihren armen Knochen zu arbeiten, bis sie unter seinen Streichen erliegen. Man möchte wahrlich sagen: die Menschen sind die Teufel der Erde, und die Thiere die geplagten Seelen. Das sind die Folgen jener Installations-Scene im Garten des Paradieses (sc. richtiger: in Gen 1,28, d.V.). Denn dem Pöbel ist nur durch Gewalt, oder durch Religion beizukommen: hier aber läßt das Christenthum uns schmählich im Stich.«[220] »Offenbar ist es an der Zeit, daß der Jüdischen (sc. biblischen, d.V.) Naturauffassung in Europa, wenigstens hinsichtlich der Thiere, ein Ende werde und das ewige Wesen, welches, wie in uns, auch in allen Thieren lebt, als solches erkannt, geschont und geachtet werde … Man muß an allen Sinnen blind sein …, um nicht einzusehn, daß *das Thier* im Wesentlichen und in der Hauptsache durchaus das Selbe ist, was wir sind, und daß der Unterschied bloß im Accidenz, dem Intellekt liegt, nicht in der Substanz, welche der Wille ist.«[221]

Es ist nach SCHOPENHAUER mithin ein kardinaler Fehler der christlichen Theologie, den Menschen wesenhaft aus der Natur herausgelöst und damit die Einheit von Mensch und Tier vor allem in den Schmerzempfindungen und Gefühlen verleugnet zu haben; auf diese Weise etablierte man eine Ethik, die den Menschen auf Grund ihrer Einzigartigkeit alle Rechte gegenüber den Tieren zuspricht. Ausdrücklich erklärt der »Weltkatechismus« der römischen Kirche aus dem Jahre 1992 mit Berufung eben auf Gen 1,28, daß der Mensch »legitimiert ist, sich der Tiere zur Nahrung und zur Kleiderherstellung zu bedienen. Man darf sie zähmen, auf daß sie dem Menschen bei seinen Arbeiten helfen … Innerhalb vernünftiger Grenzen sind medizinische und wissenschaftliche Experimente an den Tieren moralisch vertretbare Praktiken.«[222] »Tiere unnütz leiden zu lassen« wird bezeichnenderweise als »gegen die menschliche Würde« gerichtet betrachtet[223]. Diese Anthropozentrik der Ethik, die selbst den Begriff der Verantwortung ganz und gar auf die Überlebensinteressen der menschlichen Spezies gegen den Rest aller Lebewesen der Erde geltend macht, überhöht den extremen Artegoismus, der dem *Homo sapiens* ohnedies eigen ist, mit dem Anspruch göttlicher Fügung und göttlichen Willens. Freilich ist genau dies der Punkt, an dem die gesamte biblisch-christliche Schöpfungstheologie heute scheitern *muß*: Die Idee schon, das ganze Universum, die gesamte Evolution sei *apriori* auf die Hervorbringung des Menschen auf dem Planeten Erde hin konzipiert, verträgt sich logisch in keiner Weise mit der Vorstellung der modernen Biologie – und Kosmologie – von der prinzipiellen Ungerichtetheit des Gangs der Welt[224]. Die Menschen sind nicht die Achse der Naturgeschichte, sie sind nur eine Welle im Meer des Lebens. Die falsche Naturansicht der christlichen Anthropozentrik begründet in der Gegenwart nicht nur eine falsche Ethik im Umgang mit den Tieren, sie liefert durch ihren Widerspruch zu den modernen Naturwissenschaften zugleich ein Hauptargument zugunsten des Atheismus. Schon im eigenen Interesse bedarf die biblisch-christliche Schöpfungstheologie deswegen einer Änderung um 180 Grad, und die Stellung zu den Tieren kann und muß dabei als das wesentliche Richtmaß dieser Neu-Einpeilung gelten.

Wenn das Märchen von den *Drei Sprachen* darauf hinaus will, daß völlig singulär einmal ein Kenner der Tiersprachen »Papst« wird, so drückt es in Form eines buchstäblich »frommen Wunsches« die Vision einer solchen veränderten, den Tieren gegenüber gütigeren Frömmigkeitshaltung aus. Der junge Mann, der sich da auf den Weg nach »Rom« macht, gelangt offenbar erst dann ans Ziel seines Werdegangs, wenn er selbst das Bild des »Vaters« *in* seiner eigenen Person und *mit* seiner eigenen Person gegenbesetzt. Noch auf dem Weg in die Reichshauptstadt des Papstimperiums hört er *»an einem Sumpf«* die Frösche quaken, und das, was er da vernimmt, macht ihn *»ganz nachdenklich und traurig«*, sagen die Tiere doch, wie der Leser wenig später erfährt, *»daß er der heilige Papst werden sollte«*.

Daß speziell die Frösche als »prophetisch« begabt gelten, besonders wenn sie zu »unken« anfangen, also mit unheilverheißenden Weissagungen aufwarten[225], hat vielleicht etwas mit ihrer vermuteten Wetterfühligkeit zu tun. So besagt eine »Bauernregel«: »Wenn die Frösche knarren, magst auf Regen harren.«[226] Die Regel macht meteorologisch wenig Sinn, doch die Lautvergabe der Frösche ist in sich selbst so ungewöhnlich, daß man gut versteht, warum alle möglichen Spekulationen sich daran knüpfen. Immerhin vollbrachten im Oberen Devon froschähnliche Wirbeltiere nicht nur beim Landgang des Lebens Pionierleistungen[227], sondern auch bei der Ausbildung akustischer Verständigung. Das aufdringliche Quaken der Frösche stellt ohne Übertreibung die erste Intonation von so etwas wie »Sprache« überhaupt dar, – kein Wunder, daß es dem Menschen etwas »Prophetisches« zu sagen hat. Für diese heute besonders schützenswerten Lebewesen einzutreten ist für jemanden, der ihre Sprache versteht, eine wichtige Beauftragung, die in ihrer Größe allemal *»ganz nachdenklich und traurig«* machen kann.

Wie denn? Man sollte den Fröschen zuliebe eine ganze Religionsform reformieren? Genau das! Jedes Feuchtgebiet, jedes Hochmoor, jeder Dorfteich könnte dem »Bürgermeister« in dem Beispiel von KONRAD LORENZ sagen, welch eine Art von Religion im Interesse der Frösche erfordert wäre: Es müßte Taburäume der Natur geben, deren Lebensdichte jedwedes menschliche »Nutzungsrecht« durch sich selbst verbietet. Jeden Tag beschließen örtliche Entscheidungsträger, das Infrastrukturnetz, sprich: den Straßenbau, auszudehnen, und nehmen damit die Versiegelung kostbarer Biotope unter Asphalt und Beton mutwillig in Kauf; sie zerschneiden wie mit einem Messer den Lebenskreislauf von Daseinsformen, die um Hunderte von Millionen Jahren älter als die Menschen sind, aber sie sehen darin kein Problem, und wenn sie eines sähen, erschiene es ihnen als mehr oder weniger »irrelevant«. Und so verdrängt infolge einer falschen Grundeinstellung die Wüstenei der Wirtschaft Stunde um Stunde und Stelle für Stelle die noch verbliebenen Reste einer relativ noch intakten Natur, lokal wie global. Darf man eine Ostwest-Trasse quer durch den Amazonas-Urwald legen, um einen Anschluß an die nord-südlich verlaufende Panamericana zu schaffen? Für den Aufbau des tropischen Regenwaldes hat die Natur rund 60 Millionen Jahre gebraucht, vom Ende der Kreidezeit bis heute; daß wir ganze 60 Jahre brauchen würden, um mit Kettensägen und Bulldozern dieses einzigartige Kunstwerk vielfach vernetzter Lebensformen zu vernichten, stellt einen unerhörten Frevel dar, der wohl erst deutlich wird, wenn man sich vorstellt, die Stadt Rom plane zur dringenden Entlastung des Innenstadtverkehrs eine neue Autostraße quer durch den Petersdom. Der bloße Gedanke schon müßte für frevelhaft gelten. Dabei besteht der Petersdom gerade mal seit rund 500 Jahren, und sein Bau war ein so unheiliges Werk, daß es zur Abspaltung großer Teile der Christenheit vor allem Nordeuropas von der katholischen Kirche geführt hat, – ob Gott dort wohnt, scheint demnach mehr als zweifelhaft. Im Rahmen einer veränderten Frömmigkeitshaltung hingegen sollten die tropischen Regenwälder unbezweifelbar als Kathedralen Gottes gelten, die menschlichem Nutzungsdenken prinzipiell entzogen bleiben müßten. Und wie die Regenwälder (in Lateinamerika, Afrika und Südostasien), so all die Zonen, die noch einen Rest ihres ursprünglichen Zustandes sich bewahrt haben: das Great Barrier Reef vor Australien, die Serengeti in Afrika, die Polkappen, – schon in 50 Jahren wird es diese letzten verbliebenen Paradiese aus Gottes Hand nicht mehr geben. Es wird die allerhöchste Zeit, auf die Frösche des GRIMMschen Märchens zu hören, so *»nachdenklich und traurig«* auch machen muß, was sie zu sagen haben.

Doch nicht allein der Inhalt, vor allem auch der Weg zu einer solchen Haltungsänderung in »Rom« kann *»nachdenklich und traurig«* stimmen, denn er ist alles andere als leicht. Da sind die zu erwartenden heftigen Widerstände aus Wirtschaft, Finanzwelt und Politik, und da ist das »Gesetz« der geistigen Trägheit. Die gesamte überlieferte Frömmigkeitshaltung des »christlichen« Abendlandes muß sich in ihrer Einstellung gegenüber den Tieren umtun, damit sie der gestellten Aufgabe gerecht wird, – das kann nicht leicht vonstatten gehen. Das Bild des Märchens stimmt deshalb aufs Wort: als dieser Tiersprachenversteher *»endlich ... in Rom«* anlangt, ist *»gerade der Papst gestorben«*! – Wenn in Märchen oder Träumen solche Todesfälle sich ereignen, handelt es sich nie um bloße Zufälle, sondern um magische Tötungen, und dieser junge Mann hat in der Tat auch allen Grund, den Papst in Rom sich wegzuwünschen, verkörpert er doch als »Heiliger Vater« beziehungsweise als »Vater aller Väter« (als pater patrum, als Papa, als Papst) all das sogar noch im Extrem, was es an seinem Grafen-Vater schon zu hassen gab: wo dieser lediglich auf eigene Faust die Weisungskompetenz im Leben seines Sohnes für sich selbst beanspruchte, da reklamiert ein Papst, vermeintlich kraft göttlichen Rechtes, in absoluter Autorität für sich den Status der Unfehlbarkeit in allen Fragen, die im letzten von Belang sind (in »Glaubens- und Sittenlehre«). Wenn also er bis auf den Tag fehlerhaft lehrt, und das in Letztverbindlichkeit für alle »Gläubigen«, dann muß ein solcher »Stellvertreter Gottes« wirklich erstmal abtreten, damit Gott selbst wieder zu Wort kommt. Wenn Gottes Schöpfung stirbt unter der Billigung, Beteiligung und indirekt sogar Befürwortung päpstlicher Standardlehren, dann muß der ganze vatikanische Denkapparat »begraben« werden, um wirklich Neuem Platz zu machen.

Und was soll an die Stelle treten? Das Märchen tut ein Äußerstes, in einem Katarakt von Bildern die Frage zu beantworten. Der Papst ist tot, – das ganze päpstliche System gerät dadurch in eine Phase starker

Fluktuation: man weiß nicht weiter; es gibt keinen vorbereiteten Plan B, den man für den Fall der Fälle jetzt nur fertig aus dem Aktenkoffer holen könnte. Wirklich Neues läßt sich nicht als Erbe des Alten gewinnen, und mit Methoden der Vergangenheit gestaltet man nicht die Veränderung der Zukunft. In keinem wirklichen Umbruchprozeß existiert eine Brücke geistiger Kontinuität, die zwischen dem Bewußtseinszustand vorher und dem Bewußtseinszustand nachher eine logische Abfolge vermittelnder Schritte herstellen würde; statt dessen herrscht geistig ein Chaos von Möglichkeiten und Ideen, die durch eine Art Selbstorganisation etwas herauskristallisieren werden, das es so nie gegeben hat. – In der Darstellung des Märchens: die Kardinäle ergreift *»großer Zweifel, wen sie zum Nachfolger bestellen sollten«*. Es kann nicht darum gehen, das alte Bühnenstück mit neuem Ensemble aufzuführen; es ist ein gänzlich neues Textheft zu erstellen, dessen Inhalt (noch) nicht abzusehen ist: *»ein göttliches Wunderzeichen«* soll entscheiden. Und dieses »Wunder« wird darin bestehen, daß *»plötzlich … zwei schneeweiße Tauben«* dem Jüngling auf die Schultern fliegen und da sitzen bleiben. Wenn man so will, kann man auch sagen, das »Wunder« ereignet sich in diesem Moment dadurch, daß die Kardinäle selbst bereit sind, Gott (wieder!) durch seine Natur »sprechen« zu hören. Wie die Schamanen und die Vogeldeuter der Antike vernehmen sie im Bild der Tauben Gottes Weisung …

Es ist nicht gerade, daß das Bild der Tauben selbst der kirchlichen Theologie völlig entfremdet wäre. Der Vogel Aphrodites wurde allerdings entsexualisiert; er wurde und er ist noch immer ein Bild der Liebe, der *göttlichen* Liebe, die aber ist jetzt ganz Heiligen Geistes, wie er auf vielen Bildern die Jungfrau Maria überschattete, als sie den Gottessohn empfing, und schon das Weiß des Federkleides gemahnt nunmehr an Sittenreinheit und an Unschuld[228], – im *Aschenputtel*-Märchen (KHM 21)[229] zum Beispiel sind sie die »zahmen Täubchen«, die nebst den Turteltäubchen dem Kinde helfen, die Linsen aus der Asche zu lesen, welche die böse Stiefmutter in die Schüssel geschüttet hat; ein »Vogel« ist es auch, der von dem Haselbaum auf Mutters Grab herab die schönen Kleider für des Königs Hochzeit wirft; und dort auch sitzen die zwei Täubchen, die auf das Blut hinweisen, das aus dem Schuh der falschen Braut hervorquillt, – es sind *»die zwei weißen*

Täubchen«, wie das Grimmsche Märchen schließlich feststellt, welche die rechte Braut bezeugen. Daß sie den beiden Stiefschwestern beim Gang zur Kirche am Ende die Augen aushacken – zur Strafe »für ihre Bosheit und Falschheit« –, läßt zwar Zweifel an ihrer Liebenswürdigkeit aufkommen, doch soll es »nur« noch einmal Aschenputtels Unschuld unterstreichen; zudem weicht es auch nicht so weit von dem Verhalten echter Tauben ab: sie können seelenruhig mit ihren kleinen Schnäbeln ein schwächeres Tier zu Tode rupfen, – sie haben nicht, wie Hunde, eine Tötungshemmung[230]. Doch solcherlei Aspekte spielen in der Papstwahl hier nicht die geringste Rolle. Die Kardinäle erkennen in dem Flug der Tauben Gottes Wunderzeichen, und wählen, wie die Frösche es am Weg nach Rom bereits vorherzusagen wußten, den Mann, der ihre Sprachen spricht, zum neuen Leiter einer ganz und gar erneuerten Religiosität.

Wie anders diese neue Frömmigkeit sich selbst versteht, wird unzweideutig in der Abschlußszene klar. Kein Gottesdienst, kein Hochamt in der Kirche Roms, das nicht bis in die Mitte noch des 20. Jahrhunderts überall auf Erden in Latein zu feiern war. Wer Priester werden sollte, konnte das nicht, ohne Latein gelernt zu haben; humanistische Bildung bedeutete das Gütezeichen des römischen Klerus, sie machte den Unterschied des Ersten Standes zu den Unterschichten aus. Der junge Mann hier hat den Weg zu solcher Bildung stets verweigert; er wollte nie ein »großer« nach dem Maßstab dieses Bildungsanspruchs werden. Und man versteht jetzt, was es heißen will, wenn bei der Meßfeier zur Papstkrönung die beiden weißen Tauben ihm vorsprechen, wie er liturgisch sich ausdrücken muß: Wenn jemand Gott zur Sprache bringen will, dann nicht mehr in den Redensarten der Gelehrten, die im Volke ohnehin niemand versteht und die allein dem Machterhalt des Klerus selber dienen, sondern in einer Sprache, die als reine Eingebung in Herzensunschuld sich verwortet. Da wird ein Papst gewählt, der aufgehört hat, »Papst« zu sein; – die neue Einstellung zu der Natur, aus der wir kommen, macht auch die Menschen selbst natürlicher, gleich, welche Ämter und Funktionen ihnen übergeben werden.

Wenn es für diese neue »Papst«-Messe ein Altarbild zu wählen gälte, so fände sich gewiß kein schöneres und kein geeigneteres als die Darstellung des 5. und 6. Schöpfungstages (Gen 2,10–23.24–26) auf dem Hochaltar der Hamburger St. Petri-Kirche (vgl. *Tafel 8*) des gotischen Malers MEISTER BERTRAM (um 1340–1414/15). Auch damals kam »die Aufnahme der Schöpfungsgeschichte in das Retabelprogramm eines Hauptaltares« nach Ansicht der Kunsthistoriker einem einzigartigen Wagnis gleich[231]; doch theologisch am meisten bedeutsam ist die synoptische Verschmelzung der ersten und der zweiten Schöpfungsgeschichte, die BERTRAM in seiner Bildsequenz vornimmt, indem er, wie in Gen 1, die Erschaffung der Tiere auf die Schöpfung der Pflanzen folgen läßt, sie dann aber, wie in Gen 2,18–20, der Erschaffung Adams und der Frau voranstellt: der Mann, der auf der Suche ist nach einem Gegenüber, begegnet als erstes den Tieren, die Gott ihm zuschickt, um zu sehen, wie er sie benennen werde; die Tiere sind, mit anderen Worten, die probeweisen Partner zur Einübung der Liebe, der Ort, an dem sich zeigen wird, ob Adam eine Frau an seiner Seite überhaupt verdient. Auf dem Bild beugt Gott, auf fester Erde stehend, sich den Tieren zu, die er mit der segnenden rechten Hand ins Dasein ruft und denen er mit der linken die ganze Welt und den Himmel zur Heimat gibt. Es ist der letzte Akt der Schöpfung, die mit den Krebsen und Fischen rechts unten begann und dann über die Fische zu den Vögeln aufsteigt; vor Goldglanzhintergrund hebt sich der Zug der Tiere über die wasserbewohnenden Schwäne empor zu menschengezähmten Hähnen und Pfauen und geht dann über zu Spechten, um auf der gegenüberliegenden Seite nachtaktive Eulen über einem himmelragenden Gebirge zu zeigen. Darauf lagern sich Hasen und Füchse, waldbewohnende Rehe und Hirsche und schließlich die wichtigsten Haustiere: Pferde, Schweine und Rinder. Nicht nur das rote Gewand als Symbol der Liebe zeigt, wie gütig Gott gegenüber den Tieren eingestellt ist, vor allem sein freundlicher Blick und die wohlwollende Gestik der Hände verrät, daß er seinen Geschöpfen nichts anderes schenken möchte als ein kreatürliches, dankbares Glück ihres Daseins. Daß dieser Gott es gutheißen könnte, daß Menschen diese seine Geschöpfe quälen und töten, ist undenkbar. – Mit diesem Bild vor Augen die Messe nach dem Diktat der weißen Tauben auf den Schultern zu lesen – es wär' die Art von Frömmigkeit, die in der

Schicksalsstunde unsrer Tage im letzten Augenblick noch alles retten könnte.

In *Platero und ich* schilderte JUAN RAMÓN JIMÉNEZ unter anderem auch eine Fronleichnamsprozession – den Höhepunkt römischer Kulthandlungen, bei dem das »Allerheiligste« in Gestalt der geweihten Hostie hinausgetragen wird auf die Fluren und Felder, um sie zu segnen. »Im sinkenden Abend steigt klar und lauter das andalusische Latein der Psalmen auf. Ein Strahl der schon rosa getönten Sonne, der flach durch die Flußgasse kommt, bricht sich am altgoldenen, schweren Brokat der Meßgewänder. Droben, rings um den scharlachfarbenen Turm, vor dem blankgeschliffenen Opal der heiteren Junistunde, flechten die Tauben ihre herrlichen Girlanden aus Feuerfunkelschnee … – In dem Hohlraum aus Stille, der entstanden ist, brüllt Platero sein Iah. Und seine Sanftmut verbrüdert sich mit der Glocke, mit der Rakete, mit dem Latein und mit der Musik von Modesto, die sogleich aufs neue das offenbare Geheimnis des Tages preisen; und der Tierschrei sänftigt sich stolz, zur Lieblichkeit und wird, in seiner Niedrigkeit, geheiligt.«[232]

Bildbeschreibungen

Tafel 1 (S. 37): GUSTAVE MOREAU: *Der reiche Mann und der arme Lazarus* (um 1875–1878), Aquarell, 27 × 15 cm, Musée Gustave Moreau, Paris. Vgl. TONI STOOS: Gustave Moreau – Symboliste, Kunsthaus Zürich, 14.3.–25.5.1986, S. 166–167. – Nirgends kommt der Kontrast von Arm und Reich krasser zum Ausdruck als in dem Gleichnis vom reichen Prasser und vom armen Lazarus (Lk 16,19–31), das mit den Worten beginnt: »Es war einmal ein reicher Mann; der kleidete sich in Purpur und kostbares Linnen und lebte herrlich und in Freuden Tag für Tag. Ein Armer aber mit Namen Lazarus lag da vor seiner Tür, bedeckt mit Geschwüren; und gern hätte er sich satt gegessen an den Abfällen vom Tisch des Reichen; statt dessen aber kamen die Hunde und leckten seine Geschwüre.« Gerade diese Szene hat MOREAU in seinem Bilde festgehalten. Auf einem Treppenabsatz, vor den Quadermauern eines vornehmen Palastes, sitzt Lazarus, fast nackt, bedeckt nur von dem grünen Tuch, das von dem linken Oberschenkel her zur Erde reicht, und einem weißen Stirnband; in seiner Linken hält er einen mannshohen Stab. Gestützt auf seine rechte Hand, hat er den Oberkörper so gedreht, daß er sehnsüchtig sein Gesicht zum riesengroßen Fenster des Gebäudes richten kann. Was sich darinnen abspielt, vermag er in der Perspektive nicht zu sehen, – der Mauersims, der quer über ihn hin verläuft, versperrt ihm jeden Einblick; doch auch der Bildbetrachter nimmt kaum wahr, daß in dem dunklen Inneren einsam der Reiche hockt, weißbärtig, geschmückt mit einer Krone wie ein König. Wie vornehm er sich's eingerichtet hat, verrät die Marmorsäule mit ihrem vergoldeten korinthischen Kapitell sowie die Skulptur eines Greifen dahinter. Die Mauer dieses Hauses stößt direkt an die Stadtmauer (Jerusalems), die ebenso abweisend, lebensfeindlich und in unmenschlicher Gleichgültigkeit dasteht wie der gesamte Bau. Dabei könnte man sich das alles auch ganz anders vorstellen: hinter der Mauer ragen die Wipfel von Zypressen auf, daneben scheint ein

Liebespaar sich und das Leben zu genießen; und vorn rechts am Aufgang wächst ein Zierstrauch und verrät doch immerhin so etwa wie die Kraft zum Leben. Alles das aber soll keinerlei Hoffnung geben: Aus einem schmalen Spalt, der zwischen Haus und Mauer eigentlich gar nicht mehr existiert, so eng drängen die Wände aneinander, kommt – abweichend von Jesu Darstellung – ein junger schöngelockter Mann, gegürtet in ein rotes Leinen, die hohe Stufe herunter, in seiner linken ein Stab, mit der rechten sich an der Mauer stützend, neben ihm lagernd ein grimmig drein blickender Hund. Ganz offensichtlich soll er den lästigen Bettler, der nur das schöne Haus mit seiner Existenz besudelt, wegjagen; doch um das zu erreichen, muß er sich nicht weiter mühen. Aus Jesu Hund, der Lazarus die Wunden der Geschwüre leckt, ist bei MOREAU ein bissiger Jagdhund geworden, der gnadenlos, wie ihm befohlen, den Bettler in das Bein beißt. Das weitere kann jener Jüngling mit dem Stock in aller Ruhe abwarten. Nur – wer das sieht, soll sich erschrocken fragen, wohin es führt, wenn Menschen scheinbar seelenruhig einander so viel Schmerz zufügen können. Der Hund tut nur sein Bestes, eifrig und gehorsam; der Diener ebenfalls; der Herr bleibt vollends unsichtbar; zutiefst beunruhigt aber sollte der Betrachter sein. Den schreiend-stummen, den empörenden und doch auch so normalen Gegensatz von Arm und Reich – wenn er so aussieht, darf man ihn nicht akzeptieren.

Tafel 2 (S. 38): DIEGO RIVERA: *Das Abendmahl des Kapitalisten* (1928–1929), 4,33 × 1,52 m, Wandmalerei im Bildungsministerium Mexiko-Stadt, Hof der Feste, zweites Obergeschoß, Nordwand. Vgl. LUIS-MARTIN LOZANO – JUAN RAFAEL CORONEL RIVERA: *Diego Rivera*, 122–123. – Die politische und soziale Wirkung des (kapitalistischen) Reichtums hat der mexikanische Maler DIEGO RIVERA (1886–1957) auf dem propagandistisch-pathetischen Wandbild *Das Abendmahl des Kapitalisten* dargestellt. Es ist eine eigentümlich kalte, menschlich beziehungslose Gesellschaft, die sich da unter der Herrschaft des breitschultrig-feisten Patriarchen versammelt hat; er selbst sitzt, Messer und Gabel wie Waffen gezückt, am Kopfende eines mit weißem Tuch bedeckten Tisches, dem er, in schwarzem Anzug, weißem Hemd und weißer Fliege, buchstäblich »vorsitzt«. Die groben Züge seines Kugelkopfes, die fetten Backen und das Doppelkinn, vor allem aber der Eindruck seiner Spiegelbrille, durch die er schaut, ohne daß seine Augen sichtbar werden, verraten einen Menschen weniger der Tat als der entschlossenen, unreflektierten, unwidersprechlichen Gewalt. Einander gegenüber sitzen sechs Personen: eine Frau, geschmückt mit einem edelsteinbesetzten Stirnreif, und ein Schwarzhaariger mit Schnurrbart, ein Kahlköpfiger, Hakennasiger mit Brille und eine Rothaarige, Kurzgeschorene mit lang herabhängenden Ohrringen, sowie eine schulterfrei in ein enges braunes Kleid Gezwängte, die ihre Backen aufgeblasen und den Mund weit vorgewölbt hat, wohl um das Kind zu maßregeln, das ihr gegenüber – dem Betrachter zugewandt – mit Händen vor den Augen gerade zu weinen anfängt. Es ist kein fröhliches Mahl, das sich da aufführt, obwohl im Hintergrund bereits zwei Soldaten, mit Patronengurten und Gewehr behängt, einen Korb mit Brot und Wein und Früchten und einen Sack mit Korn herbeitragen, wie blind gehorsam ein Weißer und servil dreinblickend ein Farbiger; die einzige, die bereits etwas zu sich nimmt, ist die verstohlen an den Rand gedrängte Indigena; alle anderen haben artig ihre Hände auf den Tisch gelegt, als warteten sie auf die Erlaubnis, endlich zuzugreifen. Alles gehorcht hier der Gewalt und dem Diktat der Angst. Und anders kann es auch nicht sein, da alle Nahrungsmittel in der kapitalistischen Wirtschaftsordnung nur mit Gewalt und Angst, durch Militär und Auspressung der Landbevölkerung, eingebracht werden.

> »Stunde um Stunde denkt der Reiche immer daran,
> wie er sein Geld mehren und verdoppeln kann«,

schrieb RIVERA wie zum Kommentar für dieses Bild. (A.a.O., 113)

Tafel 3 (S. 40): DIEGO RIVERA: *Festmahl in der Wall Street* (1928–1929), 4,33 × 1,59 m. Vgl. a.a.O., 126–127. – Das Problem von Arm und Reich entstammt durchaus nicht der privaten Habgier Einzelner, wie man, zur Ablenkung von den Systembedingungen der Ausbeutung, immer mal wieder hören kann, es wird im wesentlichen generiert von den Interessen der Konzern- und Kapitalherren. Ganz entsprechend hat DIEGO RIVERA an der Nordwand des zweiten Obergeschosses über dem Hof der Feste im Bildungsministerium von Mexiko-Stadt sein *Festmahl in der Wall Street* gemalt. Acht Personen sitzen diesmal an einem rechteckigen Tisch einander gegenüber: eine weißhaarige, faltengesichtige Frau mit einem zahnlosen, schmallippigen Mund und ein langnasiger, streng dreinblickender Herr mit weißem Oberlippenbart; eine fast völlig verdeckte noch junge Frau mit edelsteinbesetztem Stirnreif und Brillantringen an den Fingern der rechten Hand, mit der sie, man weiß nicht wie, soeben ein Sektglas zum Munde zu führen sucht, und ein Weißhaariger, der ihr zuprostet, während seine stechend kleinen Augen offenbar auf die ebenfalls noch junge riesenköpfige, flachbrüstige, in einem rückenfrei geschnittenen Kleid dasitzende Frau im Vordergrund gerichtet sind; dieser ihrerseits sitzt ein Mann mittleren Alters mit schwarzem nach oben gezwirbeltem Oberlippenbart gegenüber, angetan mit einem schwarzen Anzug und einem weißen Hemd mit gestärktem Kragen und Manschettenknöpfen, zwei Ringe an den Fingern der linken Hand; dazwischen sitzt links ein kahlköpfiger, älterer Herr, der wie leidend dreinschaut und dieser »Schönen« im Vordergrund anscheinend gerade mit erhobenem rechtem Zeigefinger etwas zu erläutern sucht, das indessen kaum Beachtung findet; ihm gegenüber sieht man eine scharfnasige Frau mit schwarzem, eng anliegendem, in der Mitte streng gescheiteltem Haar, deren Oberkörper von dem Herrn vor ihr verdeckt wird. Auf dem Tisch selbst steht nichts, von dem man essen könnte, nur gefüllte Sektschalen und ein großer eisgefüllter Sektkühler mit einer bereits geöffneten großen Flasche darin. Das eigentliche Nahrungsmittel dieser illustren Gesellschaft, muß man denken, sind die langen golden schimmernden Telegraphenstreifen, die durch aller Hände gehen und sich in schlangenähnlichen Spiralen über den ganzen Tisch hin bis zur Erde winden. Ausgespuckt werden sie aus einer Holzkiste unterhalb einer ebenso golden strahlenden Maschinerie in der Form einer Registrierkasse, die von einem Glassturz überwölbt ist. Freilich ist dieses Spendeorgan der Börsenbilanzen nur das Glied eines Monstrums mit gelben stechenden Augen, Greifarmen ähnlichen seitlichen Röhren und einer Panzerschrank-Verschlußklappe mit aufgedrucktem Dollarzeichen an gerade der Stelle, wo bei einem Menschen das Herz sein sollte. Als sinndeutende Signatur dieser Versammlung aus der Hochfinanz erhebt sich vorne auf dem Tisch die hölzerne Nachbildung der Freiheitsstatue im Hafen von New York, die allerdings, statt der Fackel der Bürgerrechte, hier nur eine Tischlampe zum Ablesen der neuesten Börsennachrichten hochhält. Man versteht: die ausgedruckten Telegraphenbänder der Notierungen der Wall Street sind die wahren Gefängnisketten dieser Besitzenden. Ruht auf dem Gesicht irgendeines der so Einsitzenden etwas wie ein Schimmer von Glück oder Freude oder menschlicher Anteilnahme? Wenn sie je geglaubt haben, die Bankgeschäfte brächten ihnen Glück, dann ist es ihnen so ergangen, wie es das wohlversteckte Sinnbild unterhalb des Stuhls ganz vorne rechts besagt: am Boden auf dem grünen rasengleichen Teppich liegt da eine abgeschlagene linke Hand, die sich umsonst bemüht, die abgeschnittene Blüte einer rötlich schimmernden Blume zu erhaschen. Die ganze Welt der Wall Street ist eine einzige verführerische Lüge, über welche schon als Markenzeichen RIVERAS selbst noch winzig, doch als ein wahres Menetekel an der linken Wandseite in Schwarz das Emblem der sozialistischen Revolution: Hammer und Sichel, zu sehen ist.

> »Das Gold ist nichts wert ohne Nahrung,
> das ist die Aufzugsschnur für unsere Generation« (S. 113),

versuchte er mit seinen Wandbildern den Armen wie den Reichen klarzumachen.

Tafel 4 (S. 47): VINCENT VAN GOGH: *Der gute Samariter* (nach Delacroix), Mai 1890, 73 × 60 cm, Rijksmuseum Kröller-Möller, Otterloo. Vgl. MAYER SCHAPIRO: *Van Gogh*, 45; 112–113. – Kaum ein anderer Maler hat so sehr unter der Grausamkeit und der Ungerechtigkeit der sozialen Verhältnisse gelitten wie der einstige Theologiestudent und Laienprediger VINCENT VAN GOGH. Zeit seines Lebens blieb er fasziniert von der Gestalt Jesu, den er in seiner Menschlichkeit für einen weit größeren Künstler hielt als selbst den Schöpfergott, dessen Werk ihm als »ein nicht ganz geglückter Versuch« erscheinen wollte. Wie zum Schutz vor seinen eigenen religiösen Wahnvorstellungen, aber auch zum Ausdruck seiner tiefen Sehnsucht nach einer barmherzigeren Welt begann er 1889 während seines Aufenthalts im Spital von Saint-Rémy damit, etliche religiöse Bilder anderer Künstler zu »kopieren«, darunter auch das Werk von EUGÈNE DELACROIX (1798–1863) zu Lk 10,29–37, dem Gleichnis Jesu vom barmherzigen Samariter. Für VAN GOGH war dieses Malen nach fremder Vorlage ein Vorgang, den er wie die Interpretation eines Musikstücks durch einen anderen Komponisten empfand, obwohl eine solche »Variation« zu einer gegebenen Vorlage, wie sie musikalisch durchaus möglich ist, in der Malereigeschichte kaum sonst vorkommt. An DELACROIX bewunderte VAN GOGH vor allem den Umgang mit den Farben, ja, er sah ihn gerade in diesem Punkte als seinen Lehrmeister an. »Die kräftigen Farben, das charakteristische Blau und Rot Delacroix‹, sind (sc. allerdings auf diesem Bild, d.V.) in eine Umgebung von mehr neutralen, bräunlichen Tönungen hineingestellt, die durch die abgestuften Intervalle von Warm und Kalt, von Hell und Dunkel geschickt miteinander verbunden sind. – Dem ursprünglichen Rhythmus der leidenschaftlichen Zeichnung DELACROIX‹ fügt VAN GOGH den reißenden Strom paralleler Pinselstriche hinzu. Arabeskenhafte Formen, die bei DELACROIX gewundene, schwellende Kurven waren, sind bei VAN GOGH als mehr gebrochene, linkische Linienzüge gegeben, die etwas von der Spannung und Grobheit seiner holländischen Zeichnungen haben.« Insbesondere das Thema selbst aber dürfte VAN GOGH fasziniert haben, eignete es sich doch am meisten, sein eigenes Verlangen nach Güte und Gemeinsamkeit, nach Mitleid und Menschlichkeit, nach Freundschaft und Versöhnung auszudrücken. Die Landschaft, in welche die Darstellung des »guten Samariters« hineingestellt ist, wird geprägt durch eine canyonartige Schlucht, in die ein schmaler, doch offenbar reißender Fluß sich eingegraben hat. Dicht daneben, getrennt nur durch den Grasbewuchs am Ufer, schlängelt ein Fußpfad sich hin, – ein Nadelöhr zwischen Fluß und Steilwand, ideal also für räuberische Überfälle, wie einer hier erfolgt sein muß. Die Geschichte ist aus dem Evangelium (Lk 19,25–37) bekannt. Was muß man tun, um Gottes Willen zu erfüllen? fragt man Jesus. Die Antwort, welche von der institutionalisierten Form der Religion gegeben wird, lautet ganz einfach: Man halte sich an die Vorgesetzten – die Priester und die Theologen, an das ordinierte Personal im Tempel und an die Gottesgelehrten; die wissen, wie man Gott zufriedenstellen kann. Doch Jesus glaubt das ganz und gar nicht. Es war einmal, erzählt er, am Wege von Jerusalem nach Jericho ein Mann von Räubern überfallen und halbtot zurückgelassen worden. Da kam des Wegs – ein Priester. Und hat er ihm geholfen? Natürlich nicht, – er durfte nicht, denn das Gesetz verbot ihm, sich durch Berührung eines (vielleicht) Toten unrein zu machen (Lev 21,1). Und ganz genau desgleichen ein Levit. Sie sahen den Verletzten, aber gingen weiter. Da kam ein Samariter, ein Mann, der den gesamten Tempelkult nicht mitträgt und von vornherein verleugnet, Gott wohne in Jerusalem; ein solcher Apostat vom orthodoxen Judentum kam ebenfalls vorüber, und er trug Gott nicht wie ein Brett vor seinem Kopf mit sich herum; er nahm sich des Verletzten an und half ihm, wie er konnte. – VAN GOGH hat – nach DELACROIX – gerade diese Szene dargestellt. Den Priester, den Leviten sieht man nur gerade noch wie zwergenhafte Schemen ihres Weges weiterwandern; sie müssen, so schmal wie der Pfad ist, über den Schwerverwundeten förmlich gestolpert und buchstäblich über ihn hinweggegangen sein. Mit ihrem Verhalten bieten sie in höchster Autorität ein Vorbild, das Gott eher verstellt als sichtbar macht. Anders der Samariter. Seine kräftige, sonnengebräunte bärtige Gestalt mit einem rot-weißen Turban auf dem Kopf, gehüllt in ein gelbliches Obergewand, hat er, weit nach hinten gebeugt, unter den bleichen, völlig erschöpften Jüngling geschoben, den er mit seinen starken Armen, unter Anspannung der kräftigen Waden und der stämmigen Füße, auf das geduldig bereitstehende Pferd zu heben sucht. Der junge Mann hat seinen rechten Arm um den Hals seines Retters gelegt und liegt diesem wortwörtlich »am Herzen«. Sein linkes Bein, das von einem blauen Untergewand bedeckt wird, müßte er noch über den Rücken des Pferdes heben, – in seiner Lage offenbar kein leichtes Unterfangen. Doch um so entscheidender bleibt das energische Zupacken des Samariters, der einen Menschen vor dem Tode bewahrt und damit zeigt, was es heißt, mit Gott zu leben.

***Tafel* 5** (S. 50): DIEGO RIVERA: *Unser Brot* (4,33 × 1,58 m). Vgl. a.a.O., 115. – Wie eine sich erfüllende Vaterunser-Bitte betrachtet DIEGO RIVERA auf seinem Bilde *Unser Brot* an der Südwand des zweiten Obergeschosses im Hof der Feste des Bildungsministeriums in Mexiko-Stadt die Tatsache, daß Menschen ihre Nahrung miteinander friedlich teilen, wie dieser Hausherr, der das Brot bricht für die alten Leute ebenso wie für die Kinder, für die Hausgenossen ebenso wie für die Milizionäre und die Feldarbeiter mit ihren riesigen Sombreros und der dabei, wie im Gebet, zum Himmel aufblickt, so als wollte er hinaufschauen in eine große segensreiche Zukunft. Der Rote Stern auf seiner blauen Arbeitsuniform markiert die Sehnsucht, die ihn leitet, wie den Glauben, der ihn trägt. »Die Gleichheit und Gerechtigkeit ist die Frucht der gemeinsamen Front aller, Bauern, Soldaten und Arbeiter in bevölkerten Städten und auf ländlichen Höfen; jetzt gibt es Brot für alle, die nichts haben, für die Menschen von unten, Gleichheit, Gerechtigkeit und Arbeit … Einheit! Das ist die heilige Stärke der ganzen weiten Welt, Frieden, Gerechtigkeit und Freiheit und Herrschaft des Arbeiters! So wie die Soldaten einst dem Krieg dienten, sollen sie der Nation Früchte bringen und den Boden bestellen.« (S. 112) So schrieb RIVERA, und es ist dieselbe Botschaft, die er in sein Bild gelegt hat. Die Mexikanerin, die in rotem, gelbgerändertem Poncho und gelbbraun gestreiftem Kleid einen Korb mit Ananas, Melonen, Mangos und Papayas auf dem Kopf herbeiträgt, ist mit den anmutigen Zügen ihres Gesichtes wie die Verkörperung der Gaben, welche die Mutter Erde bereithält, wenn man ihre Früchte den Menschen nicht entwendet. Noch sind die Teller auf dem rechteckigen Tische mit der martialisch wirkenden Machete leer, doch nicht umsonst schauen sie alle, die da auf ihren Hockern Platz genommen haben, auf den Hausherrn. Er muß nur das, was aller ist, gerecht verteilen, auf daß alle genug zum Essen haben. Hat Jesus in der Bibel wirklich etwas anderes gelehrt? Im Hintergrund sieht man rauchende Schornsteine aufragender Fabriken. Auch die Maschinenkraft der Industrie läßt sich zum Wohl der Menschen nutzen, wenn ihnen selbst das Land und seine Produktionsmittel gehören.

Tafel 6a (vgl. S. 115): *Fußschemel aus dem Grab des Tutanchamun*, 58,7 × 31,7 cm; in: T. G. HENRY JAMES: *Tutanchamun*, 294. – Der Fußschemel vor dem Thron des Pharao »besteht aus gewöhnlichem Holz, aber seine Oberfläche ist mit einem bedeutungsvollen Dekor verziert. Es handelt sich dabei um neun Gefangene, die konventionellen Feinde des Pharaos, die relativ grob mit unterschiedlichen Völkermerkmalen versehen sind. Vier sind schwarzhäutig und somit vermutlich Nubier. Die anderen fünf sind wohl Asiaten oder Libyer. Acht Gefangene tragen lange Gewänder, deren Faltenwurf unterschiedlich arrangiert ist. Einer jedoch ist nur mit einem losen Umhang bekleidet, sodass einige Körperteile entblößt sind. Die Hände der Gefangenen sind auf dem Rücken zusammengebunden. Die Gewänder sind vergoldet, die sichtbaren Körperteile bestehen aus Eben- oder Zedernholz, den Hintergrund bilden Platten aus blauer Fayence. Die Inschrift auf dem trennenden Mittelelement lautet: ›Alle Länder und Bergregionen und die großen (Länder) von Retjenu (Syrien) sind wie eines unter deinen Füßen, wie Re für immer‹.« Der Thron spricht also selber aus der Sicht der Untertanen zu ihrem Herrscher, und er verspricht ihm, daß die Stellung seiner Macht so lange dauert, als die Sonne scheint.

Tafel 6b (vgl. S. 115): *Sandalen aus dem Grab des Tutanchamun*, Länge: 28 cm; in: T. G. HENRY JAMES: *Tutanchamun*, 195. – Nicht nur wenn er den Thron besteigt, schreitet der König über seine besiegten Feinde hinweg und tritt sie mit den Füßen nieder; jeder Schritt, den er tut, verrät seine Kraft und bestätigt seine Siege. Verleiht der Thron »Allwissenheit«, so bildet die Voraussetzung dafür das Attribut der »Allmacht«. Den stärksten Ausdruck dieser Auffassung bieten die hier gezeigten »Holzsandalen mit Verzierungen aus Rinde, grünem Leder und Blattgold«. Vermutlich wurden sie nie getragen, doch symbolisch zeigen sie, in welcher Art die Stellung eines Pharaos gemeint ist; denn in die Sohlen der Sandalen ist je ein Paar gefangener, gefesselter Nubier und Asiaten eingearbeitet. »Sie symbolisieren die Feinde des Pharao, die er mit jedem Schritt unter seinen Füßen zerquetscht.« Es ist ein weiter Weg von der Idee der »Allmacht« und »Allwissenheit« eines altorientalischen Monarchen hin zu der innerlichen und rein geistigen Beschreibung Gottes als des »Herrn« der »Himmel«, die im Christentum sich durchgesetzt hat. In der totalen Umwertung der Vorstellung von »Größe« stellt insbesondere die Botschaft Jesu eine absolute Wendemarke dar.

Tafel 7: vgl. S. 154–156;

Tafel 8: vgl. S. 219–220

Anmerkungen

1 Vgl. E. DREWERMANN: Marienkind oder: Die Wahrheit wird euch frei machen, in: Vom Weg der Liebe, 273–338.

2 Vgl. E. DREWERMANN: Frau Holle. Grimms Märchen tiefenpsychologisch gedeutet 1982; [10]1994; Zürich–Düsseldorf (erw.) 2003.

3 LUDWIG BECHSTEIN: Sämtliche Märchen, 75–78: Die Goldmaria und die Pechmaria. – OTTO BETZ: Der abwesend-anwesende Gott in den Volksmärchen, in: Gott im Märchen, 15, betont die »naturale Schöpfungstheologie« im Märchen sowie (S. 21) das Motiv der »Erlösung«, das »mit der menschlichen Ganzheit zu tun« hat: »der einzelne soll von seiner Reduzierung und Verkümmerung und Verarmung befreit werden.«

4 Vgl. *Catéchisme de l'Église Catholique*, Nr. 391–395 ; 2851–2852.

5 Vgl. Jes 14,12–13; zum Mythos von Schahar und Schalim vgl. MARVIN H. POPE – WOLFGANG RÖLLIG: Die Mythologie der Ugariter und Phönizier, in: H. W. Haussig (Hg.): Wörterbuch der Mythologie I 306–307. – DIETRICH THYEN: Transzendenz und Wirklichkeit in der Sicht der Märchen, in: Gott im Märchen, 31, meint: »Gott und Engel … spielen im Märchen keine oder so gut wie keine Rolle. Die Mächte des Guten werden nicht beim Namen genannt … Anders steht es bei der Frage einer Benennung oder näheren Bestimmung der Mächte des Bösen … Auch der Teufel kann von Helden überlistet werden.«

6 Vgl. H. S. NYBERG: Die altiranische soziale Religion II: Die Gathagemeinde (1938), in: B. Schlerath (Hg.): Zarathustra, 53–96, der die Lehren Zarathustras wesentlich als Erfahrungen von Trance und Ekstase deutet; zum Weltbild der Kampfes zwischen *Ahura Mazda*, dem weisen Herrn, und Angra Mainyu, dem argen Geist, später *Ahriman* genannt, vgl. HELMUTH VON GLASENAPP: Die nichtchristlichen Religionen, 294–296.

7 Vgl. E. DREWERMANN: Der Bärenhäuter oder: Die fast unmögliche Reifung zur Liebe, in: Heimkehrer aus der Hölle, 115–166.

8 Vgl. E. DREWERMANN: Das Mädchen ohne Hände. Grimms Märchen tiefenpsychologisch gedeutet, 1981; [12]1994; Düsseldorf–Zürich 2004.

9 Vgl. E. DREWERMANN: Strukturen des Bösen, I 53–78. – GÜNTER LANGE: Märchen aus der Sicht eines Religionspädagogen, in: Gott im Märchen, 42, sieht zu Recht in den Märchen »Vertrauensgeschichten. Sie helfen Angst zu überwinden.« Er meint (S. 43), »im Hintergrund der Märchenwelt stehe eine paradiesische Ordnung.«

10 E. DREWERMANN: Tiefenpsychologie und Exegese, I 87–90: Mythos.

11 A.a.O., I 132–140: Vom Traum zum Mythos; 141–146: Vom Mythos zum Märchen.

12 Vgl. FRANZ VON ASSISI: Die Blümlein, Nr. 16, S. 83–85: Die Predigt zu den Vögeln; Nr. 22, S. 95–96, erzählt, wie Franziskus die Waldtauben zähmte; Nr. 40, S. 122 – 124, erzählt von der Predigt des hl. Antonius zu den Fischen.

13 E. DREWERMANN: Tiefenpsychologie und Exegese, I 132–154: Mythos und Märchen, Sage und Legende aus der Sicht des Traumes – eine Luftaufnahme.

14 Vgl. LAOTSE: Tao te king, Nr. 67, S. 110: »Wen der Himmel retten will, den schützt er durch die Liebe.«

15 HOMER: Odyssee, I 284–285; nach Roland Hampe, S. 23.

16 A.a.O., XIII 221–225; S. 407.

17 A.a.O., XVI 157; S. 499.

18 A.a.O., XVI 161; S. 499.

19 Vgl. E. DREWERMANN: Das Matthäus-Evangelium, III 222 – 244: Mt 25, 31–46: Das große Weltgericht oder: Der einzig gültige Maßstab.

20 A.a.O., I 579–591: Richtet nicht!

21 E. DREWERMANN: Dat Mäken von Brakel, in: Rapunzel, Rapunzel, laß dein Haar herunter, 221–228.

22 Vgl. HARALD SCHULTZ-HENCKE: Der gehemmte Mensch, 23–28: Das Behaltenwollen, die retentive Tendenz.

23 Im Grunde gibt die Äußerung den Standpunkt wieder, den JOHANN GOTTLIEB FICHTE in der Zeit des Deutschen Idealismus vertrat. J. G. FICHTE: Grundlage des Naturrechts, 217–225. Vgl. E. DREWERMANN: Der tödliche Fortschritt, 96–99.

24 Vgl. E. DREWERMANN: Strukturen des Bösen, I 375–378: Das Reden mit den Dingen und das Hören auf die Dinge.

25 HOMER: Odyssee, XVII 485–487, nach Wolfgang Schadewaldt, 231.

26 Vgl. MAX SCHELER: Vom Ewigen im Menschen, 92–99: Der Gegenstand der Philosophie und die philosophische Erkenntnishaltung.

27 ARTHUR SCHOPENHAUER: Preisschrift über die Grundlage der Moral, in: Sämtliche Werke, IV 205–212: § 16: Aufstellung und Beweis der allein ächten moralischen Triebfeder.

28 HOMER: Odyssee, VI 188–190, nach Roland Hampe, S. 185.

29 A.a.O., VI 206–208; S. 187.

30 A.a.O., VII 141–142; S. 205.

31 A.a.O., VII 148–149; S. 205.

32 A.a.O., VII 152; S. 205.

33 A.a.O., VII 199–205; S. 207; 209.

34 AISCHYLOS: Die Schutzflehenden, 672, nach Oskar Werner, S. 188.

35 OVID: Metamorphosen, VIII 628–643, nach Hermann Breitenbach, S. 269. – Schon die GRIMMS selber »attestieren dem Text (sc. ihres Märchens, d.V.), er stehe mit der Antiken ›Sage von Philemon und Baucis‹« in Verbindung; HEINZ RÖLLEKE – ALBERT SCHINDEHÜTTE: Es war einmal, 319.

36 Vgl. E. DREWERMANN: Das Matthäus-Evangelium, III 222–244: Mt 25, 31–46: Das große Weltgericht.

37 Ähnlich bei LEO TOLSTOI: Volkserzählungen. Jugenderinnerungen, 206–220: Wo die Liebe ist, da ist auch Gott.

38 Vgl. LEO TOLSTOI: Volkserzählungen. Jugenderinnerungen, 206–220: Wo die Liebe ist, da ist auch Gott.

39 Vgl. SIGMUND FREUD: Totem und Tabu, 93–121: Animismus, Magie und Allmacht der Gedanken, S. 106–111.

40 Vgl. E. DREWERMANN: Strukturen des Bösen, I 105–106, zu Gen 3,24.

41 Vgl. E. DREWERMANN: Die Apostelgeschichte, 425–436: Vom »Licht« des Dasein-Dürfens oder: Die Entdeckung der Liebe.

42 Vgl. MARTIN BUBER: Die chassidische Botschaft, in: Werke, III 806: »Die Kabbala hat die (sc. gnostische, d.V.) Konzeption der eingebannten Gottseele aufgenommen, aber sie im Feuer der jüdischen Einheitsidee, die eine Urzweiheit ausschließt, umgeprägt. Das Schicksal der Glorie Gottes, der ›Einwohnung‹ (Schechina), widerfährt ihr nun nicht mehr von ihrem Gegensatz, nicht von den Mächten der gottfremden oder gottfeindlichen Materie, sondern von der Notwendigkeit des Urwillens selber; es gehört in den Sinn der Weltschöpfung.«

43 MARTIN BUBER: Vom Leben der Chassidim, in: Werke, III 43.

44 MARTIN BUBER: Der Weg des Menschen nach der chassidischen Lehre, in: Werke, III 738.

45 Vgl. E. DREWERMANN: Jesus von Nazareth, 444–502: Ihr könnt nicht Gott dienen und dem Mammon (Mt 6,24).

46 MARTIN BUBER: Die Erzählungen der Chassidim, in: Werke, III 292.

47 Vgl. HUGO GRESSMANN: Vom reichen Mann und armen Lazarus, in: Abhandlung der prußischen Akademie der Wissenschaften, phil.-hist. Klasse Nr. 7, 1918.– Zur Stelle vgl. E. DREWERMANN: Das Lukas-Evangelium, II 311 – 336: Lk 16,19–31: Vom reichen Manne und vom armen Lazarus oder: Was geschieht im Tod mit mir?

48 RAINER MARIA RILKE: Das Stundenbuch, in: Sämtliche Werke, I 358.

49 A.a.O., I 359.

50 A.a.O., I 356–358.

51 HOMER: Odyssee, IV 296, nach Roland Hampe, S. 111.

52 A.a.O., VII 190; S. 207.

53 Vgl. E. DREWERMANN – MICHAEL ALBUS: Die großen Fragen, 160–186.

54 A.a.O., 187–201.

55 A.a.O., 77–88.

56 Vgl. das Gleichnis Jesu in Lk 18,1–8.

57 Vgl. E. DREWERMANN: Das Lukas-Evangelium, I 771–777: Die Geschichte vom barmherzigen Samariter oder: Wo wohnt der liebe Gott?

58 Vgl. HEINRICH ZIMMER: Philosophie und Religion Indiens, 394–399, zur Karma-Lehre im Vedanta.

59 Vgl. SIGMUND FREUD: Zur Einführung des Narzißmus, in: Gesammelte Werke, X 158: »Der heikelste Punkt des narzißtischen Systems, die von der Realität hart bedrängte Unsterblichkeit des Ichs, hat ihre Sicherung in der Zuflucht zum Kinde gewonnen« – man möchte »realistischerweise«, doch immer noch »narzißtisch«, fortleben in den Kindern.

60 Vgl. Phil 3,20.

61 Vgl. PLATON: Phaidros 245c5–246a3, in: Sämtliche Werke, IV 27.

62 Vgl. PLATON: Phaidon 69e6–72e2, in: Sämtliche Werke, III 22–24; 102a8–107b10, S. 51–57.

63 Vgl. E. DREWERMANN: Das Lukas-Evangelium, II 798–815: Die Vollmacht der Finsternis oder: Die Angst am Ölberg und die Verhaftung.

64 Den Ausdruck »Wolkenkuckucksburg« prägt Peithetairos in ARISTOPHANES: Die Vögel, Vers 824, in: Sämtliche Komödien, S. 327.

65 FRIEDRICH SCHLEIERMACHER: Über die Religion, 68: »Den Weltgeist zu lieben und freudig seinem Wirken zuzuschauen, das ist das Ziel unserer Religion.«

66 Vgl. E. DREWERMANN: Atem des Lebens, II 37–52: Wie Angst und Ärger ans Herz gehen.

67 Vgl. E. DREWERMANN: Das Matthäus-Evangelium, I 571–578: Mt 6,25–34: Sorgt euch allein, daß Gott in euch herrscht.

68 Vgl. E. DREWERMANN: Das Markus-Evangelium, I 430–440: Mk 6,35–44: Die erste wunderbare Brotvermehrung.

69 RAINER MARIA RILKE: Das Stundenbuch, in: Sämtliche Werke, I 362–363.

70 Vgl. SÖREN KIERKEGAARD: Die Krankheit zum Tode, C A a, S. 28–31: Verzweiflung gesehen unter der Bestimmung Endlichkeit – Unendlichkeit: »Die größte Gefahr, die, sich zu verlieren, kann in der Welt so ruhig vor sich gehen, als wäre es nichts.«

71 Vgl. CARL GUSTAV JUNG: Über den Archetypus mit besonderer Berücksichtigung des Animabegriffs, in: Gesammelte Werke, IX 1, S. 67–87. – RUDOLF GEIGER: Märchenkunde, 258–259, meint richtig: »Auffällig wird, wie die Frau schneller und gründlicher als der Mann die Lage erfaßt. Ja, auffällig tritt hervor, wie jede der beiden Frauen, die arme wie die reiche, das, was der Mann will, noch steigert … Macht nicht die Frau des Armen den selbstlosen Vorschlag zum Räumen der eigenen Lagerstatt? – Hier aber heftet die findige Reiche ihren hilflos wütenden Gemahl der verpaßten Gelegenheit an die Fersen.«

72 Vgl. E. DREWERMANN: Das Markus-Evangelium, II 284–294: Mk 12,28–34: Welches Gebot ist das wichtigste?

73 Vgl. E. DREWERMANN: Das Matthäus-Evangelium, I 547–553: Mt 6,19–21: Eignet euch kein Eigentum auf Erden an.

74 Vgl. E. DREWERMANN: Das Lukas-Evangelium, I 814–823: Unser Brot für morgen gib uns diesen Tag.

75 Vgl. MIRCEA ELIADE: Schamanismus und archaische Ekstasetechnik, 33–42: Schamanismus und Psychopathologie.

76 Vgl. LUDWIG FEUERBACH: Das Wesen der Religion, in: Werke in 6 Bden., IV 81: »Das Abhängigkeitsgefühl des Menschen ist der *Grund* der Religion … Die *Natur* ist der *erste, ursprüngliche Gegenstand der Religion.*«

77 Vgl. LEOPOLD SZONDI: Lehrbuch der experimentellen Triebdiagnostik, 138–140: Wesen und Psychologie des Faktors p, der Egodiastole: »Im Wesen erscheint dieser Ich-Faktor stets als der Drang zur Erweiterung.«

78 Vgl. E. DREWERMANN: Strukturen des Bösen, I 53–78.

79 A.a.O., I 27–110, bes. 87–97: Das bestrafte Leben (Gen 3,14–19).

80 Vgl. DIERK HIRSCHEL: Armut und Reichtum, in: G. Gillen – W. van Rossum (Hg.): Schwarzbuch Deutschland, 46–57.

81 CARL GUSTAV JUNG: Symbole der Wandlung, in: Gesammelte Werke, V 258: »Die Heroen sind häufig Wanderer: das Wandern ist ein Bild der Sehnsucht, des nie rastenden Verlangens ..., des Suchens nach der verlorenen Mutter.«

82 Bereits die Begrifflichkeit der Geschäftswelt zeigt, was ihr als »real« gilt: Geld, und was als Wert: was sich als Preis auf dem Markt erzielen läßt. – Das Motiv der drei – törichten, verhängnisvollen – Wünsche erinnert an das Märchen *Von dem Fischer un syner Fru* (KHM 19); es taucht auch auf bei LUDWIG BECHSTEIN: Sämtliche Märchen, 584–591: Die drei Wünsche. Vgl. auch HEINZ RÖLLEKE – ALBERT SCHINDEHÜTTE: Es war einmal, 320. RUDOLF GEIGER: Märchenkunde, 262, faßt die groteske Tragikomödie der Wünsche des Reichen so zusammen: »Der Reiche scheint gar keiner reinen Wünsche fähig; statt zu wünschen, stößt er Verwünschungen aus.«

83 Wie JOHN BROADUS WATSON im Jahre 1913 das methodische Konzept des Behaviorismus entwickelte und wie dieses vor allem in Amerika die akademische Psychologie im 20. Jh. prägte, schildert STEVEN SCHWARTZ: Wie Pawlow auf den Hund kam, 53–57.

84 Vgl. SUSANNE FRÖMEL: Burnout-Syndrom. Das verlorene Selbst, in: Geo Wissen, Nr. 48, 2011, 42–57.

85 Vgl. E. DREWERMANN: Strukturen des Bösen, I 21; 375–378.

86 Vgl. E. DREWERMANN: Den eigenen Weg gehen, 175–193: Es geht auf ein Stern aus Jakob, bes. 185–192.

87 Vgl. THOMAS VON CELANO: Leben und Wunder des heiligen Franziskus von Assisi, Zweite Lebensbeschreibung, Kap. 82, S. 327; Kap. 92, S. 337.

88 KONSTANTIN WECKER: Wut und Zärtlichkeit, Nr. 12: Es geht zu Ende.

89 Nach *Harenberg Lexikon der Sprichwörter und Zitate*, 137.

90 CARL GUSTAV JUNG: Die psychologischen Aspekte des Mutterarchetypus, in: Gesammelte Werke, IX 1, S. 89–123.

91 SIGMUND FREUD: Vorlesungen zur Einführung in die Psychoanalyse, in: Gesammelte Werke, XI 158, betrachtete alle rhythmische Tätigkeiten, insbesondere das Reiten, als ein koitales Symbol.

92 T. C. MCLUHAN: ... wie der Hauch eines Büffels im Winter, 91.

93 A.a.O.

94 Zu dem Kontrast des biblischen Armutsideals und der Kirche Roms vgl. E. DREWERMANN: Die Apostelgeschichte, 215–237: Apg 4,32–37: Ein Herz und eine Seele oder: Alles gehört allen.

95 Vgl. HANS FERDINAND FUHS: Ezechiel 1–24, S. 19–31: Ez 1,1–3,27: Die Berufung Ezechiels zum Propheten.

96 Vgl. E. DREWERMANN: Strukturen des Bösen, I 79–80

97 A.a.O.

98 Vgl. E. DREWERMANN: Das Matthäus-Evangelium, I 526.

99 Vgl. E. DREWERMANN: Der sechste Tag, 464–479: Der Gott, der als Liebe erscheint, oder: »Wer mich sieht, sieht den Vater« (Joh 14,9).

100 Vgl. E. DREWERMANN: Und der Fisch spie Jona an Land, 63–64.

101 UMBERTO ECO: Der Name der Rose, 604–605.

102 *Die Legenda aurea*, 426.

103 Vgl. E. DREWERMANN: Das Lukas-Evangelium, II 774–781: Lk 22,21–30: Wie man als Jünger Jesus verraten kann oder: Die Rangordnung Gottes.

104 Salve Regina, in: Sursum Corda, 620–621.

105 Ein solcher Gartengott war der phrygische »Gott der Fruchtbarkeit, der Gärten, Bienen, Ziegen und Schafe … Als sein Vater galt Dionysos, als Mutter die Liebesgöttin Aphrodite … Dargestellt wurde er als häßlicher satyrähnlicher Mann mit übergroßen Genitalien.« MANFRED LURKER: Lexikon der Götter und Dämonen, 335.

106 FRANZ KAFKA: Der Prozeß, 9. Kap.: Im Dom, S. 155–161.

107 *Catéchisme de l'Église Catholique*, Nr. 1020, betrachtet den Tod als Eintritt in »das ewige Leben«, zu dem es Nr. 1033 allerdings auch die »Hölle« zählt. Was in den »Jenseitsbüchern« der Ägypter, Tibeter und Mayas als Wandlungsformen verstanden wird, erhält dadurch eine fixierte Endgültigkeit, die keine Reifung mehr zuläßt; aus der Botschaft von der Gnade wird so die dogmatisierte Ungnädigkeit. RUDOLF GEIGER: Märchenkunde, 533–543: Von Raum und Zeit im Märchen, sieht richtig, wenn er meint: »Die Zeit wird (sc. im Märchen, d.V.) zum Gleichnis … Alle Beckmesserei mit der Uhr in der Hand entfällt vor diesem Bemessen. Einzig hervortretend bleibt die Willensrichtung der Kräfte, die sich entfalten.«

108 Zur Gestalt des Petrus vgl. OSKAR CULLMANN: *Pétros*, in: Theologisches Wörterbuch zum Neuen Testament, VI 99–112.

109 FJODOR MICHAILOWITSCH DOSTOJEWSKI: Schuld und Sühne, 4. Teil, 5, S. 388.

110 Vgl. MARTIN LUTHER: Disputation über des Menschen Vermögen und Willen ohne die Gnade (1516) in: Luther Deutsch, I 345–354: Zweite These: »Der von der Gnade ausgeschlossene Mensch kann seine (sc. Gottes, d.V.) Gebote keineswegs halten noch sich, sei es gebührend oder angemessen, zur Gnade bereiten, sondern er bleibt notwendigerweise unter der Sünde.« (S. 348)

111 Schon DAS GILGAMESCH-EPOS, X 78–87, 169–183, übers. v. Stefan M. Maul, S. 129; 132–133, erzählt von der Mühsal, mit welcher der Fährmann Ur-schanabi den Helden von Uruk über »die Wasser des Todes« (X 86) setzt. Für die Griechen war der *Acheron* der »Totenfluß«. »Als solcher wird er gegen Sonnenuntergang angesetzt und rückt mit der Erweiterung der Erdkenntnis immer weiter nach Westen.« ERNST KIRSTEN: *Acheron*, in: Der Kleine Pauly, I 45.

112 RUDOLF MEYER: Die Weisheit der deutschen Volksmärchen, 38, sieht in dem »Schneider« die »intellektuelle Erkenntnis« symbolisiert bzw. »die alleinseligmachende Kraft des Verstandes« oder auch die »Zaubermacht des Hochstaplers«, doch all das trifft erst auf das spätere »Richteramt« des Schneiders zu und ist zu früh typisiert.

113 FRIEDRICH NIETZSCHE: Also sprach Zarathustra, 4. Teil: Das trunkene Lied 1, S. 353: »›War *Das* – das leben?‹ will ich zum Tode sprechen. ›Wohlan! Noch einmal!‹«

114 KURT HEINRICH HANSEN: Go down, Moses, 166–167: »Sobald meine Füße Zion betreten, / Lege ich, Herr, meine (schwere) Bürde ab.«

115 Vgl. E. DREWERMANN: Das Markus-Evangelium, I 247–267: Mk 2,18–22: Die Hochzeitsgäste fasten nicht oder: Von altem und neuem Wein.

116 A.a.O., II 270–283: Mk 12,18–27: Die Frage nach der Auferstehung der Toten.

117 Vgl. JOACHIM JEREMIAS: Jerusalem zur Zeit Jesu, II A 33 (S. 133), wonach z. B. Verkrüppelte, die sich selbst mit einer Stelze fortbewegen konnten, noch den Teil des Heiligtums, der den Heiden verboten war, betreten durften, nicht aber die völlig Gelähmten oder Beinlosen, die auf einem gepolsterten Sitz saßen und getragen werden mußten.

118 Die Gestalt des »Himmelstores« malt OVID: Metamorphosen, II 1–18, S. 54, am Eingang zum Palast des Sonnengottes: da sieht man die Meere, welche die Erde umgürten, »darüber den Himmel sich wölbend. / Bläuliche Götter beleben die Flut … Andere sitzen auf Klippen … Andere reiten auf Fischen … Menschen und Städte beleben die Erde, auch Wälder und wilde / Tiere und Flüsse und Nymphen und andere ländliche Götter. / Oben wölbt sich der leuchtende Himmel: sechs Bilder von Sternen sieht man am rechten Flügel der Tür, gleich viele am linken.« Mit dem Eintritt in den Palast des Sonnengottes betritt man demnach eine Sphäre der Übersicht über alles – ein Motiv, das sich wenig später mit dem Thronsessel Gottes verbinden wird.

119 Vgl. SIGMUND FREUD: Vorlesungen zur Einführung in die Psychoanalyse, 26. Vorlesung: Die Libidotheorie und der Narzissmus, in: Ges. Werke, XI 427–446.

120 Vgl. E. DREWERMANN: Das Lukas-Evangelium, II 774–781: Lk 22,21–30: Wie man als Jünger Jesus verraten kann oder: Die Rangordnung Gottes.

121 RAFFAELE PETTAZZONI: Der allwissende Gott, 18–24: Das Subjekt der göttlichen Allwissenheit.

122 HOMER: Odyssee, VIII 268 – 271, nach Roland Hampe, S. 235.

123 Vgl. RAINER HANNIG: Großes Handwörterbuch Ägyptisch-Deutsch, 279.

124 Vgl. ARTHUR WEISER: Die Psalmen, II 475–479: Ps 110: Der Priesterkönig.

125 Vgl. HANS VON GLEISAU: Ambrosia, in: Der Kleine Pauly, I 295–296: »Nahrung der Unsterblichkeit, den Göttern vorbehalten, selten Menschen gewährt … Ursprünglich sind Nektar und Ambrosia dasselbe, vgl. Hom. Od. 9,359. Bei der Differenzierung in Speise und Trank ist Ambrosia meist Speise, Nektar der Trank.«

126 *Das Gilgamesch Epos*, XI 283–286, übers. v. Stefan M. Maul, S. 150: »Eine Pflanze ist es, wie Bocksdorn ist ihr Wuchs / ihr Dorn ist dem der *Rose* gleich, und er wird deine Hände stechen. / Sollte jene Pflanze deine Hände je erreichen, / so wirst du deine Jugend wiederfinden können.«

127 A.a.O., I 48; S. 47: »Zwei Drittel an ihm sind Gott, doch sein (drittes) Drittel, das ist Mensch.«

128 *Homerische Hymnen*, 6.: Auf Aphrodite, 218–238, S. 39.

129 Vgl. HOMER: Odyssee, V 208–210, nach Roland Hampe, S. 157.

130 Vgl. E. DREWERMANN: Strukturen des Bösen, I 45–53, – zum Erkennen von Gut und Böse.

131 Vgl. ALFRED BERTHOLET: Wörterbuch der Religionen, 236.

132 Vgl. E. DREWERMANN: Strukturen des Bösen, I 97–99.

133 Vgl. HOMER: Odyssee, wo Zeus als der »Wolkenversammler« (I 63) oder als »der in der Höhe donnernde Gott, des Stärke die größte« ist (V 4), geschildert wird oder schlicht als der »donnernde Gatte der Hera« (VIII 465) bzw. als »der

höchste und beste der Götter« (XIX 303); er auch ist der »weitum schauende« (XXIV 544).

134 Zum Begriff Verdrängung vgl. SIGMUND FREUD: Hemmung, Symptom und Angst, in: Ges. Werke, XIV 118 – 121: »Die Verdrängung geht vom Ich aus … Das Ich erreicht durch die Verdrängung, daß die Vorstellung, welche der Träger der unliebsamen Regung war, vom Bewußtwerden abgehalten wird.« (118)

135 Zum Begriff Projektion vgl. ANNA FREUD: Das Ich und die Abwehrmechanismen, 36 ff.

136 Vgl. E. DREWERMANN: Das Matthäus-Evangelium, I 579 – 591: Mt 7,1-5: Richtet nicht!

137 RUDOLF MEYER: Die Weisheit der deutschen Volksmärchen, 36, fragt zu Recht: »Der Schneider, der sich auf den Thron setzt und mit himmlischen Schemeln nach dem Sünder auf Erden wirft – gleicht er nicht einer Theologie, die mit Verdammungsurteilen eifert, um die ›Ehre Gottes‹ zu retten?« Er meint: »Würde … die moralische Weltordnung Schuld und Sühne Schlag auf Schlag einander folgen lassen, so müßte die Erdenwelt längst schon in die Vernichtung gestoßen sein.« Doch die Psychologie des Verurteilens entgeht ihm, und vor allem: mit einer bloßen Zeitzerdehnung zwischen Tat und Straffolge, wie er meint, ist es nicht getan; es geht um die Umkehrung jeglicher Strafegerechtigkeit in eine Güte, die der Not der Menschen »gerecht« wird.

138 Vgl. IMMANUEL KANT: Die Metaphysik der Sitten, in: Werke in 12 Bden., VIII 455.

139 Vgl. E. DREWERMANN: Strukturen des Bösen, I 80–81.

140 Apg 21,20; vgl. E. DREWERMANN: Die Apostelgeschichte, 901–924: Apg 21,15–36: Pauli Ankunft in Jerusalem und seine Verhaftung oder: Ein Judentum für die Völker.

141 Vgl. FRIEDRICH KLUGE: Etymologisches Wörterbuch der deutschen Sprache, 633. – RUDOLF MEYER: Die Weisheit der deutschen Märchen, 32, nennt den Schneider im Himmel »eine Groteske im Weltall« und ergänzt: »… der Intellekt (sc. den er in dem »Schneider« verkörpert sieht, d.V.) hat … im Grunde kein rechtes Situationsbewußtsein. Er begreift nie, wie lächerlich es sich ausnimmt, wenn er den Daseinsrätseln mit seinen Begriffsschablonen gegenübertritt. – Humor erlöst.«

142 Vgl. E. DREWERMANN: Das Matthäus-Evangelium, I 441–447: Mt 5,17–20: Zwischen Gesetzlichkeit und Chaos oder: Die Verbindlichkeit der Freiheit.

143 Vgl. *Catéchisme de l`Église Catholique*, Nr. 1033–1037.

144 Vgl. A.a.O., Nr. 1030–1032.

145 MARTIN BUBER: Die Erzählungen der Chassidim, in: Werke, III 227.

146 WILLIAM SHAKESPEARE: Der Kaufmann von Venedig, 4. Akt, 1. Szene, in: Sämtliche Werke in einem Band, 182.

147 JENS WOLF: Gastfreundschaft der Seele, in: Albrecht Schödel (Hg.): Auf dem Weg zur Mitte – Christus, 74. – Vgl. auch HOMER: Odyssee, VI 207–208: »… in Zeus Hut stehen sie alle, / Fremde sowohl als Better; so klein sie ist, lieb ist die Gabe.« Nach Roland Hampe, S. 187.

148 Vgl. EUGEN DREWERMANN: Das Markus-Evangelium, I 430–440: Mk 6,35–44: Die erste wunderbare Brotvermehrung; 502–506: Mk 8,1–10: Die zweite Brotvermehrung.

149 Zur Psychologie der Erzählgattung Legende vgl. E. DREWERMANN: Tiefenpsychologie und Exegese, I 146 – 154: Der Traum einer traumhaften Wirklichkeit: die Sagen und Legenden in Beziehung zu Mythos und Märchen.

150 Vgl. a.a.O., I 150.

151 EDZARD STORCK: Alte und neue Schöpfung in den Märchen der Brüder Grimm, 390, sieht in dem Mädchen »die unschuldig reine Kindesnatur eines Menschen« dargestellt, »der sich anschickt, in die göttlich-geistige Welt zu gehen.« »Die Liebeskräfte kindlicher Herzenseinfalt und der Beistand der Verstorbenen – in unserem Märchen Vater und Mutter – können einer Seele Hilfe sein, wenn sie die Schwelle des Todes überschreitet und in einer geistigen Seinsweise neu geboren wird.« Doch wie weit von der sozialen und psychischen Lage eines solchen Kindes entfernt sich eine derartige Deutung?

152 HERMANN HESSE: Kindheit und Jugend vor 1900, Hermann Hesse in Briefen und Lebenszeugnissen, 1. Bd., 268–269, Brief vom 14. Sept. 1892.

153 HARALD SCHULTZ-HENCKE: Der gehemmte Mensch, 23–28: Das Behaltenwollen, die retentive Tendenz.

154 Eine solche liegt vor, wenn FRIEDEL LENZ: Bildsprache der Märchen, 272, *ohne* Durcharbeitung der Psychologie des Märchens schreibt: »Wer Denken, Fühlen und Wollen (sc. Mütze, Hemd und Röckchen, d.V.) bis hinab ins Unterbewußtsein in selbstloser Weise dahingibt, wird nicht ärmer, denn Mitleid und Liebe sind höchste Erkenntniskräfte und führen zu innerem Reichtum. Dieser Reichtum kommt aus der Welt der Moral, aus der Sternenwelt.«

155 Vgl. SIGMUND FREUD: Die Zukunft einer Illusion, in: Ges. Werke, XIV 373–374: »Dadurch, daß er (sc. der Mensch, d.V.) seine Erwartungen vom Jenseits abzieht und alle freigewordenen Kräfte auf das irdische Leben konzentriert, wird er wahrscheinlich erreichen können, daß das Leben für alle erträglich wird und die Kultur keinen mehr erdrückt.«

156 René Magritte, Text von René Passeron, S. 64.

157 RENÉ DESCARTES: Aus den Meditationen, 3. Meditation, Nr. 41, S. 117: »ich habe sie (sc. die Idee von Gott, d.V.) weder aus den Sinnen geschöpft, noch auch ist sie mir jemals wider mein Erwarten gekommen … Ebensowenig aber habe ich sie mir ausgedacht; denn ich kann durchaus nichts von ihr wegnehmen, auch nichts ihr hinzufügen. Es bleibt demnach nur übrig, daß sie mir eingeboren ist, ebenso wie mir auch die Idee meiner selbst eingeboren ist.«

158 Vor allem CARL GUSTAV JUNG: Über den Archetypus mit besonderer Berücksichtigung des Animabegriffs, in: Ges. Werke, IX 1, S. 72, hat sich (immer wieder) gegen »das allgemeine Vorurteil« gewehrt, »daß die allein wesentliche Grundlage unserer Erkenntnis ausschließlich von außen gegeben sei.«

159 Vgl. CARL GUSTAV JUNG: Die psychologischen Aspekte des Mutterarchetypus, in: Ges. Werke, IX 1, S. 115: »Die Trägerin des Archetypus ist in erster Linie die persönliche Mutter, weil das Kind zunächst in ausschließlicher Partizipation, das heißt in unbewußter Identität mit ihr lebt. Die Mutter ist nicht nur die

physische, sondern auch die psychische Vorbedingung des Kindes.« Näherhin stelle die Mutter die Form, der Vater die Dynamik des Archetypus dar.

160 Vgl. LUDWIG FEUERBACH: Das Wesen des Christentums, 2. Teil, Der Widerspruch in dem Begriff der Existenz Gottes, S. 234: »Gott, das objektive Wesen der Religion, ist das sich selbst gegenständliche Wesen des Menschen. Die Religion ist das kindliche Wesen der Menschheit … Die Religion … vergegenständlicht das menschliche Wesen. Dies ist das allgemeine Wesen der Religion.«

161 JEAN-PAUL SARTRE: Das Sein und das Nichts, 2. Teil, III 138–151: Das Für-sich und das Sein des Wertes. Vgl. E. DREWERMANN: Strukturen des Bösen, III 203–204: Kontingenz und Transzendenz (bei Sartre).

162 Vgl. E. DREWERMANN: Das Johannes-Evangelium, I 265–278: Joh 6,1–21: Brotvermehrung und Seewandel oder: Großzügiges Geben und furchtloses Gehen. – An dieser Stelle trifft die Feststellung von FRIEDEL LENZ: Bildsprache der Märchen, 272, vollkommen zu, wenn er meint: »… die kindhafte Seele vermag diesen Schatz an Weisheit zu erfassen und zu bewahren, denn er ist vom Himmel gemünzt.« Auch verweist er auf das neue »Hemdlein aus allerfeinstem Linnen … Allerfeinstes Linnen deutet auf höchste Vollendung im Gedanklichen hin.« Eher könnte man sich jedoch an Apk 19,8 erinnert fühlen, wo die »Braut« des »Lammes« bekleidet wird »mit schönem reinem Leinen.« Ausdrücklich aber heißt es dort: »Das Leinen … ist die Gerechtigkeit der Heiligen.« Vgl. Jes 61,10. So auch EDZARD STORCK: Alte und neue Schöpfung in den Märchen der Brüder Grimm, 391, der in den Sternen, die vom Himmel fallen, die apokalyptische Szene von Mt 24,29 aufgegriffen findet; doch geht es hier nicht »um die Verwandlung des ganzen Kosmos … im Durchbruch der neuen Schöpfung in der todesverhafteten, alten Schöpfung«, sondern um ein geistliches »Gesetz« des Gebens. LENZ: A.a.O., 272, resümiert: »Unser Märchen könnte aus den Kreisen der Mystiker stammen, und zwar eines Meister Eckehart, eines Johannes Tauler, im 13.–14. Jh. Denn sie hatten die Lehre: ›O Mensch, entäußere dich; je mehr du dich verschenkst, desto reicher wirst du. ‹«

163 JUSTINE MOL: Die Giraffe und der Schakal in uns, 117–118.

164 T. C. MCLUHAN: … Wie der Hauch eines Büffels im Winter, 29.

165 Vgl. MIRCEA ELIADE: Die Sehnsucht nach dem Ursprung, 115–141: Paradies und Utopie: Mythische Geographie und Eschatologie; 142–157: Initiation und moderne Welt.

166 Vgl. E. DREWERMANN: Strukturen des Bösen, 1. Bd., S. XVIII–XXXI: Das Selbstverständnis der jahwistischen Urgeschichte als einer Anfangserzählung.

167 A.a.O., I 21.

168 THEODOR FONTANE: Werke, I 12.

169 *Die Legenda aurea*, 194–195.

170 A.a.O., 195.

171 A.a.O., 195.

172 A.a.O., 195.

173 Vgl. *Catéchisme de l'Église Catholique*, Nr. 2515, wo die Rede geht vom »Gebrauch der … tierischen Ressourcen der Welt«, auch wenn das Verfügungsrecht, das Gott dem Menschen gegenüber den Tieren gegeben habe, als »nicht absolut« bezeichnet wird. Nr. 2418 erklärt, es sei »gegen die menschliche Würde«, »Tiere unnütz leiden zu lassen«.

174 Vgl. E. DREWERMANN: Der tödliche Fortschritt, 36–37.

175 A.a.O., 67–110: Die christliche Anthropozentrik und die Zerstörung der Natur.

176 Vgl. E. DREWERMANN: Der siebte Tag, 198–269: Die Frage nach dem Schöpfergott im Angesicht des Menschen.

177 Vgl. *Die Blümlein* XL, in: Franz von Assisi: Die Werke, 122–124: Die Predigt zu den Fischen; THOMAS VON CELANO: Leben und Wunder des hl. Franziskus, 2. Lebensbeschreibung, Kap CXXV–CXXX, S. 367–371, – zum Umgang mit den Tieren. Vgl. auch THOMAS VON CELANO: Das Mirakelbuch IV in: A.a.O., S. 432–435: Seine (des Franziskus) Gewalt über die beseelten Geschöpfe.

178 *Die Blümlein* XXI, in: Franz von Assisi: Die Werke, 93–95.

179 So der Grundgedanke bei LUISE RINSER: Den Wolf umarmen, 145: »es gibt nur Polaritäten, der Tag ist nicht Tag, wenn es keine Nacht gibt … Einmal *sah* ich das Universum als einen ungeheueren Wirbel von Licht und Schwärze, und das war Gott.« Im Sinne des Franziskus freilich sollte man sagen: Gott ist das Gegenüber jenseits des Universums, von dem her es möglich ist, diese Welt in ihrer Widersprüchlichkeit zu akzeptieren und ihre leidenden Kreaturen zu lieben.

180 Vgl. IVAN GOBRY: Franz von Assisi, 20–25: Die Etappen der Bekehrung.

181 JUAN RAMÓN JIMÉNEZ: Platero und ich, CXII, S. 231–232.

182 A.a.O., 30–31: XIII. Schwalben.

183 MARTIN BUBER: Die Erzählungen der Chassidim, 365–366.

184 FRANZ KAFKA: Josefine, die Sängerin oder: Das Volk der Mäuse (1924), in: Sämtliche Erzählungen, 178.

185 A.a.O., 178–179.

186 RUDOLF GEIGER: Märchenkunde, 370, betont, daß die »Grafen … Beamte des Königs oder Kaisers« waren. »Ihnen oblag, die Wehr- und Finanzrechte des Reichsherrn in ihrem Amtsbezirk wahrzunehmen, den Gesetzen Nachdruck zu verleihen, Streitigkeiten zu schlichten … Wenn das Märchen vom Grafen spricht, so meint es einen Hüter irdischer Ordnung.« Aber, fragt er S. 382–383: »Warum spielt das Märchen in der Schweiz?« und verweist auf Nikolaus von der Flüe. »Auf einem solchen Boden, eben einer Schweiz als *geistiger* Lokalität, konnte ein Märchen wie die ›Drei Sprachen‹ sich bilden und gedeihen: ein Märchen mit Ausblicken in eine verborgene zukunftskeimende Spiritualität, die in ein neues und ursprüngliches Elementarleben eingebettet ist und in Inspirationswelten hinaufreicht.« Richtig meint RUDOLF MEYER: Die Weisheit der deutschen Volksmärchen, 126, zu dem Verhältnis des »Grafen« zu seinem Sohn: »Unverbrauchte Gemüts- und Willenskräfte schlummern in diesem Knaben; Kräfte, für die der Vater, der ihm um jeden Preis etwas ›in den Kopf bringen‹ will, gar kein Verständnis hat.«

187 Vgl. KONRAD LORENZ: So kam der Mensch auf den Hund, 95. RUDOLF GEIGER: Märchenkunde, 371–372, vermerkt: »Leidenschaftlichste Teilnahme scheint aller Hunde gemeinschaftliches Merkmal – ob im Schmerz oder in der Lust am Dasein, bleibt offen.« »Der Hund ist das dem Menschen engst verbundene Haustier und dadurch das unfreieste der Tiere. Es hungert nach einem freundlichen Blick und guten Wort seines Herrn, nährt sich von Zuneigung und verkümmert ohne Wohlwollen.« Aber: »Hunde jagen das Wild. Der Jäger hat sie dienstbar gemacht, er hat sich das Schnobernde, Stöbernde, Streitbare, Kampfsüchtige, Zerreißlustige, Heißwütige, kurz den Leidenschaftscharakter der Hundenatur verpflichtet.« Wesentlich geht es, wie sich noch zeigen wird, beim Erlernen der Hundesprache um die Integration oraler Aggressionen. Vor allem BRUNO BETTELHEIM: Kinder brauchen Märchen, 98, sieht in den Hunden »die gewalttätigen, aggressiven und destruktiven Triebe im Menschen« verkörpert und meint: »Wenn wir von diesen Trieben entfremdet bleiben, können sie uns zerstören, so wie die Hunde immer wieder (sc. später bei dem »Burgherrn«, d.V.) einen Menschen verschlingen.« Doch müßte das Problem der (unterdrückten!) Aggression von der Beziehung zwischen Vater und Sohn entwickelt werden, und insbesondere die kulturelle Problematik des »Lernens« sowie die Kulturkritik des Märchens an der Art des Umgangs mit den Tieren berücksichtigt BETTELHEIM nicht.

188 HOMER: Odyssee, II 147–154, nach Roland Hampe, S. 43.

189 A.a.O., XV 160–161; S. 465; 467.

190 A.a.O., XV 525–527; S. 489.

191 A.a.O., XX 242–243; S. 639.

192 *Nordische Nibelungen*, 48.

193 A.a.O., 66.

194 EDMUND MUDRAK (Hg.): Deutsche Heldensagen, in: Die Sagen der Germanen, 218–219.

195 Vgl. GEOFFREY GRIGSON: Aphrodite, 194–200: Ihre Tauben.

196 A.a.O., 30–31. – BRUNO BETTELHEIM: Kinder brauchen Märchen, 97, sieht zu Recht in den Vögeln »die Freiheit der Seele, sich aufzuschwingen«, verkörpert, »scheinbar frei von allem, was uns an die irdische Existenz bindet ... Die Vögel verkörpern das Über-Ich mit seinem Streben nach hohen Zielen ..., mit seiner hochfliegenden Phantasie.« Das so Vorgestellte schließt die Vollkommenheit von Schönheit und Liebe nicht aus, sondern ein.

197 Vgl. HERBERT BRUNS: Felsentaube und Haustaube, in: Grzimeks Tierleben, VIII: Vögel 2, S. 242–250; S. 250: »Sicher begann die Taubenzucht schon im vierten Jahrtausend vor Christus in Ägypten, in Mittelasien wohl noch früher. Im Jahre 478 v. Chr. wurde die erste weiße Taube in Griechenland vermerkt. Brieftauben verwendete man bereits kurze Zeit später. Unzählige Tauben wurden im Tempel von Jerusalem geopfert. Am Ölberg hielt man in einem Taubenhaus rund fünftausend dieser Vögel. Bei den ältesten Völkern des Morgenlandes standen die Tauben nach den Angaben von Herodot und anderen Gewährsleuten in hohem Ansehen. Sie konnten in den Tempeln nisten und durften nicht gestört werden.«

198 A.a.O., S. 242: »Die Felsentaube … ist die Stammform unserer Haustaube … – Verwilderte Haustauben lassen sich schwer von der Felsentaube unterscheiden … Sie haben ein noch größeres Verbreitungsgebiet als die Felsentauben; zu Tausenden leben sie vor allem in den meisten Großstädten Europas, Amerikas und Asiens. Die Zunahme ihrer Bestände wird begünstigt durch den Rückgang der natürlichen Feinde, vor allem der Greifvögel, und durch die tierliebende Bevölkerung, die sie füttert. Man kann dieses starke Anwachsen fast mit der Bevölkerungslawine des Menschen vergleichen. Die Bevölkerungsregelung oder ›Familienplanung‹ der Stadttauben ist zu einer brennenden Frage geworden.«

199 Zum Beispiel in *Schneewittchen* (KHM 53) und in *Das Mädchen ohne Hände* (KHM 31). RUDOLF GEIGER: Märchenkunde, 173–374, verweist zu Recht auf das Mitleid der Diener des Grafen »mit diesem Menschen, der nur noch Mensch ist, nichts mehr sonst; ausgestoßen, vaterlos (verwaist? wo ist seine Mutter?).« »Mitleid rettet dem Ausgestoßenen das Leben; an seiner Statt stirbt das Reh. Das Blutgericht trifft ein Tier, unschuldig wie je ein Sündenlamm oder ein Brandopferwidder.« BRUNO BETTELHEIM: Kinder brauchen Märchen, 95, verweist darauf, daß offenbar nicht alle Erwachsenen so sind wie dieser Graf und daß zudem Eltern, wenn sie ihre Macht mißbrauchen, ihre Autorität verlieren. Denken läßt sich aber auch an eine innere Zwiespältigkeit des Vaters, der seinen Sohn zwar »ermorden« möchte, doch nicht um ihn zu töten, sondern nur um ihn loszuwerden.

200 OVID: Metamorphosen, VI 349–359, S. 193.

201 A.a.O., VI 369–381, S. 194. – BRUNO BETTELHEIM: Kinder brauchen Märchen, 97, sieht in den »Fröschen« »den ältesten Teil des menschlichen Wesens, das Es«, versinnbildet; doch den Abstieg zu wachsender »Primitivität« und damit die Steigerung des väterlichen Zorns versteht man damit noch nicht.

202 Vgl. MARSHALL B. ROSENBERG: Erziehung, die das Leben bereichert, 53–55: Übung 3: Zu Bedürfnissen stehen.

203 RUDOLF MEYER: Die Weisheit der deutschen Volksmärchen, 127–128, erinnert an Herakles, der den Höllenhund »aus der Tiefe herausbringen« mußte, und an Odin, der »auf seinem Ritt zur Hel von dem Hunde umbellt« wurde. – Die Sage von Theseus und dem Minotauros erzählt PLUTARCH: Theseus XV – XIX, in: Lebensbeschreibungen, 1. Bd., 39–44.

204 Man muß sich an das Grauen, ja, an die schiere Fassungslosigkeit erinnern, mit der man Anfang der 50er des 20. Jahrhunderts in Deutschland zu dem »Vorbildland« USA hinüberschaute und miterlebte, wie dort die »Nutztierhaltung« »industrialisiert« wurde, um sie ökonomisch »effizienter« zu gestalten. Zur Massentierhaltung vgl. E. DREWERMANN: *Der tödliche Fortschritt*, 188–192; zu den Tierversuchen, S. 291–294. Widerstand regt sich seit Jahrzehnten, stößt aber bei den Regierenden auf taube Ohren. Als z. B. am 22.1.12 nach einem Bericht der *dpa* etwa 23 000 Menschen in Berlin zum Auftakt der Grünen Woche für einen Kurswechsel in der Agrarpolitik demonstrierten und mit dem Motto »Wir haben es satt« zum Kanzleramt zogen, erklärte Bauernpräsident Gerd Sonnleitner, wie üblich, »die Demonstranten vermittelten ein falsches Bild der

Landwirtschaft.« Westfalenblatt, 23.1.12. Allenfalls die Furcht vor Antibiotika-resistenten Keimen, etwa dem Methicillin-resistenten Staphylococcus aureus, MRSA, die sich durch die Tiermast ausbreiten, scheint ein Umdenken – mit Rücksicht auf den Menschen! – einzuleiten. Vgl. BERND BEXTE: Erhöhtes Risiko für Landwirte, in: Westfalenblatt, 10.1.12.

205 Westfalenblatt, 3./4.3.12.

206 RUDOLF GEIGER: Märchenkunde, 378–379, meint zur Symbolik der Frösche: »Sie werden als reine Wassergeschöpfe geboren, wandeln die frühe Kiemenatmung in eine Lungenatmung um, die sie dann auch zum Leben am festen Ufer befähigt ... Fische bleiben (sc. für menschliche Ohren, d.V.) stumm, um so lauter quarren die Frösche.« »Die Frösche wohnen, wo das *Werdende* sich bildet, das, was noch nicht ganz ins Irdische hineingeboren, aber ›auf dem Wege‹ dahin ist.«

207 T. C. MCLUHAN: ... wie der Hauch eines Büffels im Winter, 12.

208 A.a.O., 21.

209 KONRAD LORENZ: Rettet die Hoffnung, 246.

210 KONRAD LORENZ: Die acht Todsünden der zivilisierten Menschheit, 28.

211 KONRAD LORENZ: Rettet die Hoffnung, 249.

212 A.a.O., 247.

213 A.a.O., 189; 190.

214 A.a.O., 197.

215 A.a.O., 192; 193.

216 KONRAD LORENZ: So kam der Mensch auf den Hund, 44.

217 Auf die geistige Bedeutung der Rom(Wall)fahrt verweist RUDOLF MEYER: Die Weisheit der deutschen Volksmärchen, 129: »Rom galt als die Hüterin uralt-heiliger Überlieferungen. Wenn man nach dem Ewigen im Menschen fragte ..., so wandte man sich an die kirchlichen Traditionen. Aber die Handlung des Märchens versetzt uns an einen geschichtlichen Wendepunkt. Die Kette der religiösen Überlieferungen droht abzureißen. Es bedarf eines ›Wunders von oben‹, eines Neueinschlages aus göttlichen Welten, wenn das Christentum noch eine Fortsetzung finden soll.«

218 ARTHUR SCHOPENHAUER: Parerga und Paralipomena, 2. Bd., § 177: Über das Christenthum, in: Sämtliche Werke, Bd. 6, S. 393.

219 Vgl. E. DREWERMANN: Der tödliche Fortschritt, 103–107.

220 ARTHUR SCHOPENHAUER: Parerga und Paralipomena, 2. Bd. § 177, in: Sämtliche Werke, Bd. 6, S. 394–395.

221 A.a.O., 398–399.

222 *Catéchisme de l'Église Catholique*, Nr. 2417.

223 A.a.O., Nr. 2418.

224 Vgl. E. DREWERMANN: ... und es geschah so, 123–144: Biologische Einsichten und theologische Folgerungen.

225 RUDOLF GEIGER: Märchenkunde, 379, meint: »Sie (sc. die Frösche, d.V.) quaken das aus, was der Jüngling mitbringt, was er in die Atmosphäre hinein ausstrahlt. Sie quaken aber auch das aus, was sich aus der Atmosphäre heraus an ihn hin-

bildet (aus der Wetterzone heraus, denn sie sind ja die Wetterpropheten) – und so werden sie zur Stimme der atmosphärischen Erwartungen an den Jüngling.«

226 Andere Redensarten von Fröschen bei *Harenberg Lexikon der Sprichworte und Zitate*, 376.

227 E. DREWERMANN: ... und es geschah so, 535–544: Der »Landgang« der Tiere im Devon und Karbon.

228 Vgl. HEINRICH GREEVEN: *peristerá* (Taube), in: Theologisches Wörterbuch zum Neuen Testament, VI 63–72. Als Sinnbild der Lauterkeit erscheint die Taube in Mt 10,16, im Gegensatz zur Schlange in Gen 3,1. Dieser Kontrast beeinflußt die Gnosis ebenso wie den Manichäismus.

229 Vgl. E. DREWERMANN: Aschenputtel, 114–115. – RUDOLF GEIGER: Märchenkunde, 382, faßt die »Hunde«, die »Vögel« und die »Frösche«, deren Sprache der Jüngling bis hin zu seiner Papstkrönung erlernt hat, zusammen als Ehrfurcht »vor dem, was *unter* uns ist« – die »chthonischen Kräfte –, »vor dem, was über uns ist« – die »Klarheit der Vernunft« –, und »vor dem, was *neben* uns ist: die eigentliche Menschenachtung.« Ähnlich ordnet in psychoanalytischer Betrachtung BRUNO BETTELHEIM: Kinder brauchen Märchen, 97, die Hunde dem Ich, die Vögel dem Überich und die Frösche dem Es zu; eine in sich integrierte Persönlichkeit als »Papst«, als Interpret des Religiösen, – auch dieser Wunsch enthält ein zentrales Anliegen des Märchens, doch darf über die Symboldeutung der »inneren Tiere« die Realität des »Sprechens« mit den Mitgeschöpfen sich nicht in Luft auflösen.

230 Vgl. KONRAD LORENZ: Er redete mit dem Vieh, den Vögeln und den Fischen, 123. – RUDOLF MEYER: Die Weisheit der deutschen Volksmärchen, 129, resümiert: »Die Tauben auf seinen (sc. des Jünglings, d.V.) Schultern raunen ihm die göttlichen Worte ins Ohr. Wir aber ahnen, daß es eine andere, eine neu dem Geiste entströmende Opferhandlung gewesen sein muß, die von seinen Lippen erklang.«

231 Meister Bertram von Minden: Der Hochaltar von St. Petri, in: Goldgrund und Himmelslicht, 98–111, S. 102.

232 JUAN RAMÓN JIMÉNEZ: Platero und ich, 121–122.

Bibliographie

(zitiert stets nach der letztgenannten Ausgabe)

AISCHYLOS: Die Schutzflehenden, in: Tragödien, übers. v. Oskar Werner, hg. v. B. Zimmermann, Düsseldorf – Zürich (Tusculum) [6]2005

ARISTOPHANES: Die Vögel, in: Sämtliche Komödien, hg. u. mit Einleitungen u. Nachw. vers. v. Hans-Joachim Newiger; Neubearbeitung der Übers. v. Ludwig Seeger, Frankfurt/M 1845–1848, mit Anmerkungen v. Hans-Joachim Newiger u. Peter Rau, München (dtv 6066) 1976

LUDWIG BECHSTEIN: Sämtliche Märchen. Vollständige Ausgabe (Deutsches Märchenbuch, 1857) Zürich 1974, mit 187 Illustrationen von Ludwig Richter

ALFRED BERTHOLET: Wörterbuch der Religionen, 3. Aufl. neu bearb., erg. u. hg. v. Kurt Goldammer, Stuttgart (Kröner Tb. 125) 1976

Meister Bertram von Minden. Der Hochaltar von St. Petri (früher »Grabower Altar« genannt) 1379–1383, in: Goldgrund und Himmelslicht. Die Kunst des Mittelalters in Hamburg, 19.11.99 – 5.3.2000, Katalog, Hamburger Kunsthalle, hg. v. Uwe M. Schneede, S. 98–111

BRUNO BETTELHEIM: The Uses of Enchantment, New York 1975; dt.: Kinder brauchen Märchen, übers. v. Liselotte Mickel u. Brigitte Weitbrecht, Stuttgart 1977

OTTO BETZ: Der abwesend-anwesende Gott in den Volksmärchen, in: Gott im Märchen, im Auftrag der europäischen Märchengesellschaft hg. v. Jürgen Janning, Heino Gehrts, Herbert Ossowski u. Dietrich Thyen, Kassel 1982, 9–24.

BERND BEXTE: Erhöhtes Risiko für Landwirte, in: Westfalenblatt, 20.1.12

HERBERT BRUNS: Felsentaube und Haustaube, in: Grzimeks Tierleben. Enzyklopädie des Tierreiches, Zürich 1970; München (dtv) 1980, Bd. 8: Vögel 2, S. 242–250

MARTIN BUBER: Vom Leben der Chassidim (1908), in: Werke, 3. Bd.: Schriften zum Chassidismus, München – Heidelberg 1963, 19–45

MARTIN BUBER: Die Erzählungen der Chassidim (1949), in: Werke, 3. Bd.: Schriften zum Chassidismus, München – Heidelberg 1963, 69–712

MARTIN BUBER: Der Weg des Menschen nach der chassidischen Lehre (1948), in: Werke, 3. Bd.: Schriften zum Chassidismus, München – Heidelberg 1963, 713–738

MARTIN BUBER: Die chassidische Botschaft (1952), in: Werke, 3. Bd.: Schriften zum Chassidismus, München – Heidelberg 1963, 739–894

Catéchisme de l'Église Catholique, Paris 1992

THOMAS VON CELANO: Leben und Wunder des heiligen Franziskus von Assisi. Einführung, Übers. u. Anm. v. Engelbert Grau, Werl (Franziskanische Quellenschriften 5) [4](neu bearb.) 1988, 217–416: Zweite Lebensbeschreibung

THOMAS VON CELANO: Das Mirakelbuch, in: Leben und Wunder des heiligen Franziskus. Einführung, Übers. u. Anm. v. Engelbert Grau, Werk (Franziskanische Quellenschriften 5) [4](neu bearb.) 1988, 417–490

RENÉ DESCARTES: Aus den Meditationen (1637), in: Descartes. Ausw. u. Einl. v. Ivo Frenzel, Hamburg (Fischer Tb. 357) 1960

FJODOR MICHAILOWITSCH DOSTOJEWSKI: Schuld und Sühne. Roman in sechs Teilen und einem Epilog (1866), übers. v. Werner Bergengruen, München (Droemer) o.J.

EUGEN DREWERMANN: Strukturen des Bösen, 1. Bd.: Die jahwistische Urgeschichte in exegetischer Sicht, Paderborn (Paderborner Theologische Studien) 1978; [10]1995; 2. Bd.: Die jahwistische Urgeschichte in psychoanalytischer Sicht, 1977; [8]2000; 3. Bd.: Die jahwistische Urgeschichte in philosophischer Sicht, 1978; [9]2000

EUGEN DREWERMANN: Der tödliche Fortschritt. Von der Zerstörung der Erde und des Menschen im Erbe des Christentums, Regensburg 1981; [6](erw. u. aktual.) 1990

EUGEN DREWERMANN: Frau Holle. Grimms Märchen tiefenpsychologisch gedeutet, 1982; [10]1994; Düsseldorf – Zürich (erw.) 2003

EUGEN DREWERMANN: Tiefenpsychologie und Exegese, 1. Bd.: Die Wahrheit der Formen. Traum, Mythos, Märchen, Sage und Legende, Olten – Freiburg 1984; [8]1990

EUGEN DREWERMANN: Das Markus-Evangelium. Bilder von Erlösung, 2 Bde. (1987–1988) Düsseldorf – Zürich, 1. Bd. [9]2000; 2. Bd. [6]2003

EUGEN DREWERMANN: Dat Mäken von Brakel, in: Rapunzel, Rapunzel, laß dein Haar herunter. Grimms Märchen tiefenpsychologisch gedeutet, München (dtv 35056) 1992; [8]2004, 221–228

EUGEN DREWERMANN: Aschenputtel. Grimms Märchen tiefenpsychologisch gedeutet, 1993; Düsseldorf – Zürich 2003

EUGEN DREWERMANN: Das Matthäus-Evangelium. Bilder der Erfüllung, 3 Bde., Olten – Freiburg 1992–1995

EUGEN DREWERMANN: Den eigenen Weg gehen. Predigten zu den Büchern Exodus bis Richter, München 1995

EUGEN DREWERMANN: Jesus von Nazareth. Befreiung zum Frieden, Düsseldorf – Zürich 1996, [6]2001

EUGEN DREWERMANN: Der sechste Tag. Die Herkunft des Menschen und die Frage nach Gott, 1998; Düsseldorf – Zürich [3](erw.) 2004

EUGEN DREWERMANN: ... und es geschah so. Die moderne Biologie und die Frage nach Gott, Zürich – Düsseldorf 1999

EUGEN DREWERMANN: Und der Fisch spie Jona an Land. Das Buch Jona tiefenpsychologisch gedeutet, Düsseldorf – Zürich 2001; [2]2003

EUGEN DREWERMANN: Das Johannes-Evangelium. Bilder einer neuen Welt, 2 Bde., Düsseldorf 2003; [2]2007

EUGEN DREWERMANN: Atem des Lebens. Die moderne Neurologie und die Frage nach Gott, 2 Bde., Düsseldorf 2006–2007

EUGEN DREWERMANN: Das Lukas-Evangelium. Bilder erinnerter Zukunft, 2 Bde., Düsseldorf 2009

EUGEN DREWERMANN: Der Bärenhäuter oder: die fast unmögliche Reifung zur Liebe, in: Heimkehrer aus der Hölle. Märchen von Kriegsverletzungen und ihrer Heilung, Ostfildern 2010, 115–166

EUGEN DREWERMANN: Die Apostelgeschichte. Wege zur Menschlichkeit, Ostfildern 2011

EUGEN DREWERMANN: Marienkind oder: Die Wahrheit wird euch frei machen, in: Vom Weg der Liebe. Aschenputtel, Schneewittchen und Marienkind tiefenpsychologisch gedeutet, Ostfildern 2011, 273–338

EUGEN DREWERMANN – MICHAEL ALBUS: Die großen Fragen oder: Menschlich von Gott reden, Ostfildern 2012

UMBERTO ECO: Il nome della rosa, Milano 1980; dt.: Der Name der Rose, übers. v. Burkhart Kroeber, München – Wien 1982; [23]1983

MIRCEA ELIADE: Le chamanisme et les techniques archaiques de l' exstase, Paris 1951; Paris 1951; dt.: Schamanismus und archaische Ekstasetechnik, übers. v. Inge Köck, Zürich 1957; Frankfurt/M (Suhrkamp Tb. Wiss. 126) 1975

MIRCEA ELIADE: The Quest, Chicago 1969; dt.: Die Sehnsucht nach dem Ursprung. Von den Quellen der Humanität, übers. v. Hella Bronold, Wien 1973

LUDWIG FEUERBACH: Das Wesen der Religion (1846), in: Werke in 6 Bden., hg. v. Erich Thies, Bd. 4: Kritiken und Abhandlungen III (1844–1866), Frankfurt/M 1975, 81–153

LUDWIG FEUERBACH: Das Wesen des Christentums, Leipzig 1841; in: Werke in 6 Bden., hg. v. Erich Thies, Bd. 5, Frankfurt/M 1976

JOHANN GOTTLIEB FICHTE: Grundlage des Naturrechts nach Prinzipien der Wissenschaftslehre, Jena – Leipzig 1976; Neudruck nach der 2. v. F. Medicus hg. Aufl. v. 1922; Hamburg (Philos. Bibl. 256), eingel. u. mit Reg. vers. v. M. Zahn, 1960

THEODOR FONTANE: Werke in 4 Bänden, hg. v. Hannsludwig Geiger, Bd. 1: Gedichte, Romane, Erzählungen. Wiesbaden (Emil Vollmer Verl.) o.J.

FRANZ VON ASSISI: Die Werke. Sonnengesang, Testament, Ordensregeln, Briefe. – Die Blümlein, übers. v. Wolfram von den Steinen und Max Kirschstein, Hamburg (rk 34) 1958

ANNA FREUD: Das Ich und die Abwehrmechanismen (1936), München (Kindler Tb. 2001) o.J.

SIGMUND FREUD: Totem und Tabu (1913), in: Gesammelte Werke, Bd. 9, London 1940

SIGMUND FREUD: Zur Einführung des Narzißmus (1914), in: Gesammelte Werke, Bd. 10, London 1946, 137–170

SIGMUND FREUD: Vorlesungen zur Einführung in die Psychoanalyse (1917), in: Gesammelte Werke, Bd. 11, London 1940

SIGMUND FREUD: Hemmung, Symptom und Angst (1926), in: Gesammelte Werke, Bd. 14, London 1948, 111–205

SIGMUND FREUD: Die Zukunft einer Illusion (1927), in: Gesammelte Werke, Bd. 14, London 1948, 323–380

SUSANNE FRÖMEL: Burnout-Syndrom. Das verlorene Selbst, in: GEO Wissen, Nr. 48, 2011, 42–57

HANS FERDINAND FUHS: Ezechiel 1–24, Würzburg (Die Neue Echter Bibel, Lfg. 7) 1984

RUDOLF GEIGER: Märchenkunde. Mensch und Schicksal im Spiegel der Grimmschen Märchen, Stuttgart 1982

HANS VON GEISAU: *Ambrosia*, in: Konrat Ziegler – Walther Sontheimer: Der Kleine Pauly. Lexikon der Antike, Bd. 1 (München 1975) München (dtv 5963) 1979, 295–296

Das Gilgamesch-Epos, neu übers. u. komm. v. Stefan M. Maul München 2005

HELMUTH VON GLASENAPP: Die nichtchristlichen Religionen, Frankfurt/M (Fischer Lexikon 1) 1957, 288–300: Zarathustrische Religion

IVAN GOBRY: Franz von Assisi in Selbstzeugnissen und Bilddokumenten, aus dem Franz. v. Oswalt v. Nostitz, Hamburg (rm 16) 1958

Van Gogh. Ed. by Meyer Shapiro, New York 1988, aus dem Amerik. v. Bodo Cichy, Köln 1988

HEINRICH GREEVEN: *peristerá* (Taube), in: Theologisches Wörterbuch zum Neuen Testament, Bd. 6, hg. v. Gerhard Friedrich, Stuttgart 1959, 63–72

HUGO GRESSMANN: Vom reichen Mann und armen Lazarus, in: Abhandlungen der preußischen Akademie der Wissenschaften, phil.-hist. Klasse Nr. 7, 1918

GEOFFREY GRIGSON: The Goddess of Love, London 1976; dt.: Aphrodite. Göttin der Liebe, übers. v. Eva Korhammer, Bergisch Gladbach (Bastei-Lübbe-Tb. 60035) 1978

RAINER HANNIG: Großes Handwörterbuch Ägyptisch-Deutsch (2800–950 v. Chr.), Mainz (Kulturgeschichte der Antiken Welt Bd. 64) 1995

KURT HEINRICH HANSEN: Go down, Moses. 100 Spirituals and Gospel Songs. Originaltext und deutsche Fassung. Ausgewählt, übertragen und eingel. v. K. H. Hansen, Hamburg (Bd. 26 der Stundenbücher) 1963

Harenberg Lexikon der Sprichwörter und Zitate, Redaktion: Brigitte Beier, Matthias Herkt, Bernhard Pollmann, Barbara Pietsch. Dortmund 1997

HERMANN HESSE: Kindheit und Jugend vor 1900, Hermann Hesse in Briefen und Lebenszeugnissen, 1. Bd.: 1877–1895, hg. v. N. Hesse, Frankfurt (st 1002) 1984

DIERK HIRSCHEL: Armut und Reichtum, in: G. Gillen – W. van Rossum (Hg.): Schwarzbuch Deutschland. Das Handbuch der vermißten Informationen, Hamburg 2009, 46–57

HOMER: Die Odyssee, übers. in deutscher Prosa von Wolfgang Schadewaldt, Hamburg (rk 29–30) 1958

HOMER: Odyssee, Griechisch-Deutsch, Übers., Nachw. u. Register von Roland Hampe, Stuttgart (reclam 18640) 1979; 2010

Homerische Hymnen, Übertragung, Einführung und Erläuterung von Karl Arno Pfeiff, hg. v. Gerd von Gönna u. Erika Simon, Tübingen (Ad Fontes Bd. 8) 2002; [2]2010

JOACHIM JEREMIAS: Jerusalem zur Zeit Jesu. Eine kulturgeschichtliche Untersuchung zur neutestamentlichen Zeitgeschichte, Göttingen [3](neubearb.) 1962

CARL GUSTAV JUNG: Symbole der Wandlung. Analyse des Vorspiels zu einer Schizophrenie (1952; Neubearbeitung von »Wandlungen und Symbole der Libido«, 1912); in: Gesammelte Werke, Bd. 5: Symbole der Wandlung, Olten – Freiburg 1973

CARL GUSTAV JUNG: Über den Archetypus mit besonderer Berücksichtigung des Animabegriffes (1936), in: Gesammelte Werke, 9. Bd., 1. Teil: Die Archetypen und das kollektive Unbewußte, Olten – Freiburg 1976, 67–87

CARL GUSTAV JUNG: Die psychologischen Aspekte des Mutterarchetypus (1939), in: Gesammelte Werke, 9. Bd., 1. Teil: Die Archetypen und das kollektive Unbewußte, Olten – Freiburg 1976, 89–123

FRANZ KAFKA: Josefine, die Sängerin oder Das Volk der Mäuse, in: Ein Hungerkünstler. Vier Geschichten, Berlin 1924; in: Sämtliche Erzählungen, hg. v. Paul Raabe, Frankfurt/M (Fischer Tb. 1078) 1970, 172–185

FRANZ KAFKA: Der Prozeß (Berlin 1935; New York 1946), Frankfurt/M – Hamburg (Fischer EC 3) 1960

IMMANUEL KANT: Die Metaphysik der Sitten. Erstes Blatt: Die Metaphysik der Sitten; zweites Blatt: Metaphysische Anfangsgründe der

Rechtslehre, Königsberg 1797, in: Werke in 12 Bden., hg. v. Wilhelm Weischedel, Frankfurt/M 1968, Bd. 8, 305–634

SÖREN KIERKEGAARD: Die Krankheit zum Tode. Eine christliche psychologische Entwicklung zur Erbauung und Erweckung von Anti-Climacus, hg. v. S. Kierkegaard, Kopenhagen 1849; übers. u. mit Glossar, Bibliogr. u. einem Essay »Zum Verständnis des Werkes« hg. v. Liselotte Richter, Hamburg (rk 113) 1962

ERNST KIRSTEN: *Acheron*, in: Konrat Ziegler – Walter Sontheimer (Hg.): Der Kleine Pauly. Lexikon der Antike, Bd. 1, (München 1975) München (dtv 5963) 1979, 45

FRIEDRICH KLUGE: Etymologisches Wörterbuch der deutschen Sprache (1883), Berlin – New York [21](unverändert) 1975

GÜNTER LANGE: Märchen aus der Sicht eines Religionspädagogen, in: Gott im Märchen, im Auftrag der europäischen Märchengesellschaft hg. v. Jürgen Janning, Heino Gehrts, Herbert Ossowski u. Dietrich Thyen, Kassel 1982, 39–51

LAOTSE: Tao te King. Das Buch des Alten vom Sinn des Lebens, aus dem Chines. übertr. u. erl. v. Richard Wilhelm (1910), Düsseldorf – Köln 1957

Die Legenda aurea des Jacobus de Voragine (um 1230 – 1298), geschr.: 1263–1273, aus dem Lat. übers. v. Richard Benz, Heidelberg 1975

FRIEDEL LENZ: Bildsprache der Märchen, Stuttgart 1971, [4]1980

KONRAD LORENZ: Er redete mit dem Vieh, den Vögeln und den Fischen, München (dtv 173) 1964, [15]1970

KONRAD LORENZ: So kam der Mensch auf den Hund, München (dtv 329) 1965; [15]1974

KONRAD LORENZ: Rettet die Hoffnung. Im Gespräch mit Kurt Mündl, Wien – München 1988

KONRAD LORENZ: Die acht Todsünden der zivilisierten Menschheit, München [22]1990

MARTIN LUTHER: Disputation über des Menschen Vermögen und Willen ohne die Gnade (1516), in: Luther Deutsch. Die Werke Luthers in Auswahl, hg. v. Kurt Aland, 1. Bd.: Die Anfänge, Göttingen (UTB 1656) 1991, 345–354

MANFRED LURKER: Lexikon der Götter und Dämonen. Namen, Funktionen, Symbole, Attribute, Stuttgart (Kröners Tb. 463) [2](erw.) 1989

MAGRITTE par RENÉ PASSERON, Paris 1970; dt.: René Magritte, aus dem Franz. v. Walter Weidner, Köln 1985

T. C. MCLUHAN: Touch the Earth, 1971; dt.: ... wie der Hauch eines Büffels im Winter. Indianische Selbstzeugnisse, übers. v. Elisabeth Schnack, Hamburg 1979

RUDOLF MEYER: Die Weisheit der deutschen Volksmärchen, Stuttgart 1969, [7]1976

JUSTINE MOL: De giraf en de jakhals in ons, Amsterdam 2007; dt.: Die Giraffe und der Schakal in uns. Gewaltfreie Kommunikation, aus dem Niederl. v. Hildegard Höhr, Paderborn 2010

Gustave Moreau Symboliste, Kunsthaus Zürich 14.3.–25.5.1986; Toni Stoos: Katalog der ausgestellten Werke, S. 103–289

EDMUND MUDRAK (Hg.): Die Sagen der Germanen. Nordische Götter- und Heldensagen, Reutlingen 1961; Deutsche Heldensagen, Reutlingen 1955; Gesamtband: Reutlingen 1961

Nordische Nibelungen. Die Sagas von den Völsungen, von Ragnar Lodbrok und Hrolf Kraki; aus dem Altnordischen übertragen von Paul Herrmann, hg. u. mit Nachw. v. Ulf Diederichs, München (Diederischs Gelbe Reihe 54) 1985; [2]1993

FRIEDRICH NIETZSCHE: Also sprach Zarathustra. Ein Buch für alle und keinen (1833–1884: Teil I–III; 1885: Teil IV), Nachw. v. Walter Gebhard, Stuttgart (Kröner Tb. 75) 1988

H. S. NYBERG: Die altiranische soziale Religion II: Die Gathagemeinde (1938), in: B. Schlerath (Hg.): Zarathustra, Darmstadt (Wege der Forschung 169) 1970, 53–97

PUBLIUS OVIDIUS NASO: Metamorphosen. Epos in 15 Büchern, übers. u. hg. v. Hermann Breitenbach, eingel. v. L. P. Wilkinson, Stuttgart – Zürich 1958; Stuttgart (reclam 356/57/57 a-f) 1975

RAFFAELE PETTAZZONI: L'essere supremo nelle religioni primitivi. L'onniscienza di Dio; dt.: Der allwissende Gott. Zur Geschichte der Gottesidee, aus dem Ital. v. Adalbert Voretzsch, Frankfurt/M – Hamburg (Fischer Tb. 319) 1960

PLATON: Phaidon, in: Sämtliche Werke, in der Übersetzung von Friedrich Schleiermacher mit der Stephanus-Numerierung hg. v. W. F. Otto – E. Grassi – G. Plamböck, 3. Bd., Hamburg (rk 27, 27a) 1958, 7–66

PLATON: Phaidros, in: Sämtliche Werke, nach der Übersetzung von Friedrich Schleiermacher mit der Stephanus-Numerierung hg. v. W. F. Otto – E. Grassi – G. Plamböck, 4. Bd., Hamburg (rk 39) 1958, 7–60

PLUTARCH: Lebensbeschreibungen in 6 Bden., übers. v. Johann Friedrich Kaltwasser (1799 – 1806), in der Bearb. v. Hanns Lörke (1913), rev. u. mit biogr. Anh. vers. v. Ludwig Kröner, München (GG Tb. 1430/31–1440/41) o.J.: Theseus, I 30–61

MARVIN H. POPE – WOLFGANG RÖLLIG: Die Mythologie der Ugariter und Phönizier, in: H. W. Haussig (Hg.): Wörterbuch der Mythologie, 1. Abt.: Die Alten Kulturvölker, 1. Bd.: Götter und Mythen im Vorderen Orient, Stuttgart 1965, 217–312

JUAN RAMÓN JIMÉNEZ: Platero y yo, 1917; dt.: Platero und ich, übers. u. mit einem Essay vers. v. Fritz Vogelsang, mit den Textergänzungen, die Ricardo Gullon aus dem Nachlaß des Autors publizierte (1985), Frankfurt/M 1985

RAINER MARIA RILKE: Das Stunden-Buch (1905), in: Sämtliche Werke, hg. v. Rilke-Archiv, in Verb. mit Ruth Sieber-Rilke besorgt durch Ernst Zinn, 1. Bd.: Gedichte. 1. Teil, Frankfurt/M 1955

LUISE RINSER: Den Wolf umarmen, Frankfurt/M 1981

Diego Rivera. Sämtliche Wandgemälde, Text von Luis-Martin Lozano – Juan Rafael Coronel Rivera, Fotografien von Rafael Doniz u. Francisco Kochen, hg. v. Benedikt Taschen, übers. aus dem Span. v. Mary Black, Alice Stritt, aus dem Engl. (Kap. 8–9) v. Uta Grosenik, Köln 2008

HEINZ RÖLLEKE – ALBERT SCHINDEHÜTTE: Es war einmal. Die wahren Märchen der Brüder Grimm und wer sie ihnen erzählte, Frankfurt/M 2011

MARSHALL B. ROSENBERG: Life-Enriching Education, 2003; dt.: Erziehung, die das Leben bereichert. Wie gewaltfreie Kommunikation (GFK) im Schulalltag dazu beiträgt, die Leistungsfähigkeit zu verbessern, Konfliktpotentiale abzubauen und Beziehungen zu fördern, aus dem Amerik. v. Karl Weidenbach, überarb. v. Ingrid Holler, Paderborn 2004, [4]2011

JEAN-PAUL SARTRE: L'être et le néant. Essai d'ontologie phénoménologique, Paris 1943; dt.: Das Sein und das Nichts. Versuch einer phänomenologischen Ontologie, übers. v. Justus Steller, Karl August Ott, Alexa Wagner, Hamburg (1952), erste vollst. Ausg. 1962

MAX SCHELER: Vom Ewigen im Menschen, 1920; 5. Aufl., hg. v. Maria Scheler, Bern – München 1968

FRIEDRICH SCHLEIERMACHER: Über die Religion. Reden an die Gebildeten unter ihren Verächtern, [4]1831, in der Ausgabe von Rudolf Otto, [1]1899; Göttingen (UTB 1655) 1967, [7](durchges.) 1991

ARTHUR SCHOPENHAUER: Preisschrift über die Grundlage der Moral, nicht gekrönt von der Königlich Dänischen Societät der Wissenschaften zu Kopenhagen, am 30. Jan. 1840, in: Sämtliche Werke, hg. v. Arthur Hübscher, 4. Bd.: Schriften zur Naturphilosophie und zur Ethik, Wiesbaden [3]1972, 103–275

ARTHUR SCHOPENHAUER: Parerga und Paralipomena: kleine philosophische Schriften, Frankfurt/M 1850; in: Sämtliche Werke in 7 Bden., nach der ersten v. Julius Frauenstädt besorgten Gesamtausgabe bearb. u. hg. v. Arthur Hübscher, Bd. 5–6, Wiesbaden [2]1946–1947

STEVEN SCHWARTZ: Pavlov's heirs. Classic psychology experiments that changed the way we view ourselves, North Ryde (Australia) 1987; dt.: Wie Pawlow auf den Hund kam … Klassische Experimente der Psychologie, übers. v. Michaela Huber (Weinheim – Basel 1988), München (Heyne Sachbuch 5003) 1993

HARALD SCHULTZ-HENCKE: Der gehemmte Mensch. Entwurf eines Lehrbuches der Neo-Psychoanalyse, [1]1940; Stuttgart [2]1947; Nachdruck 1965

WILLIAM SHAKESPEARE: The Merchant of Venice, 1600; dt.: Der Kaufmann von Venedig, übers. v. August Wilhelm Schlegel, in: Sämtliche Werke in einem Band, Wiesbaden (R. Löwit) o.J., 165–187

EDZARD STORCK: Alte und neue Schöpfung in den Märchen der Brüder Grimm, Bietigheim 1977

Sursum Corda. Gesang- und Gebetbuch für das Erzbistum Paderborn, Paderborn 1948

LEOPOLD SZONDI: Lehrbuch der experimentellen Triebdiagnostik. Text-Band, Bern – Stuttgart [2](völlig umgearb.) 1960

DIETRICH THYEN: Transzendenz und Wirklichkeit in der Sicht der Märchen. Vom Sinn einer gläubigen Deutung der Welt, in: Gott im Märchen, im Auftrag der europäischen Märchengesellschaft hg. v. Jürgen Janning, Heino Gehrts, Herbert Ossowski u. Dietrich Thyen, Kassel 1982, 25–38

LEO TOLSTOI: Volkserzählungen. Jugenderinnerungen, hg. v. Josef Hahn, Zürich (Transitbooks) 1976, 206–220: Wo die Liebe ist, da ist auch Gott (1885), übers. v. Marianne Kegel

Tutanchamun. Der ewige Glanz des jungen Pharaos, Text von T. G. Henry James, Fotografien v. Araldo de Luca, hg. v. Valeria Manferto De Fabianis u. Laura Accomazzo, Gestaltung v. Patrizia Balocco Lovisetti. Vercelli (Italien) 2000, 2008

KONSTANTIN WECKER: Wut und Zärtlichkeit, Sturm und Klang, München 2011

ARTUR WEISER: Die Psalmen, 2 Bde., Göttingen (Das Alte Testament Deutsch, Teilband 14; 15) [6]1963

JENS WOLF: Gastfreundschaft der Seele, in: Albrecht Schödl (Hg.): Auf dem Weg zur Mitte – Christus. 10 Jahre Christus-Pavillon in Volkenroda, Kloster Volkenroda 2011, 74

HEINRICH ZIMMER: Philosophies of India, hg. v. Joseph Campbell, New York 1951; dt.: Philosophie und Religion Indiens, übers. u. hg. v. Lucy Heyer-Grote, (Zürich 1961) Frankfurt/M (Suhrkamp Tb. Wiss. 26) 1976